北京物资学院学术专著出版资助基金项目

区域金融风险
FEPI 指数方法与应用

霍再强 王少波 著

首都经济贸易大学出版社

Capital University of Economics and Business Press

·北 京·

图书在版编目（CIP）数据

区域金融风险 FEPI 指数方法与应用/霍再强，王少波著． －－北京：首都经济贸易大学出版社，2020.6

ISBN 978 － 7 － 5638 － 3037 － 4

Ⅰ．①区…　Ⅱ．①霍…②王…　Ⅲ．①区域金融—金融风险防范—研究—中国　Ⅳ．①F832.7

中国版本图书馆 CIP 数据核字（2019）第 272522 号

区域金融风险 FEPI 指数方法与应用

霍再强　王少波　著

Quyu Jingrong Fengxian FEPI Zhishu Fangfa Yu Yingyong

责任编辑	陈雪莲	
封面设计	**风得信·阿东** FondesyDesign	
出版发行	首都经济贸易大学出版社	
地　　址	北京市朝阳区红庙（邮编 100026）	
电　　话	（010）65976483　65065761　65071505（传真）	
网　　址	http：//www.sjmcb.com	
E － mail	publish@ cueb.edu.cn	
经　　销	全国新华书店	
照　　排	北京砚祥志远激光照排技术有限公司	
印　　刷	北京建宏印刷有限公司	
开　　本	710 毫米 ×1000 毫米　1/16	
字　　数	229 千字	
印　　张	13	
版　　次	2020 年 6 月第 1 版　2020 年 6 月第 1 次印刷	
书　　号	ISBN 978 － 7 － 5638 － 3037 － 4	
定　　价	42.00 元	

前　言

　　金融风险的防范和化解，已经成为 21 世纪全世界关注的重要课题，也是我国经济社会可持续发展的重要基础。从 20 世纪以来的世界经济历史来看，世界大的经济衰退，大多都是由金融危机引发的。实践表明，当前全球经济仍处于缓慢的复苏之中，中国区域经济正步入"中高速、优结构、新动力、多挑战"的阶段，地区的金融风险累积问题也日益突出。

　　习近平总书记在党的十八届五中全会第二次全体会议上强调：要加强对各种风险源的调查研判，提高动态监测、实时预警能力，推进风险防控工作科学化、精细化，不让局部风险演化为区域性或系统性风险，不让经济风险演化为社会政治风险，不让国际风险演化为国内风险。因此，区域金融风险监测无论是对全局还是区域经济都具有重要意义。

　　区域金融风险研究是理论前沿问题。中央经济工作会议强调，防控金融风险是压倒一切的首要任务，"要加强和改进金融风险监测，要守住不发生系统性金融风险的底线。要进一步健全系统性金融风险监测评估和预警体系，完善风险防范处置应对预案"。2017 年 7 月，习近平总书记在第五次全国金融工作会议上指出，要把主动防范化解系统性金融风险放在更加重要的位置，科学防范、早发现、早处置，着力完善金融安全防线。要健全风险监测预警和早期干预机制，加强系统研究，完善实施方案。因此，建设有利于区域金融安全的监测体系不仅具有重要意义，也是当务之急。

　　虽然人们对区域金融风险的理论与实践研究取得了一些进展，但是目前尚缺乏一套对其进行有效定量度量和评价的公认的、系统的理论方法与实证研究。本书侧重于区域金融风险量化监测专题研究。全书主要内容包括：

　　一是在区域金融风险理论研究基础上，进行区域金融危机成因分析、三大金融危机成因与指标变化比较。

　　二是尝试建立以区域金融机构风险、区域金融经济运行风险、宏观金融经济环境风险三个维度为一级指标的区域金融风险监测三级指标预警体系，构建了区域金融风险监测指数模型（FEPI 指数），为有效监测区域金融风险提供较为全面、科学、准确的分析框架和度量方法。

三是应用 FEPI 模型对重点区域金融风险状况进行实证分析，进而揭示了区域金融风险的具体特征，较为真实客观地揭示了北京等重点地区近十年金融风险状况及风险变动趋势，为未来制定相关风险防范措施提供了优秀的应用范例和有力的依据。

四是进行区域金融风险分布研究，解决了金融资源优化配置的区域选择问题。

五是进行区域金融环境风险的跟踪监测，为跳出区域看区域风险提供了新途径。努力促进区域经济与金融良性循环、健康发展，更好地引导和提高北京等重点区域金融经济决策的科学性，为区域金融风险防范提供了科学依据，有利于提高抵御区域性系统性风险的能力。

本书内容共有七章，全书由霍再强教授主笔，从研究目的、研究框架结构、设计提纲到统稿。其中，第一章、第三章、第四章、第五章、第七章由霍再强撰写；第二章、第六章由王少波、霍再强撰写。

感谢在本书成稿过程中王文举、林明金、刘洪波、王远鸿、兰日旭、马立平、谢太峰等数十位专家、教授提出的宝贵建议。感谢北京物资学院学术专著出版基金、北京市经济信息中心"区域性金融风险监测研究"专项项目基金的资助。在本书写作过程中，笔者引用了大量资料，谨表示感谢，虽然参考文献都已经列出，但难免有疏漏之处，特此说明，敬请谅解。感谢各地统计局、金融机构、上市公司数据与资料的披露。

"千里之行，始于足下"。习近平总书记在十九大报告中提出，要坚决打好防范化解重大风险、精准脱贫、污染防治的攻坚战。其中，防范化解重大风险攻坚战的重点是防控金融风险。当前，防范化解金融风险仍是中国人民银行、中国银行保险监督管理委员会的工作重点。本书对区域金融风险的量化监测预警问题的研究是个良好的开端。囿于笔者水平有限，不完善或错误之处在所难免，敬请读者批评指正！

目 录

◆ 第一章　引论

第一节　研究意义

近年来，金融风险的防范和化解已经成为全世界关注的重要课题。本书将通过构建区域金融风险指标体系，对区域金融风险状况进行实证分析。

随着我国经济进入新常态，地区的金融风险累积问题日益突出。如果区域金融风险未能及时发现并得到化解，将会对全国的经济发展和金融安全造成威胁，甚至会引发金融危机。

国内外有很多因为疏于防范金融风险而造成的事件。例如，2007 年，由美国次贷危机引起的金融海啸对世界经济造成了强烈的冲击和影响；1998 年，刚刚成立两年的海南发展银行由于出现了严重的支付危机而破产，成为中华人民共和国金融史上第一家因此而关闭的银行机构。

目前区域金融风险高低究竟如何？走势有何变化？这是境内外投资者、政府经济管理部门共同关心的一个焦点问题。

近年来，金融与经济的融合程度不断加深，系统性金融风险已经成为最重要的风险。纵观 20 世纪以来的世界经济历史，大的经济衰退，大多都是由金融危机引发的，金融风险已成为影响未来经济走势的最重要变量。

中央经济工作会议强调，防控金融风险是压倒一切的首要任务，"要加强和改进金融风险监测，要守住不发生系统性金融风险的底线。要进一步健全系统性金融风险监测评估和预警体系，完善风险防范处置应对预案"。

习近平总书记在党的十八届五中全会第二次全体会议上强调：要加强对各种风险源的调查研判，提高动态监测、实时预警能力，推进风险防控工作科学化、精细化，不让局部风险演化为区域性或系统性风险，不让经济风险演化为社会政治风险，不让国际风险演化为国内风险。

2017 年 7 月，习近平总书记在第五次全国金融工作会议上指出，防止发生系统性金融风险是金融工作的永恒主题。要把主动防范化解系统性金融风险放在更加重要的位置，科学防范，早发现、早处置，着力完善金融安全防线。地方政府要在坚持金融管理主要是中央事权的前提下，按照中央统一规则，强化属地风险处置责任。要健全风险监测预警和早期干预机制，加强系统研究，完善实施方案。因此，建设有利于区域金融安全的监测体系不仅具有重要意义，也是当务之急。

不谋全局者，不足以某一域。实践表明，系统性金融风险曾多次对我国各区域经济产生实质性影响甚至严重冲击。国际金融危机带来的风险冲击呈现跨市场、跨行业、跨区域的特征。地方政府经济决策与管理工作应"跳出地区看地区"，区域金融风险监测无论是对全局还是区域经济都具有重要意义。

区域金融风险既是实践中的焦点问题，也是理论前沿问题。区域金融风险研究具有以下四个趋势：第一，国际金融危机爆发以后，随着宏观审慎监管理念的提出，利用综合性方法，从系统整体入手对区域金融风险进行测度成为研究的重点。第二，区域金融风险的评估从相对简单的静态的、对当前状态的指标分析，正在向多因素的、相互关联的、动态的分析和对未来情形进行预测转变。第三，需要关注金融经济体系内的相互关联性，摒弃以往孤立、静止地强化单体机构微观风险监管而忽视整体、动态分析风险的方法论。第四，多因素区域金融风险的综合判断从相对主观的综合判断分析，向相对客观的综合判断分析，即风险量化综合测度与识别转变。

因此，区域金融风险监测研究十分必要，具有理论和现实双重意义。

第二节　研究目的

维护重点区域金融安全是本书的研究目的。防止重点区域风险演变为全局系统性金融风险，跨区域冲击到全国，关键是加强风险监测。为贯彻落实2017 年第五次全国金融工作会议精神，维护区域金融安全，本书侧重于区域金融风险监测专题研究，在区域金融风险理论研究基础上，尝试构建区域金融风险监测指数模型，并应用该模型对重点区域金融风险状况进行评价，为区域金融风险防范提供科学依据。努力促进区域经济与金融良性循环、健康发展，更好地引导和提高北京等重点区域金融经济决策的科学性，提高抵御区域性系统性风险的能力。

第三节　研究重点

本书重点围绕区域金融风险监测问题展开，主要包括以下几个部分：

一是风险内涵与风险来源分析。从多层面进行区域金融风险来源分析，构建区域金融风险监测框架。

二是风险指标体系的构建与筛选。遵循设计合理性原则、数据可获得性原则进行指标筛选，从区域金融风险、区域经济风险、宏观经济金融环境风险多维度构建区域金融风险监测指标体系。

三是风险权重与层次分析方法。运用层次分析方法确定区域金融风险指标权重。

四是风险测算与分析。应用理论研究提出的区域风险监测模型，对区域金融风险进行测算和结果分析，评判区域金融风险状态高低。拟采用"连续盯市"的方法，对各时期的区域金融风险进行动态评价，进一步发现区域金融风险脉动特征与变化趋势。

五是结论与建议。提出研究结论与防范化解区域金融风险的政策建议。

◆第二章 区域金融风险的内涵与成因研究

第一节 区域金融风险内涵分析

区域金融风险是一种不同于宏观金融风险和微观金融风险的中观尺度的金融风险。它是指国内某个经济区域内金融体系面临的金融风险，主要是由于个别或部分机构的微观金融风险在区域内传播、扩散，或者由其他经济联系密切的区域向本区域传播、扩散引起的关联性金融风险，当然也可以是宏观环境金融风险在本区域内传播引起的风险。

一、 区域内涵界定

区域是一个相对的概念，也是一个内涵和外延变化很大的普遍概念。《现代汉语词典》对"区域"的解释是"地区范围"。经济学把"区域"看成一个在经济上相对完整的经济单元。美国区域经济学家胡佛在 1970 年给出了区域的概念，他认为，"区域，是基于描述、分析、管理、计划或制定政策等目的而作为一个应用性整体加以考虑的一片地区。它可以按照内部的同质性或功能一体化原则划分"。一般来说，区域多是泛指，所指的范围可大可小，大的区域可以指地球上的一个洲际，也可以指一个国家、一个省、一个城市；小的区域则可以指一个县、一个村镇，还可以指某个具有共同特征的空间单元。"区域"一词在区域经济学理论中往往没有严格的范围和界限，实际应用时常以行政区划为界线。

目前，主流观点是将世界划分为 13 个区域：东亚、东南亚、南亚、北亚、中亚、西亚、北非、撒哈拉以南的非洲、欧洲东部和西欧、北美、拉丁美洲、大洋洲、南极洲。而在经济问题上，若进行粗略的比较，则通常将世界划分为欧美地区和亚太地区。中国在世界的区域划分上属于亚太地区和东亚地区，但是由于中国地域辽阔、民族众多，其内部又可以多种方式进行区域划分，具体如表 2 - 1 所示。

表 2 - 1　中国区域主要划分方式

划分方式	包含地区
金融集聚区域	北京、上海、广州、深圳、温州等
地理特征	东部、中部、西部
行政区域	华北、东北、华东、中南、西南、西北
经济区域	东北、北部沿海、东部沿海、南部沿海、黄河中游、长江中游、西南、西北
经济圈	珠三角、长三角、环渤海

上述中国区域的划分方式是以中国内地的 31 个省（市）级行政区为基础，将省级行政区以不同方式进行归类，可见省级行政区是中国区域划分的主要基础。而在研究金融问题上，由于北京、上海等城市的经济发展走在全国前列，金融发展程度也高于其他地区，其所面临的金融风险也远高于其他地区，这些主要城市的金融情况能更细致地体现出中国区域金融风险的情况。

因此，本书依据中国省级行政区域划分，将区域范围限定为以北京为中心城市，对该地区进行区域金融风险的研究。

二、　风险内涵界定

风险是指在某一特定环境下，在某一特定时间段内，某种损失发生的可能性。风险通常有两种定义：一种定义强调了风险表现为不确定性；另一种定义则强调风险表现为损失的不确定性。若风险表现为不确定性，说明风险产生的结果可能带来损失、获利或是无损失也无获利，属于投机风险，金融风险属于此类。而风险表现为损失的不确定性，说明风险只能表现为损失，没有从风险中获利的可能性，属于纯粹风险。在社会生活中，风险几乎时时存在我们身边，常见的风险定义如表 2 - 2 所示。

表 2 - 2　不同类别风险定义

风险类别	风险定义
纯粹风险	只有损失机会而没有获利可能的风险
投机风险	既有损失的机会也有获利可能的风险
静态风险	自然力的不规则变动或人们的过失行为导致的风险
动态风险	社会、经济、科技或政治变动产生的风险
自然风险	自然因素和物理现象所造成的风险
社会风险	个人或团体在社会上的行为导致的风险
经济风险	经济中因市场因素影响或者管理经营不善导致经济损失的风险
财产风险	各种财产损毁、灭失或者贬值的风险

续表

风险类别	风险定义
人身风险	个人的疾病、意外伤害等造成残疾、死亡的风险
责任风险	法律或者有关合同规定，因行为人的行为或不作为导致他人财产损失或人身伤亡，行为人所负经济赔偿责任的风险

在学术界，目前对风险还没有统一的定义，由于对风险的理解和认识程度不同，或对风险研究的角度不同，不同学者对风险概念有着不同的理解，但可以归纳为以下几种代表性观点。

第一，风险是事件未来可能结果发生的不确定性。莫布雷（A. H. Mowbray）称风险为不确定性；威廉姆斯（C. A. Williams）将风险定义为在给定的条件和某一特定的时期未来结果的变动；马奇和夏皮罗（March & Shapira）认为，风险是事物可能结果的不确定性，可由收益分布的方差测度。

第二，风险是指可能发生损失的损害程度。段开龄认为，风险可以引申定义为预期损失的不利偏差，这里所谓的不利是对保险公司或被保险企业而言的。

第三，风险是指损失的大小和发生的可能性。朱淑珍在总结各种风险描述的基础上，把风险定义为：风险是指在一定条件下和一定时期内，由于各种结果发生的不确定性而导致行为主体遭受损失的大小以及这种损失发生的可能性的大小，风险是一个二维概念，风险以损失发生的大小与损失发生的概率两个指标进行衡量。王明涛在总结各种风险描述的基础上，把风险定义为：所谓风险是指在决策过程中，由于各种不确定性因素的作用，决策方案在一定时间内出现不利结果的可能性以及可能损失的程度。它包括损失的概率、可能损失的数量以及损失的易变性三方面内容。

第四，风险是由风险构成要素相互作用的结果。郭晓亭、蒲勇健等将风险定义为：风险是在一定时间内，以相应的风险因素为必要条件，以相应的风险事件为充分条件，有关行为主体承受相应的风险结果的可能性。叶青、易丹辉认为，风险的内涵在于它是在一定时间内，由风险因素、风险事故和风险结果递进联系而呈现的可能性。

随着经济货币化、证券化和金融化程度的不断提高，金融风险不仅客观存在，而且在相当大的程度上反映了国民经济的运行风险；再加上金融活动特有的信用性和虚拟性，使金融风险不断加大。因此，本书将风险限定为金融风险。

三、　金融风险内涵界定

通常金融风险指的是经济主体在从事金融活动过程中遭受损失的可能性。在金融体系和金融活动中，风险是其基本属性之一。

金融体系庞大而复杂，金融风险具体的存在形式多种多样，这是金融客观性与普遍性的一种外在表现。关于金融风险的分类，由于研究的角度不同，存在着多种分类方式。通常将金融风险分为非系统性金融风险和系统性金融风险。

所谓非系统性金融风险是指金融活动主体由于经营不善而造成损失的可能性。例如：①信用风险，一方面是银行对社会公众存在信用危机，即不能应付挤提的风险；另一方面是企业对银行存在信用危机，即借款人不能按期偿还借款本息的风险。②流动性风险，指由于流动资金不足，资产的变现性差，出现到期无法履行支付义务而造成的风险。③资本风险，指银行资本量过小，不能弥补亏损以保证银行正常经营的风险。④资财风险，指由于主客观因素（如内部盗用、侵吞、挪用、外部抢劫等）致使银行资金和财产遭受损失的一种风险。⑤结算风险，指银行在办理银行结算过程中，因工作失误或违反结算规定和纪律，造成损失并需要承担责任的一种风险。

所谓系统性金融风险是指由金融活动主体本身不可控制的因素所引起的金融市场所有参与者共同面临的风险。例如：①货币风险，指因通货膨胀、物价上涨引起货币贬值而带来的风险。②经济周期风险，指由于经济周期变动导致金融活动主体遭受损失的可能性。由于非系统性金融风险的内容比较具体，学术上通常会对其各个方面进行专门研究，而且世界历史上所爆发的金融危机通常都是由系统性金融风险引发的。根据研究的视角不同，系统性金融风险也有不同的定义内容，具体整理如表 2-3 所示。因此，本书对金融风险的研究以系统性金融风险为主，并在此基础上确定北京区域金融风险的范畴。

表 2-3　不同视角下的金融风险界定

定义视角	定义内容
危害范围	对整个金融体系以及宏观经济而非一两个金融机构的稳定性产生威胁的事件
风险传染	单个事件通过影响一连串的机构和市场引起多米诺骨牌效应损失的可能性（Gonzalez Hermosill，1999）
金融功能	突发事件引发金融市场信息中断，导致金融功能丧失的或然性（Minsky，1995）
对实体经济的影响	单个冲击事件导致部分金融体系信心崩溃、经济损失或不确定性增加，甚至对实体经济造成严重危害的风险（DeBandt and P. Hattmann，2000）

考察中国金融行业发展现状可知，一方面，中国的金融机构总部，尤其是商业银行总行多数集中在北京，而其营业机构却遍布全国各地，所有营业机构均由其总部进行管理，地方分支机构所拥有的决策权很少；另一方面，北京商业银行风险不仅仅局限于区域内的商业银行，更重要的是跨区域经营的北京商业银行总行及其在各地分支机构的风险。所以，本书将金融风险监测限定为区域性系统性金融风险，将跨区域经营的北京所在地的商业银行总行及其在各地分支机构的风险作为北京所在地的商业银行风险，分析其风险变化的原因；另外，既要考虑到跨区域经营的金融机构，同时也应分析国内各区域系统性风险。

四、 区域金融风险内涵界定与启示

区域金融风险是一种不同于宏观金融风险和微观金融风险的中观尺度的金融风险。其没有宏观尺度的利率风险、汇率风险、购买力风险、政治风险引发整体金融风险的特征，也不完全等同于以信用风险、流动性风险、经营风险为主的微观金融风险。

中观尺度的区域金融风险是指国内某个经济区域内金融体系面临的金融风险，主要是由于个别或部分机构的微观金融风险在区域内传播、扩散，或者由经济联系密切的跨区域金融风险向本区域传播、扩散引起的关联性金融风险，也可以是由宏观金融风险在本区域内传播引起的风险。因此，区域金融风险包含宏观、中观和微观三个因素。

在宏观层面上，区域金融风险主要表现在宏观经济运行方面。如经济不景气，企业的生产经营便会面临困境，资金链存在断裂风险，盈利比较困难，贷款也不能按期归还，影响银行的经营状况，银行难以获利，信贷资金周转效率不足，金融资产的流动性受到影响。同时，长期的信贷资金占用或运用的扩大，将对金融机构资金分配产生严重影响，影响兑付能力，造成金融机构流动性风险加大，进而触发更大规模的系统性金融风险。再者，经济下行也带来了信贷有效需求严重不足，导致银行难贷款和企业贷款难的"两难"问题，使欠发达地区金融机构资金外流严重。而且经济下行会导致国家出台如降息等一系列政策来刺激经济，这将影响银行等金融机构的盈利水平，使金融市场处于不稳定状态。因此，经济景气情况能反映区域金融风险情况。

在中观层面上，区域金融风险主要表现在地方政府对金融活动的干预方面。地方政府在地方利益的驱动下干预金融活动，导致金融财政化趋势，降低了金融资源的使用效率，使金融组织行政化，自身的约束能力、内控能力得不到有效提高。同时，政府干预形成的区域金融运行的封闭化和区域间的产业同构化弊端，增大了金融产业的经营风险，也影响了宏观金融调控目标的实现。而且地方政府的经济决策失误，特别是投资决策失误，也会形成或加剧区域金融风险。如果地方政府不能保证经济决策的科学性和有效性，对投资项目缺乏充分、必要的论证，导致决策失误，就会直接影响区域经济效益，造成资源浪费，恶化区域资金短缺状况，延误区域经济发展，甚至导致企业及金融机构陷入严重危机。因此，地方政府对资源的调控能力能反映地方的金融风险情况。

在微观层面上，区域金融风险主要表现在金融体系的稳健性和金融运行的有效性方面。一个稳定的金融体系才能应对各种潜在威胁，化解金融风险，保障金融安全；才能保持货币稳定，没有过度通货膨胀或通货紧缩、过度扭曲性融资安排和过度金融泡沫。如果金融体系不稳定，首先，定价体系就会紊乱，从而扰乱实体经济领域的交易秩序，破坏正常的生产活动；其次，社会信用会受到影响，融资活动难以正常进行，从而影响投资和经济增长；最后，不稳定的金融体系使人们产生不确定的预期，极易导致具有巨大破坏力的集体行动，对正常的经济活动产生强大的冲击力。而金融运行有效，通过自身金融体系的中间运作提高储蓄向投资转化的速度，把资金配置到资本边际效率最高的项目中去，提高资本的边际生产率，实现经济快速发展。因此，金融体系的稳健性和金融运行的有效性能反映区域金融风险情况。

通过上述分析，本书将区域金融风险限定为：以中国内地金融经济为环境，跨区域经营的商业银行为依托，中心城市为基本单元，立足于系统性金融风险，将区域金融机构风险、区域金融经济运行风险、宏观金融经济环境风险三个方面作为监测内容，构建监测指标体系，对北京区域金融风险进行监测。

五、 从金融口径理解区域金融风险范畴

金融风险通常指的是经济主体在从事金融活动过程中遭受损失的可能性。要分清金融风险是什么，首先要分清金融是什么。

（一）金融的三个口径与金融范畴

1. 金融这个中文词并非古已有之。"金融"是由中国字"金"与"融"组成的词汇。古代文字中有"金"，有"融"，但未见"金融"这个连在一起的词。《康熙字典》以及在它之前的工具书均无"金"与"融"连用的词。"金"与"融"连起来组成的"金融"始于何时，无确切考证。最早列入"金融"条目的工具书是：1908 年开始编纂、1915 年初版的《辞源》和 1905年即已酝酿编纂、1937 年开始刊行的《辞海》。

《辞源》（1937 年普及本第 II 版）金融条的释文是："今谓金钱之融通状态曰金融，旧称银根。"各种银行、票号、钱庄，曰金融机构。《续资治通鉴长编》："'公家之费，敷于民间者，谓之圆融。'义于金融为近。"

经过 100 多年的使用，"金融"已像是土生土长的概念。但其内涵和外延一直是不清晰的。例如，20 世纪 50 年代初，常讲"金融物价"。"物价"指什么，大家清楚；"金融"指什么，则不太清楚。但金融与物价连起来，是讲宏观经济稳定的问题，则是没有疑问的。进入计划经济阶段，"金融"这个词在日常生活中已不怎么使用。直到改革开放之后，它才越来越成为经济生活中使用频率极高的词汇之一。

如果判断"金融"一词在我国的逐步定型是在 19 世纪后半叶，那时正是现代西方文化东渐之际，自然会提出这样的问题：它是从哪一个西文的词翻译而来的？到现在为止，还无这样的考证，也许今后也无考证的必要。现在，在工具书中都是把金融与 finance 对应；英语中的 finance 源于古法语的 finer，其他主要西方语种的相应词也均来自这一词源。

在日常交往中，人们也是简单互译。但作为经济范畴加以研讨时，中文的"金融"与西文的 finance 能否全然等同视之呢？

2. 西方人对 finance 的用法。如果简单地概括，西方人对 finance 的用法也不只限于一种。西方的辞书和百科全书对 finance 的诠释，大体可归纳为三种口径。

（1）宽口径的金融。对 Finance 最宽泛的诠释是货币的事务、货币的管理、与金钱有关的财源等，具体包括三个方面：政府的货币资财及其管理，归之为 public finance；工商企业的货币资财及其管理，归之为 corporate finance；个人的货币资财及其管理，归之为 personal budget。

在中国，政府的货币收支构成"财政"范畴，多年来，public finance 就译为"财政"。财政和金融存在着密切的联系，如国家信用就是两个范畴的重叠域。工商企业的货币收支构成"公司财务"范畴，或称"公司理财"，这也是一个已经长期定型的概念。最近几年也把它称为"公司金融"。个人的货币收支，过去有称之为"家计"的，如今，"个人理财"的说法迅速推广。这部分货币收支同金融的联系也极为密切，如收支的货币主要就是金融领域创造的工具——银行券；同时还有向金融机构储蓄和取得消费信用等经济行为。

因此，在中国的日常生活中，金融所涵盖的范围大体包括与物价有紧密联系的货币流通、银行与非银行金融机构体系、短期资金拆借市场、资本市场、保险系统，以及国际金融等领域。如用经济学的术语来概括，通常所理解的金融，就是指由这诸多部分所构成的大系统，这个大系统既包括宏观运行机制，也包括微观运行机制。

（2）窄口径的金融。近年来也有一种理解，即认为"金融"仅指资本市场及其微观运行机制。相对于上述的日常习惯观念，这样的观念要狭窄得多。在经济学界，这样的用法通行。近年来，在我国开始流行的对"金融"的狭义解释，即来源于国外对 finance 的这种用法。

（3）中等口径的金融。介于宽口径和窄口径之间的口径是把这个词所包括的内容诠释为货币的流通、信用的授予、投资的运作、银行的服务等。粗略地说，金融包括：中央银行服务和商业银行存贷业务与中间业务的服务；投资银行服务；非强制性的保险和养老基金服务及再保险服务；房地产融资、租借、租赁服务，以及对从事以上各项服务的金融机构的服务。事实上，在介于两者之间的口径中，如何界定 finance 也并非完全划一。

概言之，西方对 finance 也并非一种用法。有的用法的形成较为古老，有的较新。不同的圈子、不同的场合，有不同的用法。多种用法并存不足为怪。有时，同一个人在同一场合，也往往是不同的口径并用。

3. 比较金融与 finance。把中文的金融与西文的 finance 相比较，可以看出，要确定金融与 finance 的一一对应关系，事实上是做不到的。

即使我们假设，在 19 世纪，"金融"是由 finance 翻译而来的，那么金融一方面是外来的新概念、新范畴，另一方面是本国原有文字的新组合，因而极难实现内涵与外延的全然对应。特别是在经济发展变化的过程中，中文的"金融"与西文的 finance 所包含的内容都在不断演进。在我国，最初讲金融是指通过中介以借贷形式所进行的资金融通，如《辞源》《辞海》的释义，显然小于今天习惯上用金融所指的范围。而在西方，把 finance 限定为指资本市场也是 20 世纪后半叶逐步演进的事情。

所以，中文的"金融"与西文的 finance 是不能强行简单恒等的：我们不可能为了"对应"而要求西方人按中国人使用"金融"的口径使用 finance；同样，我们在今天也没有必要叫中国人完全按照某一个圈子的西方人对 finance 的使用习惯来使用"金融"概念。我们今天应该做的是弄清两者的对应关系：可以对应的部分和由于种种原因而不能对应的部分。这对于学术和商务等方面的交流是必要的。

但无论如何，在以英文注中文的金融时，还得用 finance；用中文注英文的 finance 也还得用金融。

（二）区域金融风险的范畴

1. 宽口径的区域金融风险：一是区域经济活动中与货币有关活动所产生的金融风险，如区域物价水平、区域投资、区域房地产、地方政府财政风险、公司金融风险等。二是区域金融机构金融市场活动中所产生的金融风险，如银行、证券、保险。三是宏观金融及与货币有关经济活动所产生的金融风险，如全国性的投资、物价、汇率、全国金融市场，以及对各区域的冲击和影响。

2. 窄口径的区域金融风险：如北京区域板块的股票市场的风险。

3. 中等口径的区域金融风险：如北京区域房地产金融风险、地方财政风险、区域金融机构风险（如北京银行业、北京保险业、北京板块证券业上市股票数、交易额、融资额等）。

另外，需补充说明的是，上市的股份制商业银行发布的是季报，具有一定的滞后性；企业债务违约是银行不良资产的源头，因此，如果进行企业金融风险考察，可进一步从源头上及时监测金融风险。

（三）启示

从金融口径思考北京金融风险监测指标体系总体框架设计，有重要意义。鉴于金融用宽口径、窄口径、中等口径加以区分，区域金融风险或也可界定为宽、中、窄三个口径。本书拟采用"宽口径金融"分析区域金融风险，构建区域金融风险指标体系总体框架。

第二节　典型的区域金融危机成因分析

全球区域金融危机爆发前在各个特定指标上具有趋同性表现。根据代表性、与中国金融关联性原则，选取典型的区域金融危机，比较特定指标在危机前的表现，并对金融危机的形成进行对比，进而提出区域金融风险指标体系总体框架构建的启示。

一、　三大金融危机概述

金融危机内涵深刻且不断演变与丰富。根据国际货币基金组织（IMF）的分类，金融危机大体上可以分为货币危机、银行业危机、外债危机及系统性金融风险四类。金德尔伯格的统计结果表明，1618—1998 年世界上不同国家及地区共计发生金融危机 38 次（包括局部地区及全局金融危机在内），其中最早的金融危机可以追溯到 1637 年荷兰郁金香泡沫以及 1720 年英国南海泡沫。加上尚未进入其统计的 1998 年东南亚金融危机、2000 年美国纳斯达克泡沫、2007 年次贷危机、2009 年欧债危机，1618 年至今，世界范围内共发生42 次不同规模、不同形式的金融危机，并且随着经济全球化与金融深化发展，金融危机的频发性和危害性将不断加大。

本书选取美国金融危机、东南亚金融危机、墨西哥金融危机三大金融危机进行分析，基本理由有两个。首先，从代表性来看，这三次典型金融危机能比较好地反映近年来金融危机的特点，美国金融危机和东南亚金融危机是货币危机的典型代表，2008 年美国金融危机则是系统性金融危机的代表。1994—1995 年的墨西哥金融危机是 20 世纪 80 年代拉美债务危机的后续，由于墨西哥与其他拉丁美洲国家经济结构的相似性和联系性，受该危机影响的拉丁洲国家乃至其他经济体的经济都受到不同程度的冲击，之后 1999—2000 年的巴西金融危机、2001—2002 年的阿根廷金融危机都是拉美债务危机的延续，以墨西哥金融危机最具有代表性；1997—1998 年的东南亚金融危机是东南亚国家放开资本管制、国际投机冲击导致的货币危机，始于泰铢大幅贬值，随后菲律宾、印度尼西亚、马来西亚也受到较大冲击，日本及中国台湾、中国香港的金融市场也受到波及；2007 年前后，随着美国住房价格下跌，购房者难以将房屋出售或者通过抵押获得融资，次级抵押贷款市场的借款人无法按期偿还借款，美国次贷危机显现，因此一场由华尔街向全世界、金融市场向实体经济蔓延的全球性金融危机愈演愈烈。其次，从与中国经济的关联性来看，到目前为止，虽然中国没有爆发过大型金融危机，但随着金融体制深化和经济全球化发展，中国难以独善其身，因此，对典型金融危机进行深入分析，借鉴其经验教训意义重大。其一，墨西哥及巴西发展模式与中国有相似之处，并称为新兴经济体。墨西哥经历 1994—1995 年的金融危机后，能够较快地调整并稳步发展，其应对危机的方式、方法可供中国借鉴。其二，东南亚金融危机爆发时，东南亚各国既是中国的外贸出口国，也是中国的外资来源国，当时来自东南亚的直接投资约占我国全部引用外资的 80%，中国也是东南亚金融危机的波及对象。其三，受次贷危机引发的全球性金融危机影响，中国出口增速严重放缓。出口驱动型制造业衰退导致中型商业银行备受压力，房地产及钢铁行业发展放缓，危及中国实体经济。虽然在金融危机过程中中国经济保持平稳增长，但后危机时期世界经济复苏缓慢，中国难以独善其身。

1994 年 12 月 20 日，墨西哥政府财政部部长在与工商界和劳工组织领导人紧急磋商之后，突然对外宣布本国货币比索对美元汇率的浮动范围将被扩大到 15%，这意味着比索将贬值。这一决定在市场上引起了极大恐慌，外国投资者疯狂抛售比索、抢购美元，比索汇率急剧下跌。12 月 20 日汇率从最初的 3.47 比索兑换 1 美元跌至 3.925 比索兑换 1 美元，跌幅达 13%。21 日再跌 15.3%。2 天时间内，墨西哥损失近 50 亿美元的外汇储备，只剩下 30 亿美元的外汇储备。12 月 22 日，墨西哥政府被迫允许比索自由浮动，导致危机进一步恶化，比索再次贬值 15%，更多外资逃离墨西哥。受此影响，墨西哥股市应声下跌，截至 1995 年 3 月 3 日，墨西哥股市 IPC 指数跌至 1 500 点，对比 1994 年金融危机前最高点 2 881.17 点，已累计跌去了 47.94%。为了稳定墨西哥金融市场，墨西哥政府推出了紧急经济拯救计划，尽快将经常项目赤字压缩到可以正常支付的水平，迅速恢复正常的经济活动和就业，将通货膨胀减少到尽可能小的程度，向国际金融机构申请紧急贷款援助等。美国政府及 IMF 等提供巨额贷款，支持墨西哥经济拯救计划。直到以美国为主的 500 亿美元的国际资本援助逐步到位，墨西哥的金融动荡才于 1995 年上半年趋于平息。1994 年墨西哥金融危机爆发，被认为是新兴经济体在"新兴市场时代"爆发的第一次金融危机，它是一系列经济与政治问题及各种不良因素共同作用下的必然结果。

东南亚金融危机的发展过程根据发生时间和影响范围通常被分为三个阶段。第一阶段始于泰国。1997 年 7 月 2 日泰国被迫宣布泰铢与美元脱钩，实行浮动汇率制度，由于菲律宾、印度尼西亚、马来西亚与泰国具有相同的经济问题，浮动汇率导致的泰铢汇率下降引发的贬值效应迅速扩大到整个东南亚地区。第二阶段是印度尼西亚强制性的固定汇率制遭到攻击。1997 年 7 月 11 日，印度尼西亚被迫放弃本国货币与美元的比价，7 月 2 日至 14 日印尼盾贬值了 14%，1997 年 7 月至 1998 年 1 月印尼盾贬值达 70% 以上，印尼盾的贬值再一次引发东南亚国家货币汇率的暴跌。第三阶段主要是在中国香港和俄罗斯。1997 年 10 月 27 日，美国道琼斯指数暴跌 554.26 点，迫使纽约证券交易所 9 年来首次使用暂停交易制度；1997 年 10 月 27 日至 28 日，三大香港股市累计跌幅超过 25%；1998 年 1 月 12 日，在印度尼西亚从事巨额投资业务的香港百富勤投资公司宣告清盘，香港恒生指数暴跌 773.58 点。直到 1998 年 2 月初，东南亚金融危机恶化势头才得到初步遏制。东南亚金融危机与国际投机商的恶性炒作十分相关，但受危机波及的国家，在经济结构、金融政策、对外开放、对外资监管方面都存在结构性问题，致使东南亚金融危机在短时间内迅速发酵，波及范围甚广。

2007 年爆发的美国金融危机演变为波及全球的经济危机，大体上经历了三个阶段：第一阶段为 2007 年初至 2008 年 9 月的流动性危机。2007 年初，次级抵押贷款违约率上升直接造成次贷发放机构的不良债务增加，相关联的资产证券化（CDO、MBS 等）进入下行通道，资产负债表恶化，面临流动性不足冲击。与此同时，提供次级债的房地产金融机构受到冲击，评级机构大范围降低次级债评级，加速次贷市场恶化，大量次贷供应商停业或申请破产保护。2007 年年底，花旗、美林、瑞银等全球著名金融机构因次级贷款而出现巨额亏损。2008 年 3 月，愈演愈烈的次贷危机迫使美联储通过摩根大通银行向美国第五大投资银行贝尔斯登提供应急资金，但仍然阻止不了次贷危机的蔓延。同年9月，美国政府宣布接管房利美和房地美。两房在住房抵押贷款市场处于绝对核心地位，两房危机标志着住房抵押贷款市场崩盘。第二阶段为2008年9月至2009年1月的信贷危机。伴随着次贷危机的深化，银行和其他金融机构资产的盈利能力下降，使得其出现巨额损失的可能性加大，这些金融机构无法实现稳健的运行状态，将金融机构的内部风险演变成了金融市场所面临的系统性金融风险，促使持有上述金融机构债券的投资者纷纷出售其债券，又加剧了市场流动性的萎缩状况。2008年9月15日，美国第四大投资银行雷曼兄弟控股公司申请破产保护，此后，美国政府向美国国际集团（AIG）提供贷款援助方案，大型金融机构破产、被收购以及国有化，信贷风险转移使大部分参与者暴露在系统性金融风险面前。第三阶段为全面经济危机。由于上述金融机构出现经营困难，难以通过金融市场获得充裕的流动性资金，从而快速提升了金融机构的融资成本，导致实体企业融资成本的上升，最终，这场金融危机逐渐传导至实体经济，并对实体经济产生了巨大的影响。由于美国在世界贸易等领域的重要地位，美国虚拟经济及实体经济下滑并通过贸易和金融等渠道对世界各国产生了深远影响。

二、 三大金融危机形成原因比较

系统梳理三大金融危机爆发的背景、过程、传导途径，可知三大金融危机成因有如下特点。

首先，墨西哥金融危机爆发的主要原因为债务负担过大，贸易逆差导致货币贬值。通过归类，墨西哥金融危机具体成因可以分为三类：第一类，急速贸易自由化，经常项目逆差扩大。其一，为了尽快地加入关贸总协定、签订北美自由贸易协定、退出77国集团和参加经济合作与发展组织，墨西哥过快地实行了经济和贸易的自由化，特别是主动放弃了发展中国家应有的权利，一步到位地把进口关税降到10%以下，从而给墨西哥经济发展带来了严重的问题。急速贸易自由化导致进口急剧增加，贸易逆差居高不下，经常项目出现巨额赤字，因而不得不依靠外资流入以保持国际收支的平衡。其二，大量的进口，特别是大量消费品的进口，在一定时期内对国内市场和民族工业形成了较大冲击。第二类，金融监管政策不完善，与财政政策不匹配。相关资料表明，在时任墨西哥总统萨利纳斯任内的前五年（1989—1993年），墨西哥一直实行谨慎的金融和财政政策。进入1994年后，政治环境的不稳定迫使墨西哥当局为了稳定社会，一反常规而实行扩张性的经济政策。一方面，财政支出大幅度增加；另一方面，将比索汇率固定在高水平，这与实行金融扩张是两种相互矛盾的政策，这种政策的不配套是导致墨西哥金融危机爆发的重要原因之一。同时，面对资金外逃，政府没有很好地进行监控与管制，准入准出机制较差，应对危机能力不足。第三类，不稳定的政治环境。由于墨西哥当局对改革、发展、稳定三者之间的关系处理不当，出现收入分配不均、政策措施之间不匹配、失业率攀升现象，各种社会矛盾迅速激化。经济不稳定影响社会局势，各地流血事件频发，社会局势的不稳定极大地动摇了国民及外国投资者对墨西哥经济发展前景的信心。

其次，经济学界认为东南亚金融危机爆发的主要原因是经济失衡、固定汇率制及金融监管不力等。具体可以从以下三点进行分析：第一，东南亚金融危机的导火索是在泰国中央银行宣布实行浮动汇率制后，索罗斯量子基金对东南亚国家的货币进行了大肆投机炒作。因此可以认为，东南亚金融危机爆发的直接原因是国际金融炒家对弱国固定汇率的狙击。第二，从更深层的内源性进行考察，东南亚各国实现经济高速增长与资产严重短缺的矛盾、大量利用外资与偿还债务能力的矛盾、金融自由化与市场体系发育成熟的矛盾、经济发展条件与经济增长方式转变不相适应的矛盾是造成东南亚金融危机的内在原因。东南亚国家经济基本上属于出口导向型，经济的高速发展主要建立在出口迅速增长的基础上，在经历长达十年的经济高速增长期后，1996—1997 年进入调整期的东南亚各国原先被掩盖的矛盾突出，同时为保持持续快速增长，利用外资成为各国主要的要解决方式。而利用外资虽然可以促进本国经济快速增长，但这是以牺牲本国出口竞争能力增长为条件的，利用外资与偿债能力的矛盾促使政府全面放开资本市场，依靠资本账户顺差来平衡国际收支和扩充外汇储备。这意味着步入金融自由化阶段，国内市场的发育程度和金融监管体制的不健全是发展中国家实现金融自由化的隐患。同时，政府监管不力、披露机制不健全和透明度不高又增加了经济的脆弱性。以上几点共同制约了国家实现经济增长方式转变和产业转型，反过来又加重国际收支逆差和偿债困难，金融危机爆发不可避免。第三，从外在因素考察，世界经济发展不平衡导致的发达国家和发展中国家之间的不平等，是东南亚金融危机爆发的外在因素。由索罗斯量子基金等投机资金发动或参与的对东南亚等国外汇市场的攻击，显然是引发此次东南亚金融危机的导火索。但抛开东南亚国家内在问题，发展中国家资本、技术、市场成熟度等方面较发达国家都处于劣势地位，如何在扩大对外开放和保护本国经济利益两者之间寻求平衡点，避免投机活动对本国经济造成冲击，是在较长时期内都难以解决的外在问题。

最后，2008 年全球性金融危机由美国次贷危机引发，此后蔓延到其他国家，从而导致了世界经济整体的动荡。许多学者认为货币政策失误、金融衍生品滥用及金融监管滞后等是造成本次金融危机的主要原因。从造成本次金融危机的成因性质来看，可以归为直接原因、深层次原因和根本原因。其一，金融衍生品的信用危机是直接原因。美国耶鲁大学管理学院教授陈志武指出，"最主要的原因就在那个用钱的人，和那个可以提供钱的投资者之间的委托代理链条太长了"，导致原始的借贷关系变得越来越模糊不清，责任约束变得越来越松散，致使链条中的各个参与主体为了追求自身利益最大化而发生了不同程度的行为异化。简言之，通过资产证券化，一方面银行转移了贷款风险；另一方面，证券公司将贷款打包成抵押债券，向投资者发行，金融机构向购买抵押债券的投资者提供避险工具，避险工具再打包发行，最后形成违约掉期交易。这一连串的金融衍生品都是以预期收益作为基础的，没有实际资产，当出现衍生品信用违约时，长链条导致的权责松散，致使衍生品工具在客观上反复扩大，加剧了金融市场波动，导致金融危机爆发。同时，对金融衍生品的监管没有跟上发展速度，美国对金融机构实行分类监管的体制不完善等，都是放大和加剧金融危机的原因。其二，较为深层次的原因是美国虚拟经济与实体经济的背离。随着经济全球一体化的发展，股票、债券、金融衍生品等虚拟资本核心部分大规模增长，虚拟经济越来越脱离实体经济的约束，成为一个相对独立的体系，且大大超过实体经济的增长速度和规模。一旦虚拟经济背离实体经济到一定程度后，将会致使市场机制无法调节，那么引致的泡沫会导致危机爆发。根据 IMF 公布的数据，美国由依托于有形服务和物质行业的实体经济所创造的国内生产总值（GDP）占比由 1950 年的 61.78% 降至 2007 年的 33.99%，而依托于房地产、债券和股票等资本炒作的虚拟经济对 GDP 的贡献率大幅增加。美国三大支柱产业钢铁、汽车、建筑业每况愈下，逐步被虚拟经济中的金融业和房地产业所取代。根据国际衍生品联合会的数据，至 2007 年年底，美国债券、股票、期货、地产和金融衍生品市值约为400 万亿美元，约为当年美国 GDP 的 30 倍。虚拟经济来源于实体经济，且应该为实体经济服务，虚实经济失衡、虚拟经济导致经济活动过度杠杆化，从而引发经济危机。其三，全球经济失衡是造成本次金融危机全球化的根本原因。考察国际货币体系演变历程，美元在不同体系下一直是国际储备货币的主体、国际信贷和计价计算标准以及国际支付手段，且随着国际分工的深化，美国一直使美元保持在全球价值链的顶端。受到美国核心地位的影响，其产业结构、经济运行方式对全球经济造成重大影响。美国的金融衍生品市场蓬勃发展，各国出于规避汇率风险等原因不由自主地购买美国金融衍生品，分担其风险，同时带动全球金融市场证券化和高杠杆化，作为世界货币的美元持续超发，导致全球贸易严重失衡。综合各种因素，全球经济失衡和国际金融风险快速膨胀是造成本次金融危机牵连甚广、经济体恢复缓慢的根本原因。

综上所述，通过比较三大金融危机成因及作用机制可知，经济结构不合理、虚拟经济与实体经济失衡是金融危机爆发的根本原因，而金融监管不力、金融监管体制漏洞则放大了金融危机的危害。

三、 金融危机前后相关经济指标变化比较

尽管每次金融危机都会表现出新的特征，但是对各国金融危机前后经济金融运行的现实情况进行深入分析，可以发现历次金融危机发生过程中存在着相当一部分相似的经济反映。

表 2-4 归纳了三大金融危机成因、危机前后相关经济指标变化情况。通过比较分析，三大金融危机在以下方面具有一定的相似性：第一，金融危机前房地产价格空前高涨，而危机后房价大幅下跌、基本触底。第二，股市在危机前一段时期内都呈现快速上涨，危机中伴随着大幅下跌，危机后股市以跌势为主，尽显颓势。第三，GDP 的增长势头在危机前放缓甚至呈现下降走势，危机后在一定时期内增速仍然处于偏低水平。第四，危机前几年内经常账户赤字率呈现上升态势，多数经济体贸易逆差扩大。第五，每次金融危机前后公共债务与 GDP 的比率都呈现快速上升特征。

表 2-4 三大金融危机成因与指标变化比较

金融危机	主要原因	具体成因与指标变化
墨西哥金融危机	债务负担过大，贸易逆差导致货币贬值	①比索币值的持续高估 ②经常项目赤字急剧增加 ③金融政策和财政政策相互不配套 ④"飞燕式"资本的大量抽逃 ⑤急速的经济和贸易自由化 ⑥美国利率不断上升 ⑦国内政局动荡，社会很不稳定
东南亚金融危机	经济失衡、固定汇率制及金融监管不力等	①东南亚国家的经济进入调整期 ②东南亚国家在对外经济体制上的不协调 ③国际金融市场上投机力量的炒作 ④监管不力、披露机制不健全
美国次贷危机	货币政策失误、金融衍生品滥用及金融监管滞后等	①美联储先低后高的利率政策变化 ②过度债券化，信贷标准和质量下降 ③金融监管的放松 ④金融衍生产品的过度开发与滥用

第三章　区域金融风险量化监测的 FEPI 指数方法研究

第一节　区域金融风险指标体系总体框架设计

一、区域金融风险指标框架初步设计

通过对区域金融风险的内涵分析，本书将区域金融风险限定为：以中国大陆为环境、跨区域经营的商业银行为依托、中心城市为基本单元，立足于系统性金融风险，将区域金融机构风险、区域金融经济运行风险、宏观金融经济环境风险三个方面作为监测内容，构建监测指标体系，监测区域金融风险。

二、区域金融风险指标框架详细设计

一方面，通过前文区域金融风险的内涵分析，思考区域金融风险指标总体框架初步设计；另一方面，通过借鉴典型的地区性金融危机成因、危机前后相关指标变化，进一步思考区域金融风险指标总体框架的详细设计。

从典型的地区性金融危机可以看出，我们应从以下几个方面进行区域金融风险监测指标的总体框架详细设计。

（一）区域金融机构风险

这里的金融机构风险是指金融机构由于金融市场异常波动、运作不规范、内部管理制度不健全引发的风险，如一些担保公司、投资公司参与非法集资与民间借贷等引起的风险。再如，不按规定筹措资金，无序竞争，高息揽储，挪用资金炒股票或投资房地产等活动造成的风险。

海南发展银行倒闭事件是区域金融机构风险的一个典型案例。在海南房地产泡沫时期，海南省多家信用社采用高息揽存的方式开展业务，这导致信用社资不抵债、入不敷出，无法兑付到期存款。海南政府决定考虑大局，让海南发展银行兼并了 28 家信用社，区域金融风险便由信用社传导

到了海南发展银行。多家信用社的加入让海南发展银行背上了沉重的债务包袱，无法支付给客户高额利息。1998 年大量客户为了谋取高额利息，撤资去寻求其他高利率的融资平台，出现挤兑事件，海南发展银行最终倒闭。

（二）区域金融经济运行风险

1. 区域宏观经济风险。区域宏观经济风险指的是区域内的经济活动和物价水平波动可能导致的企业利润损失。

辽宁经济数据造假事件是区域宏观经济风险的一个典型案例。据媒体报道，辽宁省从 2011 年至 2014 年虚报经济数据，且呈逐年上升趋势，2014 年虚增比例高达 23%。多省区域经济状况恶化是区域宏观经济风险的另一个典型案例。据媒体报道，近年来，山东、辽宁、陕西等地区经济状况恶化导致地区失业率提高。

2. 地方政府财政风险。地方政府财政风险是指在财政领域由各种不确定因素的综合影响而导致财政资金遭受损失和财政运行遭到破坏的可能性。

美国地方政府债务危机是区域政府风险的一个典型案例。美国在过去的 30 年里有近 250 个地方政府申请破产，地方政府出现债务危机的主要原因是收不抵支。在美国次贷危机之后，失业率暴增，地方政府需要支付高额的退休金，这加重了地方政府的财务负担。税收构成了地方政府的主要财政收入，然而征收额外税费程序烦琐且批准难，这就造成了美国地方政府收不抵支的状况，出现债务危机，最终破产。

3. 区域投资与房地产风险。区域投资与房地产风险是指区域投资状况过冷或过热，房地产等资产价格超常规上涨造成的虚假繁荣的风险。

2016 年我国一、二线城市房地产暴涨，三、四线城市住房积压严重是区域房地产风险的一个典型案例。有限的供应和较高的成本让一些一、二线城市房价上涨 10%，而三、四线小城市面临高库存和低需求等问题，销售均价下跌 5%。

4. 企业风险。企业风险是指一个企业因不能实现其业务目标和战略计划的显在风险因素、潜在风险因素或一系列事件，而导致企业遭受财务损失甚至倒闭的可能性。

山东省的辉山乳业股价暴跌事件，是区域企业经营风险的一个典型案例。2017 年 3 月 24 日，辉山乳业股价暴跌 85%。该公司伪造财务报表并挪用 30 亿元资金投资于房地产，资金无法收回，使企业资金链断裂，进而导致股价暴跌。

（三）宏观金融经济环境风险

宏观经济风险指的是经济活动和物价水平波动可能导致的企业利润损失。

宏观经济衰退往往会导致经济危机，催生金融风险。在中国经济"新常态"下，多省经济下行是宏观金融经济环境风险的一个典型案例。在政策制定者们将中国经济增长放缓定义为"新常态"之后，中国地方政府下调了经济增长目标。例如，浙江、重庆、河北等省份经济下行，甚至没有达到下调之后的目标，加大了宏观金融经济环境风险。再如，人民币汇率叠加，资本外流，加大了北京市的区域金融风险。

第二节　区域金融风险指标体系设计

一、　设计与筛选原则

区域金融风险监测指标体系中的指标选取需要遵循全面性和代表性的基本原则。从区域金融机构风险、区域金融经济运行风险、宏观金融经济环境风险多维度构建北京区域金融风险监测指标体系。遵循设计合理性原则、数据可获得性原则、显著性原则进行指标筛选。

二、　区域金融风险指标筛选过程

（一）区域金融机构风险指标筛选

区域金融机构风险可用商业银行不良贷款率、证券交易额变化率、保费收入增长率来衡量。

1. 商业银行不良贷款率。从理论视角看，在资产安全性指标中，不良贷款率是反映银行业信贷资产质量状况的核心指标，对于刻画区域金融系统的风险积聚程度具有重要作用，理应作为重点监测的对象。

从实证分析视角看：学者贾拓对某些预警指标进行了格兰杰（Granger）因果关系检验，其中，商业银行不良贷款率统计显著（检验结果见表 3 - 1），反映金融较多地受到商业银行不良贷款率的影响。表明该指标稳健性较好、预警能力较强。

表 3 - 1　商业银行不良贷款率格兰杰因果关系检验结果

指标	地区金融格兰杰检验 P 值		
	$n=1$	$n=2$	$n=3$
商业银行不良贷款率	0.560	0.654	0.087 *

注：* 表示在 0.05 或 0.1 水平下的估计值统计显著，n 表示滞后阶。

2. 证券交易额变化率。从理论视角看，证券交易额变化率是反映证券业风险变化程度的重要指标。为对银行和非银行金融机构及相关经济部门的状况进行全面考察，进一步评估区域金融的潜在风险，选取证券交易额指标衡量非银行金融机构的发展水平。

从实证分析视角看，学者贾拓等的格兰杰因果关系检验结果见表 3 - 2，证券交易额变化率统计显著，表明该指标稳健性好，预警能力强。

表 3 - 2　证券交易额变化率格兰杰因果关系检验结果

指标	地区金融格兰杰检验 P 值		
	$n = 1$	$n = 2$	$n = 3$
证券交易额变化率	0.193	0.082 *	0.052 *

注：* 表示在 0.05 或 0.1 水平下的估计值统计显著，n 表示滞后阶。

3. 保费收入增长率。从理论视角看，保费收入增长率反映了区域保险机构的盈利能力。指标越高说明盈利能力越好，越有利于金融稳定。如果保费增长率低于 10%，区域保险市场基本陷入衰退状态，会对金融稳定造成不利影响。

从实证分析视角看，学者贾拓的格兰杰因果关系检验结果见表 3 - 3，保费收入增长率在置信水平统计显著，表明该指标稳健性好，预警能力较强。

表 3 - 3　保费收入增长率格兰杰因果关系检验结果

指标	地区金融格兰杰检验 P 值		
	$n = 1$	$n = 2$	$n = 3$
保费收入增长率	0.278	0.197	0.090 *

注：* 表示在 0.05 或 0.1 水平下的估计值统计显著，n 表示滞后阶。

4. 筛选结果。商业银行不良贷款率、证券交易额变化率、保费收入增长率均能反映区域金融机构风险。由于商业银行不良贷款率只能收集到分季度数据，不能监测月度风险状况，故暂保留。考虑到区域辖内商业银行不良贷款率不透明，数据难以获得，而北京银行在区域辖内具有代表性，因此暂以北京银行不良贷款率代表区域辖内状况。这里重点考虑北京区域辖内信贷市场风险、证券市场风险、保险市场风险。最终区域金融机构风险指标筛选结果为银行不良贷款率、证券交易额变化率和保费收入增长率。

需要说明的是，由于北京所在地银行的跨区域经营的特点，考虑到月度银行数据难以获得，本书同时采用两种办法处理银行风险：一是在北京区域金融经济运行风险中考虑银行风险；二是将北京所在地银行风险单列出来，进行风险分析。

（二）区域金融经济运行风险指标筛选

1. 区域宏观经济风险。区域宏观经济风险可用居民消费价格指数增长率、GDP 增长率、出口额增长率、失业率和商品零售价格指数等指标来衡量。

（1）居民消费价格指数增长率。学者张小斐、薛瑞、张炜在文章中提到，不同时期居民消费价格指数与经济增长率之间呈现出不同的组合关系，这直接影响经济运行的结果。

（2）GDP 增长率。从理论视角看，GDP 增长率反映经济增长的速度。GDP 增长过快，说明经济过热，容易出现通货膨胀；GDP 增长过慢，意味着经济可能出现衰退。

从实证分析视角看，学者贾拓等对某些备选预警指标进行了格兰杰因果关系检验。其中，GDP 增长率统计显著（检验结果见表 3 - 4），说明宏观经济金融和 GDP 增长率相关性较大；地区金融和 GDP 增长率相关性较大；该指标稳健性好，预警能力较强。

表 3 - 4　GDP 增长率格兰杰因果关系检验结果

指标	宏观经济金融格兰杰检验 P 值			地区经济格兰杰检验 P 值			地区金融格兰杰检验 P 值		
	$n=1$	$n=2$	$n=3$	$n=1$	$n=2$	$n=3$	$n=1$	$n=2$	$n=3$
GDP 增长率	0.000*	0.004*	0.013*	0.0113*	0.360	0.570	0.085*	0.068*	0.148

注：*表示在 0.05 或 0.1 水平下的估计值统计显著，n 表示滞后阶。

（3）出口额增长率。学者王风云在文章中提到，在当前贸易不平衡加剧的情况下，进口贸易和出口贸易的变动关系到北京未来经济增长乃至整个国民经济的协调、稳定、持续的发展。

（4）失业率。失业率是指在一定时期满足全部就业条件的就业人口中仍未有工作的劳动力数字，旨在衡量闲置中的劳动产能，是反映一个国家或地区失业状况的主要指标。失业数据的月份变动可适当反映经济发展。失业率与经济增长率具有反向的对应变动关系。

（5）商品零售价格指数。商品零售价格指数是指反映一定时期内商品零售价格变动趋势和变动程度的相对数。零售物价的调整变动直接影响到城乡居民的生活支出和国家的财政收入，影响居民购买力和市场供需平衡，影响消费与积累的比例。因此，商品零售价格指数可以从一个侧面反映上述经济活动。

（6）筛选结果。居民消费价格指数增长率、GDP 增长率、出口额增长率、失业率和商品零售价格指数均可以反映区域宏观经济风险。居民消费价格指数增长率和商品零售价格指数均反映物价，且居民消费价格指数增长率更加直观，为了避免指标重复，删除商品零售价格指数。由于失业率分省月度数据无法收集，故删除失业率这个指标。

最终区域宏观经济风险指标筛选结果为居民消费价格指数增长率、GDP增长率、出口额增长率。

2. 地方政府财政风险。地方政府财政风险可以由财政收入、财政赤字率、财政收入/GDP 等指标来衡量。

（1）财政收入。学者刘分龙、汤浩选取 1987—2010 年地方财政收入（FI）、地区生产总值（GDP）、房地产价格（HP）数据作为样本，取自然对数分别得到 LHP、LGDP 和 LFI 进行 Johansen 协整检验。检验结果见表 3 - 5，表明各变量间均存在明显的协整关系。房地产价格和地方财政收入无论在短期还是长期都影响着经济增长，房地产价格与经济增长呈正向变动关系，而地方财政收入与经济增长呈反向变动关系。

表 3 - 5   Johansen 协整检验结果

原假设 H₀	特征值	统计量	临界值	P 值
没有原假设	0. 883 127	59. 820 38	29. 797 07	0. 000 0
至多有一个原假设	0. 524 281	16. 886 96	15. 494 71	0. 030 7
至多有两个原假设	0. 096 447	2. 028 412	3. 841 406	0. 154 4

（2）财政赤字率。财政赤字率是衡量政府财政风险的一个重要指标，是指财政赤字占国内生产总值的比重。财政赤字率表示一定时期内财政赤字额与同期国民生产总值之间的比例关系。

（3）财政收入/GDP。财政收入/GDP 是影响政府部门抵御区域性风险、维护区域金融经济稳定的关键因素。

（4）筛选结果。财政收入、财政赤字率、财政收入/GDP 均可反映地方政府财政风险。由于财政收入增长率更能直观地反映财政收入变化，因此将财政收入调整为财政收入增长率。由于财政赤字率分省月度数据无法收集，故删除该指标。

最终筛选结果为财政收入增长率和财政收入/GDP。

3. 区域投资与房地产风险。区域投资与房地产风险可以由房地产投资完成额增长率、固定资产投资增长率、房价增长率、房价增长率/GDP 增长率、房地产竣工面积增长率、住宅销售额增长率等指标衡量。

（1）房地产投资完成额增长率。从理论视角看，房地产投资增长率通常反映房地产业的景气程度。房地产投资完成额增长率是反映整个房地产行业冷热程度的一个核心指标，也是房地产业的先行指标。适度的投资有利于拉动经济的增长，但如果房地产开发投资额增幅过高，将使供给过量，如无需求匹配，就会导致供过于求，造成资源浪费。

学者孙萍的实证研究表明，区域经济增长率 G 和房地产投资增长率 RE 之间存在协整关系。并且孙萍在单一方程协整检验的基础上，对样本中的沈阳市经济增长率和房地产增长率之间是否存在因果关系进行格兰杰因果关系检验（如表 3 - 6 所示）。两个无效假设的 F 值均大于临界值，说明无效假设均被拒绝，即："城市房地产投资增长率不是经济增长率的格兰杰原因"和"城市经济增长率不是房地产投资增长率的格兰杰原因"均不成立，也就是说城市经济增长率和房地产投资增长率之间相互促进，互为因果关系。

表 3 - 6　房地产投资增长率格兰杰因果关系检验结果

无效假设	F 值	临界值
RE 不是 G 的格兰杰原因	0.156 78	0.859 9
G 不是 RE 的格兰杰原因	0.891 65	0.891 65

从实证分析视角看，学者盖国凤、孔原等房地产泡沫实证研究表明，在房地产投资持续高速增长的时期，开发商推动房屋价格泡沫的动力最强。

（2）固定资产投资增长率。固定资产投资增长率属于外因影响指标，该指标反映宏观经济因素对房地产经济运行状况产生的影响。

（3）房价增长率。学者刘分龙、汤浩在文章中提到，房地产价格无论在短期还是长期都影响着经济增长，且该指标与经济增长呈正向变动关系。

（4）房价增长率/GDP 增长率。房价增长率与 GDP 增长率之比，主要测量房地产行业相对国民经济的扩张速度。房价增长率与 GDP 增长率比值一般在 1 以内属于合理范围，1～2 表示泡沫预警，2 以上说明房价虚涨，泡沫显现。

（5）房地产竣工面积增长率。房地产竣工面积增长率反映当年已建成的现房供应情况，当年的竣工面积和空置面积之和为当年房地产可供应面积的总量，和销售面积对比则可反映当年的供求情况。

（6）住宅销售额增长率。住宅销售额增长率可以反映房地产供求状况，住宅销售额增长过快，说明市场供不应求，市场过热；反之则说明市场过冷。

（7）筛选结果。房地产投资完成额增长率、固定资产投资增长率、房价增长率、房价增长率/GDP 增长率、房地产竣工面积增长率、住宅销售额增长率均能反映区域投资与房地产风险。房地产竣工面积增长率更偏于反映现房供应情况，住宅销售额增长率不够全面，故两者都删除。

最终筛选结果为房地产投资完成额增长率、固定资产投资增长率、房价增长率、房价增长率/GDP 增长率。

4. 企业风险。企业风险可以由主营业务收入增速、资产利润率、资产负债率、企业亏损面、存货周转率等指标衡量。

（1）主营业务收入增速。主营业务收入增速可以用来衡量公司的产品生命周期，判断公司发展所处的阶段。一般来说，如果主营业务收入增长率超过 10%，说明公司产品处于成长期，将继续保持较好的增长势头，尚未面临产品更新的风险，属于成长型公司。如果主营业务收入增长率在 5%～10%，说明公司产品已进入稳定期，不久将进入衰退期，需要着手开发新产品。如果该比率低于 5%，说明公司产品已进入衰退期，保持市场份额已经很困难，主营业务利润开始滑坡，如果没有已开发好的新产品，将步入衰落。

（2）资产利润率。资产利润率是企业利润总额与资产平均占用额之比。它是衡量企业盈利水平的指标，比率越高，表明资产利用效益越好，盈利能力越强，经营管理水平越高。

（3）资产负债率。资产负债率即总负债与总资产的比例。该指标反映企业的整体负债情况，一般来说，该比率越高意味着企业信用风险越大、抗风险能力越差。

（4）企业亏损面。学者刘青指出，规模以上企业亏损面可以反映企业经营与信用状况。

（5）存货周转率。存货周转率是企业销售收入与存货平均余额之比。它是衡量企业销售能力及考核存货是否适宜的指标，比率越高，说明企业资产流动状况越好，获利能力越强。

（6）筛选结果。主营业务收入增速、资产负债率、存货周转率、资产利润率、企业亏损面均能反映区域企业风险。由于企业亏损面无法收集到分省月度数据，故本书用亏损企业增长率替代。由于存货周转率、资产利润率所收集到的都是短期数据，不能反映长期的企业经营状况，故删除。

最终筛选结果为主营业务收入增速、亏损企业增长率和资产负债率。

（三）宏观金融经济环境风险指标筛选

宏观经济金融风险可由全国 GDP 增长率、全国房地产投资完成额增长率、全国财政收入增长率、全国出口额增长率、全国银行间同业拆借利率、汇率等指标衡量。部分指标的理论与实证分析上文已经提及，这里就不再赘述。

1. 全国银行间同业拆借利率。从理论视角看，银行间同业拆借利率可以衡量宏观经济状况。

从实证分析视角看，学者贾拓等对某些备选预警指标进行了格兰杰因果关系检验，其中，银行间同业拆借利率统计显著（检验结果见表 3 - 7），说明该指标稳健性较好，预警能力较强。

表 3 - 7　银行间同业拆借利率格兰杰因果关系检验结果

指标	宏观经济金融格兰杰检验 P 值		
	$n = 1$	$n = 2$	$n = 3$
银行间同业拆借利率	0. 042 *	0. 007 *	0. 007 *

注：* 表示在 0. 05 或 0. 1 水平下的估计值统计显著，n 表示滞后阶。

2. 汇率。汇率是一国货币兑换另一国货币的比率。汇率变动会对不同的经济体系产生不同的影响。如果一个国家的产业结构是以内向型为主，进出口占国民经济的比重不大，汇率变动对宏观经济的影响就会较小。如果一个国家的产业结构是以出口外向型为主，在汇率上升时就会受到伤害，汇率下降时相对就会获得利益。目前，我国实行有管理的浮动汇率制度，我国的外汇市场仍需要继续健全和完善。政府对人民币汇率的管理主要体现在：国家对外汇市场进行监管、国家对人民币汇率实施宏观调控、中国人民银行进行必要的市场干预。

3. 筛选结果。全国 GDP 增长率、全国房地产投资完成额增长率、全国财政收入增长率、全国出口额增长率、全国银行间同业拆借利率、汇率均能反映国家的宏观金融经济环境风险。然而商业银行同业拆借利率和汇率无法收集到长期的月度数据，故删除。在前文区域金融指标筛选时，由于分省的不良贷款率的月度数据无法收集而被删除，为了保证指标体系的全面与完整，本书在宏观金融经济环境风险指标中加入商业银行不良贷款率。

最终筛选结果为 GDP 增长率、商业银行不良贷款率、房地产投资完成额增长率、国家财政收入增长率、出口额增长率。

三、 区域金融风险指标筛选结果

根据以上的分析，区域风险指标最终的筛选结果见表 3 - 8。

表 3-8　区域金融风险指标最终筛选结果

一级指标	二级指标	三级指标
区域金融机构 风险（W_1）	银行不良贷款率（W_{11}）	—
	证券交易额变化率（W_{12}）	—
	保费收入增长率（W_{13}）	—
区域金融经济 运行风险（W_2）	区域宏观经济风险（W_{21}）	出口额增长率（W_{211}）
		居民消费价格指数增长率（W_{212}）
		地区 GDP 增长率（W_{213}）
	地方政府财政风险（W_{22}）	财政收入/GDP（W_{221}）
		财政收入增长率（W_{222}）
	区域投资与房地产风险（W_{23}）	房地产投资完成额增长率（W_{231}）
		固定资产投资增长率（W_{232}）
		房价增长率（W_{233}）
		房价增长率/GDP 增长率（W_{234}）
	企业风险（W_{24}）	主营业务收入增速（W_{241}）
		亏损企业增长率（W_{242}）
		资产负债率（W_{243}）
宏观金融经济 环境风险（W_3）	GDP 增长率（W_{31}）	—
	商业银行不良贷款率（W_{32}）	—
	房地产投资完成额增长率（W_{33}）	—
	国家财政收入增长率（W_{34}）	—
	出口额增长率（W_{35}）	—

第三节　风险权重与 AHP 法

本书运用 AHP 法确定区域金融风险指标的权重。

一、 AHP 法的原理

（一）AHP 法的优势

AHP 法（层次分析法）是美国萨迪教授提出的一种定性与定量分析相结合的多目标决策分析方法。它是将复杂问题分解为多个组成因素，并将这些因素按支配关系进一步分解，按目标层、准则层、指标层排列起来，形成一个多目标、多层次的有序递阶结构。通过两两比较的方法确定层次中诸因素的相对重要性，然后综合评估主体的判断矩阵，确定诸因素相对重要性的总顺序。该方法具备定性与定量相结合、系统、灵活、简洁等优点。

（二）AHP 法的计算步骤

1. 构造判断矩阵。所谓 AHP 法就是构造下一层对上一层的判断矩阵，该矩阵是互反矩阵。判断矩阵以上一级的某一要素作为判断准则，针对本级要素进行两两比较来确定矩阵的元素。例如，因素甲与因素乙进行比较，如甲因素极为重要则得 9 分、非常重要得 7 分、明显重要则得 5 分、稍微重要得 3 分、同样重要得 1 分。相反，则因素得分值分别为 1/3、1/5、1/7 和 1/9。

2. 根据判断矩阵计算同一层次各指标的权重。首先，计算判断矩阵每一行元素的乘积 B_i，参见式（3-1）。

$$B_i = \prod_{j=1}^{n} a_{ij}, i = 1, 2, \cdots, n \tag{3-1}$$

其次，计算判断矩阵的 n 次方根，参见式（3-2）。

$$C_i = \sqrt[n]{B_i}, i = 1, 2, \cdots, n \tag{3-2}$$

最后，对向量 $C = (C_1, C_2, \cdots, C_n)^{\mathrm{T}}$ 归一化，参见式（3-3）。

$$W_i = \frac{C_i}{\sum_{i=1}^{n} C_i}, i = 1, 2, \cdots, n \tag{3-3}$$

$W = (W_1, W_2, \cdots, W_n)^{\mathrm{T}}$ 即为所求的特征向量，W_1，W_2，$\cdots$，W_n 分别为同一层次各指标对上层指标影响大小的权重。

3. 一致性检验。由于在第一步构造两两比较判断矩阵时，赋值的主观意识很强，因此还需进行一致性检验，以评价判断矩阵是否可靠。

首先，计算一致性指标 CI，参见式（3-4）、式（3-5）。

$$CI = \frac{\lambda_{\max} - n}{n - 1} \tag{3-4}$$

$$\lambda_{\max} = \frac{1}{n} \sum_{i=1}^{n} \frac{\sum_{j=1}^{n} a_{ij} W_j}{W_i} \tag{3-5}$$

式（6-5）中，$\lambda_{\max}$ 为判断矩阵的最大特征根，n 为判断矩阵阶数。$\lambda_{\max} - n$ 越大，CI 就越大，判断矩阵的一致性就越差。

其次，计算一致性比率 CR，参见式（3-6）。

$$CR = \frac{CI}{RI} \tag{3-6}$$

当 $n = 1$，2 时，$RI = 0$，因为 1，2 阶的正反矩阵总是一致的。

对于 $n \geq 3$ 的比较判断矩阵 A，将它的一致性指标 CI 与同阶的随机一致性

指标 RI 之比称为一致性比率 CR，RI 具体取值见表 3-9。

若 $CR<0.1$，接受一致性，即判断矩阵一致性检验通过，认为 A 的不一致程度在容许的范围之内，可用其特征向量作为权向量。

若 $CR>0.1$，则应对判断矩阵重新作适当调整。

表 3-9　平均随机一致性指标取值

n	1	2	3	4	5	6	7	8	9	10	11
RI	0	0	0.58	0.90	1.12	1.24	1.32	1.41	1.45	1.49	1.51

二、 区域金融风险指标的权重计算与一致性检验

（一） 一级指标权重的确定

首先根据表 3-10 构造判断矩阵，得到式（3-7），然后根据式（3-1）、式（3-2）、式（3-3）可得特征向量 $W=(0.540, 0.297, 0.163)^\mathrm{T}$，最后进行一致性检验。根据式（3-5）得 $\lambda=3.009\,203$，根据式（3-4）可得 $CI=0.004\,601$，由 $n=3$，查表 3-9 得 $RI=0.58$，计算得 $CR=0.007\,933<0.1$，该矩阵一致性检验通过。即 0.540、0.297、0.163 分别为区域金融机构风险、区域金融经济运行风险、宏观金融经济环境风险的权重。

表 3-10　区域金融风险一级指标权重

指标	W_1	W_2	W_3
区域金融机构风险（W_1）	1	2	3
区域金融经济运行风险（W_2）	1/2	1	2
宏观金融经济环境风险（W_3）	1/3	1/2	1

$$\begin{bmatrix} 1 & 2 & 3 \\ 1/2 & 1 & 2 \\ 1/3 & 1/2 & 1 \end{bmatrix} \tag{3-7}$$

（二） 二级指标、三级指标权重的确定

1. 区域金融机构风险指标权重的确定。首先根据表 3-11 构造判断矩阵，得到式（3-8），然后根据式（3-1）、式（3-2）、式（3-3）可得特征向量 $W=(0.375, 0.375, 0.250)^\mathrm{T}$，最后进行一致性检验。根据式（3-5）得 $\lambda=3$，根据式（3-4）可得 $CI=0$，由 $n=3$，查表 3-9 得 $RI=0.58$，计算得 $CR=0<0.1$，该矩阵一致性检验通过。即 0.375、0.375、0.250 分别为银行不良贷款率、证券交易额变化率、保费收入增长率的权重。

表 3-11 区域金融机构风险指标权重

指标	W_{11}	W_{12}	W_{13}
银行不良贷款率（W_{11}）	1	1	1.5
证券交易额变化率（W_{12}）	1	1	1.5
保费收入增长率（W_{13}）	1/1.5	1/1.5	1

$$\begin{bmatrix} 1 & 1 & 1.5 \\ 1 & 1 & 1.5 \\ 1/1.5 & 1/1.5 & 1 \end{bmatrix} \qquad (3-8)$$

2. 区域金融经济运行风险指标权重的确定。根据表 3-12 构造判断矩阵，得到式（3-9），然后根据式（3-1）、式（3-2）、式（3-3）可得特征向量 $W = (0.467, 0.278, 0.160, 0.095)^{\mathrm{T}}$，最后进行一致性检验。根据式（3-5）得 $\lambda = 4.030\,977$，根据式（3-4）可得 $CI = 0.010\,326$，由 $n = 4$，查表 3-9 得 $RI = 0.90$，计算得 $CR = 0.011\,473 < 0.1$，该矩阵一致性检验通过。即 0.467、0.278、0.160、0.095 分别为区域宏观经济风险、地方政府财政风险、区域投资与房地产风险、企业风险的权重。

表 3-12 区域金融经济运行风险指标权重

指标	W_{21}	W_{22}	W_{23}	W_{24}
区域宏观经济（W_{21}）	1	2	3	4
地方政府财政风险（W_{22}）	1/2	1	2	3
区域投资与房地产风险（W_{23}）	1/3	1/2	1	2
企业风险（W_{24}）	1/4	1/3	1/2	1

$$\begin{bmatrix} 1 & 2 & 3 & 4 \\ 1/2 & 1 & 2 & 3 \\ 1/3 & 1/2 & 1 & 2 \\ 1/4 & 1/3 & 1/2 & 1 \end{bmatrix} \qquad (3-9)$$

根据表 3-13 构造判断矩阵，得到式（3-10），然后根据式（3-1）、式（3-2）、式（3-3）可得特征向量 $W = (0.143, 0.286, 0.571)^{\mathrm{T}}$，最后进行一致性检验。根据（3-5）得 $\lambda = 3$，根据式（3-4）可得 $CI = 0$，由 $n = 3$，查表 3-9 得 $RI = 0.58$，计算得 $CR = 0 < 0.1$，该矩阵一致性检验通过。即 0.143、0.286、0.571 分别为出口额增长率、居民消费价格指数增长率、地区 GDP 增长率的权重。

表 3 – 13   区域宏观经济风险指标权重

指标	W_{211}	W_{212}	W_{213}
出口额增长率（W_{211}）	1	1/2	1/4
居民消费价格指数增长率（W_{212}）	2	1	1/2
地区 GDP 增长率（W_{213}）	4	2	1

$$\begin{bmatrix} 1 & 1/2 & 1/4 \\ 2 & 1 & 1/2 \\ 4 & 2 & 1 \end{bmatrix} \qquad (3-10)$$

根据表 3 – 14 构造判断矩阵，得到式（3 – 11），然后根据式（3 – 1）、式（3 – 2）、式（3 – 3）可得特征向量 $W = (0.333, 0.667)^{\mathrm{T}}$。对于阶数小于 3 的矩阵，该方法具有完全一致性，不需要进行额外的一致性检验。即 0.333、0.667 分别为财政收入/GDP、财政收入增长率的权重。

表 3 – 14   地方政府财政风险指标权重

指标	W_{221}	W_{222}
财政收入/GDP（W_{221}）	1	1/2
财政收入增长率（W_{222}）	2	1

$$\begin{bmatrix} 1 & 1/2 \\ 2 & 1 \end{bmatrix} \qquad (3-11)$$

根据表 3 – 15 构造判断矩阵，得到式（3 – 12），然后根据式（3 – 1）、式（3 – 2）、式（3 – 3）可得特征向量 $W = (0.492, 0.306, 0.125, 0.077)^{\mathrm{T}}$，最后进行一致性检验。根据式（3 – 5）得 $\lambda = 4.048\,358$，根据式（3 – 4）可得 $CI = 0.016\,119$，由 $n = 4$，查表 3 – 9 得 $RI = 0.90$，计算得 $CR = 0.017\,91 < 0.1$，该矩阵一致性检验通过。即 0.492、0.306、0.125，0.077 分别为房地产投资完成额增长率、固定资产投资增长率、房价增长率、房价增长率/GDP 增长率的权重。

表 3 – 15   区域投资与房地产风险指标权重

指标	W_{231}	W_{232}	W_{233}	W_{234}
房地产投资完成额增长率（W_{231}）	1	2	4	5
固定资产投资增长率（W_{232}）	1/2	1	3	4
房价增长率（W_{233}）	1/4	1/3	1	2
房价增长率/GDP 增长率（W_{234}）	1/5	1/4	1/2	1

$$\begin{bmatrix} 1 & 2 & 4 & 5 \\ 1/2 & 1 & 3 & 4 \\ 1/4 & 1/3 & 1 & 2 \\ 1/5 & 1/4 & 1/2 & 1 \end{bmatrix} \quad (3-12)$$

根据表 3 - 16 构造判断矩阵，得到式（3 - 13），然后根据式（3 - 1）、式（3 - 2）、式（3 - 3）可得特征向量 $W = (0.540, 0.163, 0.297)^{\mathrm{T}}$，最后进行一致性检验。根据式（3 - 5）得 $\lambda = 3.009\,203$，根据式（3 - 4）可得 $CI = 0.004\,601$，由 $n = 3$，查表 3 - 9 得 $RI = 0.58$，计算得 $CR = 0.007\,933 < 0.1$，该矩阵一致性检验通过。即 0.540、0.163、0.297 分别为主营业务收入增速、亏损企业增长率、资产负债率的权重。

表 3 - 16　企业风险指标权重

指标	W_{241}	W_{242}	W_{243}
主营业务收入增速（W_{241}）	1	3	2
亏损企业增长率（W_{242}）	1/3	1	1/2
资产负债率（W_{243}）	1/2	2	1

$$\begin{bmatrix} 1 & 3 & 2 \\ 1/3 & 1 & 1/2 \\ 1/2 & 2 & 1 \end{bmatrix} \quad (3-13)$$

3. 宏观金融经济环境风险指标权重的确定。根据表 3 - 17 构造判断矩阵，得到式（3 - 14），然后根据式（3 - 1）、式（3 - 2）、式（3 - 3）可得特征向量 $W = (0.417, 0.263, 0.160, 0.097, 0.063)^{\mathrm{T}}$，最后进行一致性检验。根据式（3 - 5）得 $\lambda = 5.068\,037$，根据式（3 - 4）可得 $CI = 0.017\,009$，由 $n = 4$，查表 3 - 9 得 $RI = 1.12$，计算得 $CR = 0.015\,187 < 0.1$，该矩阵一致性检验通过。即 0.417、0.263、0.160、0.097、0.063 分别为 GDP 增长率、商业银行不良贷款率、房地产投资完成额增长率、国家财政收入增长率、出口额增长率的权重。

表 3 - 17　宏观金融经济环境风险指标权重

指标	W_{31}	W_{32}	W_{33}	W_{34}	W_{35}
GDP 增长率（W_{31}）	1	2	3	4	5
商业银行不良贷款率（W_{32}）	1/2	1	2	3	4
房地产投资完成额增长率（W_{33}）	1/3	1/2	1	2	3
国家财政收入增长率（W_{34}）	1/4	1/3	1/2	1	2
出口额增长率（W_{35}）	1/5	1/4	1/3	1/2	1

$$\begin{bmatrix} 1 & 2 & 3 & 4 & 5 \\ 1/2 & 1 & 2 & 3 & 4 \\ 1/3 & 1/2 & 1 & 2 & 3 \\ 1/4 & 1/3 & 1/2 & 1 & 2 \\ 1/5 & 1/4 & 1/3 & 1/2 & 1 \end{bmatrix} \qquad (3-14)$$

第四节　区域金融风险指数综合评价模型与信号灯设计

一、　具体任务与目的

区域金融风险指数综合评价模型的构建任务包括信号灯设计、参数临界值确定、状态层各分指数设计编制、总指数设计编制。

区域金融风险指数是金融风险监测的基础环节。通过分指数和总指数的考察，可以理解区域金融风险的时空演化特征；指数编制完成后，为了使监测具有针对性，需要进行风险指数信号灯设计并进一步分析。通过风险指数信号灯的考察，可以理解区域金融风险等级状态。

二、　风险信号灯设计原理

风险信号灯设计任务是区域金融风险预警区间的确定。为了对区域金融风险进行监测，考虑到不同类型的金融风险在经济危害的发生过程、引发原因等方面均有很大差别，因此对不同情况的风险用确定的风险预警等级区间进行划分，进而明确其所存在的风险高低程度是非常重要的。

可以根据计算出的结果，结合经济情况，借鉴行业监管标准设计信号灯划分标准。

在本书中，金融风险用五种状态进行区分。"安全"取值为 80～100 分，"基本安全"取值为 60～80 分，"中度风险"取值为 40～60 分，"高度风险"取值为 20～40 分，"严重风险"取值为 0～20 分。每种状态分别用蓝灯、浅蓝灯、浅黄灯、黄灯、红灯来表示，具体如表 3－18 所示。

表 3－18　金融风险状态评级区间分值

金融风险状态	安全	基本安全	中度风险	高度风险	严重风险
区间分值	[80, 100]	[60, 80)	[40, 60)	[20, 40)	[0, 20)
信号灯	蓝灯区△	浅蓝灯区▽	浅黄灯区◆	黄灯区●	红灯区■

对金融风险的五种基本态势赋予不同的分值范围，分值越高，说明金融稳定状况越好；分值越低，说明金融风险越大，金融稳定状况越差。区域金融安

全是指区域金融业在遭受外部威胁与冲击时，能够确保金融体系的安全，并能够持续保持稳健运行与发展的态势。金融基本安全是指金融机构整体运行平稳，但部分指标达到了预警值，并且有少数金融机构正常倒闭。中度风险是指金融稳定状况不佳，部分指标超过预警值，一些金融机构已无力经营。高度风险是指金融稳定状况较差，很多指标超过预警值，多数金融机构已无力经营，虽然还未达到危机爆发的状况，但若没有及时采取挽救措施，则离严重风险的时日不远。严重风险是指金融风险积累到一定程度时的总爆发，表现为大量金融机构倒闭，整个区域内的金融业一片混乱，金融体系全面崩溃。

三、　映射法的映射参数值确定的基本步骤

为了结合经济实际情况，考虑到指标在不同阶段、性质和量纲等差异性，本书根据指标数据的最优值，确定相应的最优区间，将所有指标层数据标准化。

首先，根据不同研究对象确定参数值。一般地，监测对象包括省域的金融风险和核心金融中心城市的金融风险。区域金融风险的各项指标承担的压力和具有差异性，所以使用映射法确认各个标准化参数值时，其最优和预警的标准也具有差异性。

其次，参数值划分按照区间确认。风险分为不同的等次，很多指标运行在某一个区间范围内都是最优的，所以在监测过程中更多地关注区间。基于此，本书将从上限与下限的角度去确定相关的上下限。根据实际的操作要求，将确定预警下限、最优下限、最优上限和预警上限四个值。

再次，参数值的确认根据指标性质进行区分。根据指标体系内涵的解释，从性质上将指标分为三种类型，即正指标、逆指标和适度指标。对于正指标，其指标值越高，风险值越大，所以其不存在预警下限，结合相关的监管准则确定最优下限和预警上限即可；对于逆指标，指标值越高，风险值越低，所以其不存在预警上限，结合相关监管准则确定最优上限和预警下限即可；对于适度指标，其最优区间确定在最优上限和最优下限之间，向两头扩展则风险指数逐步升高。

最后，区间临界值的确认要遵循波动性和监管要求相结合的原则。确定最优值上下限和预警上下限时，一方面要结合监管的相关规定；另一方面要结合指标的波动性，即该指标在相关分析对象内的标准差，按照统计异常值的确定原则，在相应倍数的标准差以内进行确认。

四、　状态层分指数与总指数的编制方法与测算结果

（一）状态层分指数与总指数的编制方法

1. 指标权重方法的确定。在指标体系确定且数据经过标准化以后，指数

编制的核心问题就是权重的获取。赋权的方法有很多种，大致分为主观赋权法和客观赋权法两大类。

通过对不同加权方式的对比可知，主观赋权和客观赋权都具有一定的片面性。在主观赋权的各种方法中，专家评判法不受样本数据的限制，能够较好地反映普遍性的意见，但专家选择必须适当，因为给定权数受到专家知识、经验和一些行为等主观因素影响，主观随意性相对较大。客观赋权法按照数据所反映的统计信息，通过建立一定的数理推导计算出权重系数。

AHP 法（层次分析法）与专家评判法类似，也需要依赖相关专家，但其比专家评判法相对科学，它是将定性分析与定量分析相结合，通过判断矩阵，将专家个人判断中的矛盾进行剔除，该方法特别适用于缺乏样本数据或含有大量定性指标时的情况。

本书的区域金融风险监测指标体系由多层次的指标构成，适合运用层次分析法赋权，通过征求专家意见构造判断矩阵，利用一定形式的数学方法处理，确定权数。

AHP 法是美国匹兹堡大学教授萨迪在 20 世纪 70 年代提出的一种定性和定量分析相结合的多目标决策分析方法。它的基本思路是，首先根据问题的性质拟定其要实现的总目标，然后根据问题的复杂程度将问题分解成多个组成因素，再根据各因素的相互隶属关系将各因素分层排列形成一个多层次结构模型，最终通过两两比较的方式确定各层次、各因素的相对优劣次序及相应权重值。

AHP 法的主要步骤如下：

一是建立层次的结构模型。层次分析法首先将所要分析的目标对象置于一个大系统中，这个系统中存在互相影响的多种因素，要将这些问题层次化，形成了一个多层的分析结构模型。其中，目标层为本书研究的核心问题，即区域金融风险监测指标体系；要素层包括构成区域金融风险的三个维度，即区域金融机构风险、区域金融经济运行风险、宏观金融经济环境风险；指标层是反映金融风险状况的具有代表性的基础指标。

二是构造出各层次两两比较判断矩阵。当有几个指标时，通过两两比较在同一层次上的相对重要性，可以得出指标重要性矩阵，通过指标之间重要程度的比较值，确定权重。

三是层次一致性检查。层次分析法中判断矩阵虽然能确定指标中相对层次，但具有一定的主观性，故需要进行一致性检验，从而确定评价矩阵的可靠性。

进行一致性检验需要计算判断矩阵的一致性比例 CR，然后将其与标准值对比。当判断矩阵的一致性比例 $CR < 0.1$ 时，可以认为判断矩阵的一致性通过，矩阵合理；否则，判断矩阵需要进行修正。

　　四是计算各层次指标的权重。常用的计算层次权重 W 的方法有算术平均法、方根法、特征向量法等，本书选用算术平均法。最后对向量进行归一化处理即得到指标权重。

　　2. 指标权重的确定结果。本书运用层次分析法求出不同专家所确定的各项指标权重，然后对各个专家所确定的权重进行算术平均来确定各项指标的最终权重。关于权重计算详细过程参见本章第三节，因此这里不再重复阐述，仅将各项指标的最终权重列出。

　　区域金融机构风险要素层 W_1 包含 2 个指标，通过运用层次分析法计算得到各个专家所确定的权重后，对各个专家所确定的权重进行算术平均后得到其最终权重。其中，银行不良贷款率的权重为 0.203，证券交易额变化率的权重为 0.203，保费收入增长率的权重为 0.048。

　　区域金融经济运行风险要素层 W_2 包含 4 个指标，区域宏观经济风险的权重为 0.139，地方政府财政风险的权重为 0.083，区域投资与房地产风险的权重为 0.048，企业风险的权重为 0.028。

　　宏观金融经济环境风险要素层 W_3 包含 5 个指标，GDP 增长率的权重为 0.068，商业银行不良贷款率的权重为 0.043，房地产投资完成额增长率的权重为 0.026，国家财政收入增长率的权重为 0.016，出口额增长率的权重为 0.010。

（二）指数综合评价模型的建立

　　根据映射函数将原始数据转换后的值和指标权重，可以分别计算区域金融机构风险分指数、区域金融经济运行风险分指数、宏观金融经济环境风险分指数及区域金融风险总指数。

　　1. 各子系统的评价得分。用公式对各具体指标所反映的分数进行加权求和，就可以计算出各个子系统的评价分数，见式（3 - 15）。其中，$i = 1$，2，3，代表 3 个子系统；j 代表各子系统下的具体指标；W_{ij} 为子系统内各指标的权重；S_{ij} 表示子系统内经过映射法处理后的指标值，表现为具体的量化分数。

$$S_i = \left(\sum S_{ij} W_{ij} \right) / \left(\sum W_{ij} \right) \qquad (3 - 15)$$

　　其中，S_1 为区域金融机构风险分指数，S_2 为区域金融经济运行风险分指数，S_{21} 为区域宏观经济风险分指数，S_{22} 为地方政府财政风险分指数，S_{23} 为区域投资与房地产风险分指数，S_{24} 为企业风险分指数。

　　2. 综合评价得分。区域金融风险总指数 FEPI 采用北京市金融风险各项分指数计算式（3 - 15），然后对各子系统的评价分数进行加权求和，求出北京市金融风险总指数值，即获得北京区域金融安全的综合得分，就可对北京市整个区域金融系统风险状况做出客观评价。

（三）状态层分指数与总指数的测算结果

　　从数据频率来看，考虑到低频数据指标对反映金融风险实际情况的灵敏度不高，本书选取的多为月度数据，少数为季度数据。

从时间维度来看，本书选取 2007 年 1 月至 2016 年 12 月的月度数据进行实证分析。原始数据来源于地方省市统计局、国家统计局等数据库。

例如，根据北京市统计局、国家统计局等数据库，北京市区域金融风险指数的具体测算结果如表 3 - 19 至表 3 - 22 所示。

表 3 - 19 北京市金融风险总指数测算结果

年月	FEPI	年月	FEPI	年月	FEPI	年月	FEPI	年月	FEPI
2008 - 01	72. 555 5	2010 - 01	72. 512 84	2012 - 01	61. 152 17	2014 - 01	71. 435 61	2016 - 01	65. 429 53
2008 - 02	72. 069 2	2010 - 02	72. 170 07	2012 - 02	62. 973 4	2014 - 02	70. 179 76	2016 - 02	65. 760 68
2008 - 03	71. 303 73	2010 - 03	73. 587 57	2012 - 03	63. 805 65	2014 - 03	69. 747 13	2016 - 03	64. 113 68
2008 - 04	70. 179 41	2010 - 04	73. 461 03	2012 - 04	61. 695 34	2014 - 04	69. 801 62	2016 - 04	63. 980 77
2008 - 05	71. 025 64	2010 - 05	73. 669 03	2012 - 05	63. 401 22	2014 - 05	67. 956 73	2016 - 05	63. 448 52
2008 - 06	70. 764 61	2010 - 06	73. 029 54	2012 - 06	64. 106 58	2014 - 06	67. 845 89	2016 - 06	63. 126 91
2008 - 07	69. 973 95	2010 - 07	73. 592 53	2012 - 07	64. 570 63	2014 - 07	67. 703 09	2016 - 07	62. 252 95
2008 - 08	68. 059 72	2010 - 08	73. 593 57	2012 - 08	64. 913 52	2014 - 08	67. 610 97	2016 - 08	61. 243 62
2008 - 09	67. 658 86	2010 - 09	73. 260 26	2012 - 09	64. 672 61	2014 - 09	67. 652 96	2016 - 09	61. 387 81
2008 - 10	67. 185 57	2010 - 10	73. 972 89	2012 - 10	65. 273 08	2014 - 10	66. 994 33	2016 - 10	61. 722 94
2008 - 11	66. 518 82	2010 - 11	74. 000 07	2012 - 11	65. 125 7	2014 - 11	66. 424 61	2016 - 11	61. 967 41
2008 - 12	62. 799 51	2010 - 12	74. 520 57	2012 - 12	65. 943 08	2014 - 12	66. 381 84	2016 - 12	61. 275 35
2009 - 01	47. 997 65	2011 - 01	63. 917 55	2013 - 01	69. 869 14	2015 - 01	62. 475 38	2017 - 01	63. 448 82
2009 - 02	53. 478 63	2011 - 02	64. 047 09	2013 - 02	69. 996 61	2015 - 02	61. 751 33	2017 - 02	64. 210 15
2009 - 03	51. 402 96	2011 - 03	65. 149 59	2013 - 03	66. 671 47	2015 - 03	65. 048 45	2017 - 03	62. 233 97
2009 - 04	52. 947 8	2011 - 04	64. 916 49	2013 - 04	66. 673 94	2015 - 04	66. 221 27	2017 - 04	61. 800 06
2009 - 05	53. 413 3	2011 - 05	63. 128 68	2013 - 05	66. 294 35	2015 - 05	67. 102 95	2017 - 05	64. 158 11
2009 - 06	57. 760 67	2011 - 06	63. 233 17	2013 - 06	66. 358 71	2015 - 06	66. 689 58	2017 - 06	61. 008 06
2009 - 07	59. 714 9	2011 - 07	64. 359 49	2013 - 07	66. 871 48	2015 - 07	64. 154 3	2017 - 07	60. 309 09
2009 - 08	59. 852 99	2011 - 08	63. 686 8	2013 - 08	66. 148 92	2015 - 08	62. 163 12	2017 - 08	59. 852 26
2009 - 09	61. 849 94	2011 - 09	63. 391 45	2013 - 09	66. 212 99	2015 - 09	60. 982 46	2017 - 09	59. 231 34
2009 - 10	63. 167 65	2011 - 10	63. 098 05	2013 - 10	66. 287 27	2015 - 10	61. 975 16	2017 - 10	59. 323 57
2009 - 11	66. 610 19	2011 - 11	62. 416 89	2013 - 11	66. 251 2	2015 - 11	62. 599 09	2017 - 11	59. 469 06
2009 - 12	69. 777 68	2011 - 12	61. 329 6	2013 - 12	65. 746 98	2015 - 12	61. 566 3	2017 - 12	59. 341 32

表 3 - 20　北京市 S_1 分指数测算结果

年月	S_1 指数	年月	S_1 指数	年月	S_1 指数	年月	S_1 指数	年月	S_1 指数
2008 - 01	64. 642 17	2010 - 01	74. 081 5	2012 - 01	64. 568 82	2014 - 01	72. 801 19	2016 - 01	69. 713 23
2008 - 02	63. 834 56	2010 - 02	70. 673 45	2012 - 02	65. 425 31	2014 - 02	73. 101 89	2016 - 02	69. 695 18
2008 - 03	62. 025 76	2010 - 03	72. 091 21	2012 - 03	64. 928 54	2014 - 03	71. 526 75	2016 - 03	67. 650 72
2008 - 04	61. 099 35	2010 - 04	72. 268 34	2012 - 04	63. 809 82	2014 - 04	71. 003 98	2016 - 04	67. 312 35
2008 - 05	62. 047 44	2010 - 05	71. 509 05	2012 - 05	65. 538 24	2014 - 05	69. 425 65	2016 - 05	66. 874 44
2008 - 06	62. 709 39	2010 - 06	70. 380 42	2012 - 06	66. 182 57	2014 - 06	69. 433 64	2016 - 06	66. 814 06
2008 - 07	63. 336 57	2010 - 07	70. 063 98	2012 - 07	65. 709 39	2014 - 07	69. 141 62	2016 - 07	66. 533 43
2008 - 08	62. 080 75	2010 - 08	70. 872 61	2012 - 08	65. 705 45	2014 - 08	69. 031 36	2016 - 08	66. 436 39
2008 - 09	61. 768 17	2010 - 09	70. 818	2012 - 09	66. 156 8	2014 - 09	69. 312 35	2016 - 09	66. 157 51
2008 - 10	61. 723 67	2010 - 10	72. 223 28	2012 - 10	65. 757 04	2014 - 10	68. 370 06	2016 - 10	65. 408 63
2008 - 11	60. 997 51	2010 - 11	71. 174 48	2012 - 11	65. 024 43	2014 - 11	68. 540 61	2016 - 11	65. 048 76
2008 - 12	61. 074 43	2010 - 12	70. 244 17	2012 - 12	65. 859 05	2014 - 12	69. 655 77	2016 - 12	64. 535 76
2009 - 01	47. 210 93	2011 - 01	53. 845 29	2013 - 01	71. 680 41	2015 - 01	63. 359 94	2017 - 01	64. 449 71
2009 - 02	58. 379 61	2011 - 02	54. 987 98	2013 - 02	64. 330 09	2015 - 02	60. 535 43	2017 - 02	64. 795 48
2009 - 03	56. 185 29	2011 - 03	54. 499 48	2013 - 03	62. 856 47	2015 - 03	65. 173 54	2017 - 03	64. 931 33
2009 - 04	58. 456 64	2011 - 04	53. 844 19	2013 - 04	63. 448 45	2015 - 04	68. 093 34	2017 - 04	64. 023 58
2009 - 05	58. 647 78	2011 - 05	54. 049 48	2013 - 05	63. 923 44	2015 - 05	71. 312 03	2017 - 05	63. 450 27
2009 - 06	61. 350 97	2011 - 06	54. 335 66	2013 - 06	63. 735 2	2015 - 06	71. 037 47	2017 - 06	61. 674 96
2009 - 07	61. 963 29	2011 - 07	54. 668 63	2013 - 07	64. 616 09	2015 - 07	66. 358 33	2017 - 07	60. 399 71
2009 - 08	64. 722 16	2011 - 08	53. 948 83	2013 - 08	64. 034 4	2015 - 08	64. 085 67	2017 - 08	60. 064 91
2009 - 09	65. 523 64	2011 - 09	53. 552 44	2013 - 09	64. 217 54	2015 - 09	62. 572 06	2017 - 09	60. 411 92
2009 - 10	65. 414 89	2011 - 10	53. 243 06	2013 - 10	64. 960 03	2015 - 10	63. 844 29	2017 - 10	59. 212 07
2009 - 11	68. 102 89	2011 - 11	53. 368 07	2013 - 11	64. 689 32	2015 - 11	65. 024 88	2017 - 11	59. 896 3
2009 - 12	67. 458 05	2011 - 12	53. 432 74	2013 - 12	63. 514 78	2015 - 12	63. 981 08	2017 - 12	59. 840 1

表 3-21　北京市 S_2 分指数测算结果

年月	S_2 指数	年月	S_2 指数	年月	S_2 指数	年月	S_2 指数	年月	S_2 指数
2008-01	84.513 64	2010-01	74.968 29	2012-01	51.544 01	2014-01	68.445 66	2016-01	65.477 97
2008-02	84.406 61	2010-02	73.488 83	2012-02	50.604 44	2014-02	64.809 35	2016-02	65.705 26
2008-03	85.344	2010-03	74.0264	2012-03	53.633 06	2014-03	67.879 99	2016-03	62.808 62
2008-04	82.816 23	2010-04	73.560 91	2012-04	50.846 19	2014-04	69.140 31	2016-04	62.414 71
2008-05	83.409 14	2010-05	76.025 55	2012-05	53.568 55	2014-05	66.320 13	2016-05	61.447 06
2008-06	81.603 65	2010-06	75.812 2	2012-06	55.526 61	2014-06	66.130 49	2016-06	61.028 39
2008-07	77.085 65	2010-07	77.989 2	2012-07	58.704 25	2014-07	66.300 62	2016-07	58.811 39
2008-08	72.558 97	2010-08	76.374 11	2012-08	59.992 87	2014-08	66.422 23	2016-08	55.532 22
2008-09	71.101 36	2010-09	75.386 34	2012-09	58.659 81	2014-09	66.319 76	2016-09	56.501 55
2008-10	68.723 49	2010-10	75.289 19	2012-10	61.233 11	2014-10	65.978 87	2016-10	59.526 89
2008-11	67.816 44	2010-11	77.178 84	2012-11	61.649 75	2014-11	64.134 11	2016-11	60.408 95
2008-12	56.174 75	2010-12	79.220 22	2012-12	63.060 63	2014-12	62.317 72	2016-12	60.791 29
2009-01	46.559 42	2011-01	75.890 82	2013-01	70.436 86	2015-01	62.921 34	2017-01	64.272 8
2009-02	44.6614 6	2011-02	72.813 07	2013-02	75.744 56	2015-02	64.156 39	2017-02	65.819 1
2009-03	43.644 24	2011-03	76.169 66	2013-03	68.315 3	2015-03	69.710 95	2017-03	57.331 02
2009-04	44.388 73	2011-04	76.431 95	2013-04	67.142 87	2015-04	69.621 11	2017-04	57.620 13
2009-05	45.162 29	2011-05	70.143 05	2013-05	65.566 47	2015-05	67.221 9	2017-05	66.784 27
2009-06	52.748 84	2011-06	69.362 74	2013-06	66.509 23	2015-06	66.378 58	2017-06	59.532 12
2009-07	56.858 57	2011-07	72.842 52	2013-07	66.617 81	2015-07	66.611 97	2017-07	59.755 17
2009-08	50.575 52	2011-08	71.738 08	2013-08	66.598 92	2015-08	64.678 87	2017-08	58.907 08
2009-09	53.916 52	2011-09	71.108 79	2013-09	66.436 84	2015-09	63.912 35	2017-09	56.159 68
2009-10	57.636 28	2011-10	70.728 03	2013-10	65.505 71	2015-10	65.314 98	2017-10	55.862 73
2009-11	63.551 28	2011-11	68.093 46	2013-11	65.735 51	2015-11	65.526 32	2017-11	56.976 5
2009-12	75.647 39	2011-12	63.915 32	2013-12	66.113 97	2015-12	64.239 47	2017-12	56.332 97

表 3 - 22 北京市 S_3 分指数测算结果

年月	S_3 指数	年月	S_3 指数	年月	S_3 指数	年月	S_3 指数	年月	S_3 指数
2008－01	76.982 67	2010－01	62.842 04	2012－01	67.340 1	2014－01	72.359 56	2016－01	51.149 85
2008－02	76.869 74	2010－02	74.725 3	2012－02	77.387 85	2014－02	70.284 41	2016－02	52.827 11
2008－03	76.457 97	2010－03	77.745 24	2012－03	78.620 99	2014－03	67.253 51	2016－03	54.773 77
2008－04	77.235 21	2010－04	77.230 29	2012－04	74.458 43	2014－04	67.023 32	2016－04	55.797 1
2008－05	78.205 58	2010－05	76.530 99	2012－05	74.237 48	2014－05	66.072 38	2016－05	55.745 69
2008－06	77.700 99	2010－06	76.735 54	2012－06	72.862 5	2014－06	65.711 5	2016－06	54.735 49
2008－07	79.004 68	2010－07	77.271 09	2012－07	71.487 14	2014－07	65.492 84	2016－07	54.343 04
2008－08	79.669 37	2010－08	77.541 43	2012－08	71.255 76	2014－08	65.071 32	2016－08	54.447 22
2008－09	80.901 52	2010－09	77.477 26	2012－09	70.711 52	2014－09	64.584 77	2016－09	54.489 55
2008－10	82.477 98	2010－10	77.370 74	2012－10	71.030 94	2014－10	64.286 99	2016－10	53.514 07
2008－11	82.445 87	2010－11	77.568 92	2012－11	71.794 69	2014－11	63.588 04	2016－11	54.598 9
2008－12	80.585 39	2010－12	80.124 64	2012－12	71.473 56	2014－12	62.940 81	2016－12	51.356 02
2009－01	53.224 5	2011－01	75.469 45	2013－01	62.834 17	2015－01	58.732 36	2017－01	58.631 65
2009－02	53.307 94	2011－02	78.086 52	2013－02	78.295 86	2015－02	61.397 23	2017－02	59.339 41
2009－03	49.696 7	2011－03	80.352 62	2013－03	76.314 93	2015－03	56.138 57	2017－03	62.231 53
2009－04	50.293 02	2011－04	80.615 57	2013－04	76.505 19	2015－04	53.824 52	2017－04	62.050 03
2009－05	51.106 16	2011－05	80.426 22	2013－05	75.475 17	2015－05	52.942 02	2017－05	61.718 04
2009－06	54.998 39	2011－06	81.540 99	2013－06	74.775 82	2015－06	52.852 19	2017－06	61.487 98
2009－07	57.470 72	2011－07	81.007 38	2013－07	74.805 52	2015－07	52.374 55	2017－07	61.018 18
2009－08	60.626 36	2011－08	81.277 43	2013－08	72.334 12	2015－08	51.210 02	2017－08	60.869 96
2009－09	64.134 77	2011－09	81.925 29	2013－09	72.415 8	2015－09	50.377 78	2017－09	60.917 08
2009－10	65.801 44	2011－10	81.844 01	2013－10	72.108 3	2015－10	49.697 5	2017－10	65.998 89
2009－11	67.238 63	2011－11	82.051 37	2013－11	72.365 16	2015－11	49.229 06	2017－11	62.595 31
2009－12	66.767 22	2011－12	82.779 57	2013－12	72.473 3	2015－12	48.695 71	2017－12	63.170 42

第四章 区域金融风险实证研究——以重点区域北京金融安全为例

第一节 北京金融风险变化的实证分析及长期风险特征

一、北京区域金融风险总指数 FEPI 风险特征的实证分析

（一）北京区域金融风险总指数的风险走势特征分析

本书从趋势性、阶段性、拐点三个方面进行实证分析，揭示北京区域金融风险总指数的风险变化特征。

1. 趋势性分析。由图 4－1 可以看出，近年来北京区域金融风险总指数的中长期趋势为震荡下降。

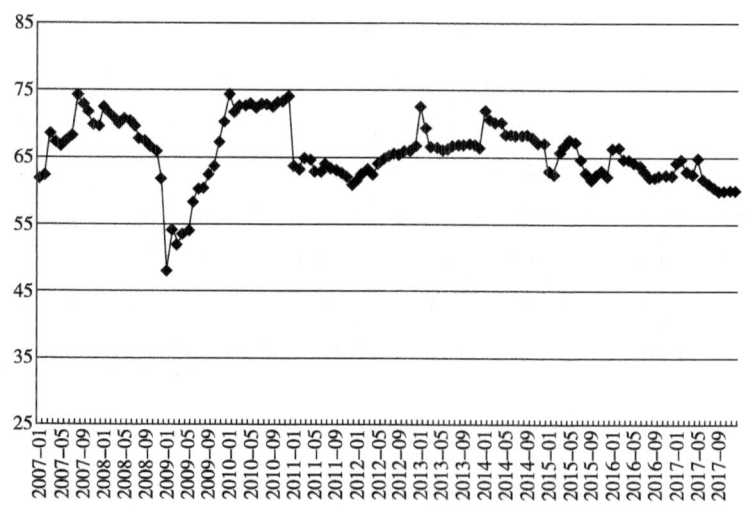

图 4－1 2007—2017 年北京市区域金融风险总指数走势

2. 阶段性分析。由图 4－1 可以看出，从 2007 年 1 月到 2016 年 12 月，北京区域金融风险总指数可以大致分为六个阶段。第一阶段，从 2007 年 1 月

到 2008 年 12 月，总指数逐渐上升并且达到近年最高值，之后再逐渐回落到初始的数值；第二阶段，从 2009 年 1 月到 2009 年 6 月，起初数值迅速下降，达到了近年的最低值，之后逐渐回升到了阶段初始的数值；第三阶段，从 2009 年 7 月到 2011 年 4 月，起初稳步上升，到达了 74 左右开始维稳并震荡，但在阶段末突然下降；第四阶段，从 2011 年 5 月到 2012 年 1 月，总指数低位徘徊，有缓慢下降的趋势；第五阶段，从 2012 年 2 月到 2014 年 12 月，总指数整体稳步上升；第六阶段，从 2015 年 1 月到 2017 年 12 月，在阶段初期有较大的震荡趋势，之后开始维稳直至阶段末。

3. 拐点分析。由图 4 - 1 可以看出，从 2007 年到 2017 年，一共出现了 8 个明显拐点。

第一个拐点在 2007 年 8 月，此拐点为全数据最高点，在此约半年之前处于平稳状态，在这一月份有明显的上升，之后逐月下降。

第二个拐点在 2008 年 12 月，此拐点为全数据最低点，在此约一年之前处于平稳状态，在这一月份有明显的下降，之后逐月上升。

第三个拐点在 2010 年 11 月，此拐点之前约一年时间处于平稳状态，在这一月份有明显的下降，之后数据平稳发展。

第四个拐点在 2012 年 12 月，此拐点前约 2 年时间处于缓慢上升阶段，在这一月份突然上升，之后回落到初始数值。

第五个拐点在 2013 年 12 月，此拐点前约 1 年时间处于平稳状态，在这一月份突然上升，之后缓慢回落。

第六个拐点在 2015 年 2 月，此拐点前约 1 年时间处于平稳状态，在前两个月突然下降，之后较快速地回升，突破原先数值。

第七个拐点在 2015 年 5 月，此拐点之前在经历一个低谷后迅速拉升，在之后的 3 个月较快下降并回落到低谷。

第八个拐点在 2016 年 1 月，此拐点前 1 年多的时间数据属于箱体震荡阶段，到此月份前有一个小幅度的上升，之后直到阶段末缓慢下降。

（二）北京区域金融风险总指数的风险状态特征分析

风险状态特征分析的目的是了解整体风险度和风险状态，揭示北京区域金融风险信号灯特征。

1. FEPI 信号灯目前的状态判断。为了反映北京区域金融风险总指数在分布上的特征和信号灯不同种类出现的概率，按照区域金融风险信号灯状态的实际数据资料，进行 FEPI 风险信号灯状态特征的实证分析。

在本书中，北京区域金融风险状态区分为 5 种。总指数在 [0，20），为严重风险；总指数在 [20，40），为高度风险；总指数在 [40，60），为中度风险；总指数在［60，80），为基本安全；总指数在［80，100］，为安全。

从 10 年期间的监测结果看（见表 4 - 1），FEPI 信号灯实际只有两种状态显现，即基本安全、中度风险。过去 10 年中，未出现过"安全""严重风险""高度风险"状态。2017 年年末，FEPI 处于中度风险的黄色信号灯状态，后几个月出现了中度风险的边缘，即预警有初步风险苗头。

表 4 - 1　2007—2017 年北京市 FEPI 风险信号灯状态变化

FEPI	1 月	2 月	3 月	4 月	5 月	6 月	7 月	8 月	9 月	10 月	11 月	12 月
2007 年	基本安全	基本安全	基本安全	基本安全	基本安全	基本安全	基本安全	基本安全	基本安全	基本安全	基本安全	基本安全
2008 年	基本安全	基本安全	基本安全	基本安全	基本安全	基本安全	基本安全	基本安全	基本安全	基本安全	基本安全	基本安全
2009 年	中度风险	中度风险	中度风险	中度风险	中度风险	中度风险	基本安全	基本安全	基本安全	基本安全	基本安全	基本安全
2010 年	基本安全	基本安全	基本安全	基本安全	基本安全	基本安全	基本安全	基本安全	基本安全	基本安全	基本安全	基本安全
2011 年	基本安全	基本安全	基本安全	基本安全	基本安全	基本安全	基本安全	基本安全	基本安全	基本安全	基本安全	基本安全
2012 年	基本安全	基本安全	基本安全	基本安全	基本安全	基本安全	基本安全	基本安全	基本安全	基本安全	基本安全	基本安全
2013 年	基本安全	基本安全	基本安全	基本安全	基本安全	基本安全	基本安全	基本安全	基本安全	基本安全	基本安全	基本安全
2014 年	基本安全	基本安全	基本安全	基本安全	基本安全	基本安全	基本安全	基本安全	基本安全	基本安全	基本安全	基本安全
2015 年	基本安全	基本安全	基本安全	基本安全	基本安全	基本安全	基本安全	基本安全	基本安全	基本安全	基本安全	基本安全
2016 年	基本安全	基本安全	基本安全	基本安全	基本安全	基本安全	基本安全	基本安全	基本安全	基本安全	基本安全	基本安全
2017 年	基本安全	基本安全	基本安全	基本安全	基本安全	基本安全	基本安全	中度风险	中度风险	基本安全	中度风险	

2. FEPI 风险信号灯的状态变化。由图 4 - 2 可以看出，从整体的特征来看，北京区域金融风险总指数信号灯绝大多数时期为基本安全状态，在开始和近期都有小部分的中度风险状态，但整体风险呈下降趋势。

3. FEPI 信号灯的状态分布概率。根据 2007 年 1 月到 2017 年 12 月这 10 年期间的实际数据资料，进行实证分析，计算得出 FEPI 信号灯的分布状态和分布概率。

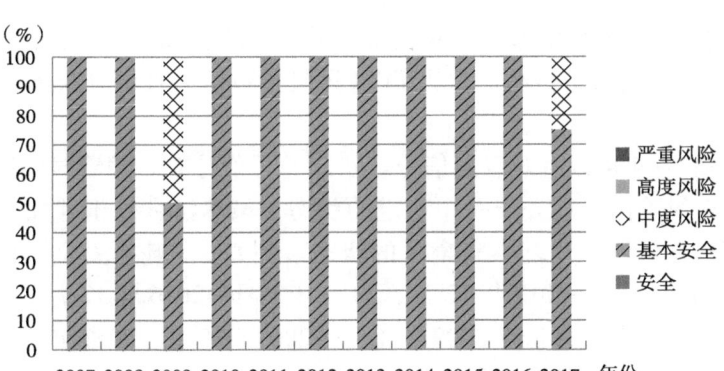

图 4 – 2 2007—2017 年北京市 FEPI 风险信号灯状态年度占比

（1）信号灯状态分布的横向分析：信号灯处于两种状态的概率。北京区域金融风险总指数的信号灯状态的实证结果如表 4 – 2、图 4 – 3 所示。横向分析整体的 132 个样本，北京区域金融风险总指数处于两种风险状态的平均概率分别为 0.931 82、0.068 18，整体出现安全状态的概率较低，出现中度风险状态的概率稍低，出现基本安全的概率较高，占到了绝大部分的比例。

表 4 – 2 北京区域金融风险总指数的信号灯状态整体统计

信号灯状态	基本安全	中度风险
数量	123	9
概率	0.931 82	0.068 18

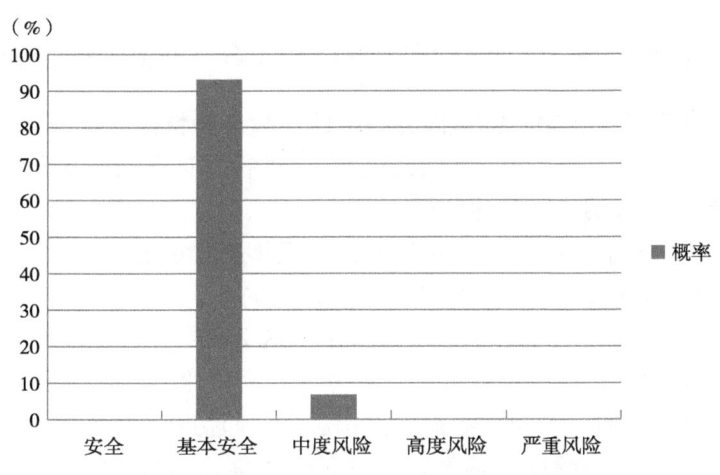

图 4 – 3 2007—2017 年北京市 FEPI 信号灯整体占比情况

（2）信号灯状态分布的纵向分析：风险指数值的月份分布。纵向分析132 个样本，进行实证分析，得出 FEPI 风险指数值的月份分布图，如图4－4所示。

根据图4－4可以直观看出信号灯状态的月份分布。随着时间的推移，北京区域金融风险信号灯处于一个稳定的状态，虽然没有处于"安全"级的状态，但多数月份处于"基本安全"的状态。例如，"基本安全"的状态月份分布在 2007 年1 月—2017 年12 月，2016 年1 月—2016 年12 月等。出现中度风险状态极少，发生月份在 2009 年1 月—2009 年6 月，2017 年后几个月在中度风险的边缘状态，其余所有月份均为基本安全的状态。

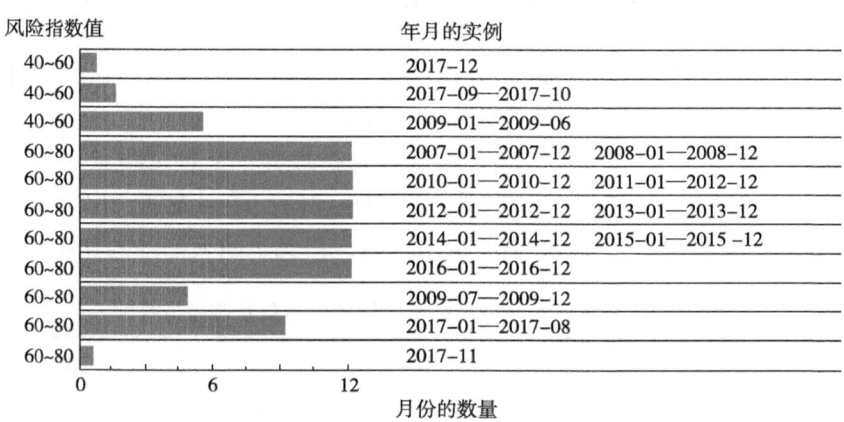

图 4－4　2007—2017 年北京市风险指数值的月份分布

二、 北京区域金融机构风险分指数（S_1）风险特征的实证分析

（一） 北京区域金融机构风险分指数的风险走势特征分析

本书从趋势性、阶段性、拐点三个方面进行实证分析，揭示北京区域金融机构风险分指数的风险变化特征。

1. 趋势性分析。由图4－5可以看出，近年来北京区域金融机构风险分指数的中长期趋势为震荡上升，短期趋势为震荡向下。

2. 阶段性分析。由图4－5可以看出，从 2007 年1 月到 2017 年12 月，北京区域金融机构风险分指数可以大致分为七个阶段。第一阶段，从 2007 年1 月到 2008 年12 月，分指数有短期大幅震荡，起初有一个明显的上升，企稳半年后，又有一个大幅度的提升，之后缓慢回落，到达第二次上冲的初始数值；第二阶段，从 2009 年1 月到 2010 年12 月，分指数数值在开始阶段迅速下降，达到了整个阶段的最低值，之后快速触底反弹，再缓慢回升并一路上

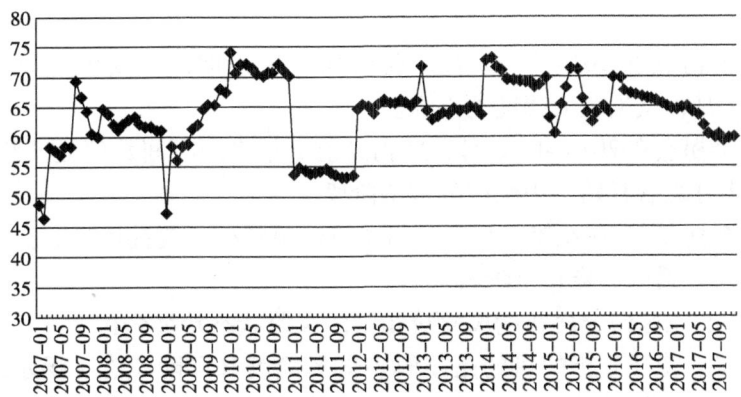

图 4 - 5　2007—2017 年北京市 S_1 分指数走势

涨，到达整个阶段最大值，之后小幅回落；第三阶段，从 2011 年 1 月到 2011 年 11 月，在初期数值大幅度降低达到 53 左右，开始维稳约 11 个月；第四阶段，从 2011 年 12 月到 2013 年 12 月，一直处于平稳震荡期，其中，2011 年 12 月到 2013 年 1 月有一个中幅度上升，但紧接着回落至比初期稍低的数值；第五阶段，从 2014 年 1 月到 2014 年 12 月，分指数呈平缓下降趋势；第六阶段，从 2015 年 1 月到 2016 年 1 月，在这一阶段分指数震荡较剧烈且频繁，初期 2 个月大幅度地下降，到达波谷，后 4 个月回涨到近期峰值，之后又跌回近波谷位置，之后维稳 4 个月左右，迅速回升至阶段初期数值；第七阶段，从 2016 年 2 月到 2017 年 12 月，近两年的时间，均处于缓慢下降阶段。

3. 拐点分析。由图 4 - 5 可以看出，从 2007 年到 2017 年，一共出现了 9 个明显拐点。

第一个拐点在 2007 年 2 月，此拐点为全数据最低点，在这一个月后，分指数有一个较大幅度的上升。

第二个拐点在 2007 年 8 月，此拐点为近期最高点，在此点之前大幅度上升，在这一月份之后指数又快速回落到涨幅数值。

第三个拐点在 2009 年 1 月，此拐点之前约一年时间处于上升阶段，在这一月份停止上升，之后数据平稳发展。

第四个拐点在 2011 年 1 月，此拐点前一个月突然大幅度下降，之后近 1 年时间均处于稳定发展状态。

第五个拐点在 2011 年 12 月，此拐点前为大跌后的平稳期，在这一月份迅速提高，之后又进入稳定发展状态。

第六个拐点在 2013 年 1 月，此拐点前后近 2 年的时间内均处于平稳阶段，无大幅度涨跌，在这一拐点，突然上涨至近期最高峰，随后又回落至初期数值。

第七个拐点在 2013 年 12 月，前后均为平稳期，无太大变化幅度，在 2012 年 12 月，发生较大幅度的上涨。

第八个拐点在 2014 年 12 月，此拐点前 1 年多的时间数值处于维稳阶段，2014 年 12 月之后开始了中幅度的震荡阶段。

第九个拐点在 2016 年 1 月，此拐点前近两年处于震荡阶段，到此点开始维持稳定，并缓慢下降直至阶段末。

（二）北京区域金融机构风险分指数的风险状态特征分析

风险状态特征分析的目的是了解整体风险度和风险状态，揭示北京区域金融机构风险信号灯特征。

1. S_1 信号灯目前的状态判断。为了反映北京区域金融机构风险分指数在分布上的特征和信号灯不同种类出现的概率，按照区域金融风险信号灯状态的实际数据资料，进行 S_1 风险信号灯状态的实证特征分析。

在本书中，北京区域金融机构风险分指数的风险状态区分为 5 种。分指数在 [0, 20)，为严重风险；分指数在 [20, 40)，为高度风险；分指数在 [40, 60)，为中度风险；分指数在 [60, 80)，为基本安全；分指数在 [80, 100]，为安全。

从 10 年期间的监测结果看（见表 4 - 3），S_1 信号灯实际只有两种状态显现，即基本安全、中度风险。过去 10 年中，未出现过"安全""严重风险""高度风险"状态。2017 年，S_1 处于中度风险状态，即已经有较为明显的风险。

表 4 - 3 2007—2017 年北京市 S_1 风险信号灯状态变化

S_1	1 月	2 月	3 月	4 月	5 月	6 月	7 月	8 月	9 月	10 月	11 月	12 月
2007 年	中度风险	中度风险	中度风险	中度风险	中度风险	中度风险	中度风险	基本安全	基本安全	基本安全	基本安全	基本安全
2008 年	基本安全	基本安全	基本安全	基本安全	基本安全	基本安全	基本安全	基本安全	基本安全	基本安全	基本安全	基本安全
2009 年	中度风险	中度风险	中度风险	中度风险	中度风险	基本安全	基本安全	基本安全	基本安全	基本安全	基本安全	基本安全
2010 年	基本安全	基本安全	基本安全	基本安全	基本安全	基本安全	基本安全	基本安全	基本安全	基本安全	基本安全	基本安全
2011 年	中度风险	中度风险	中度风险	中度风险	中度风险	中度风险	中度风险	中度风险	中度风险	中度风险	中度风险	中度风险

续表

S_1	1 月	2 月	3 月	4 月	5 月	6 月	7 月	8 月	9 月	10 月	11 月	12 月
2012 年	基本安全	基本安全	基本安全	基本安全	基本安全	基本安全	基本安全	基本安全	基本安全	基本安全	基本安全	基本安全
2013 年	基本安全	基本安全	基本安全	基本安全	基本安全	基本安全	基本安全	基本安全	基本安全	基本安全	基本安全	基本安全
2014 年	基本安全	基本安全	基本安全	基本安全	基本安全	基本安全	基本安全	基本安全	基本安全	基本安全	基本安全	基本安全
2015 年	基本安全	基本安全	基本安全	基本安全	基本安全	基本安全	基本安全	基本安全	基本安全	基本安全	基本安全	基本安全
2016 年	基本安全	基本安全	基本安全	基本安全	基本安全	基本安全	基本安全	基本安全	基本安全	基本安全	基本安全	基本安全
2017 年	基本安全	基本安全	基本安全	基本安全	基本安全	基本安全	基本安全	基本安全	基本安全	中度风险	中度风险	中度风险

2. S_1 风险信号灯的状态变化。从图 4-6 可以看出，从整体的特征来看，北京区域金融机构风险分指数信号灯，多数时期处于基本安全的状态，在初、中期阶段有较大幅度的波动，近年来波动范围变小，整体属于小幅震荡上升。

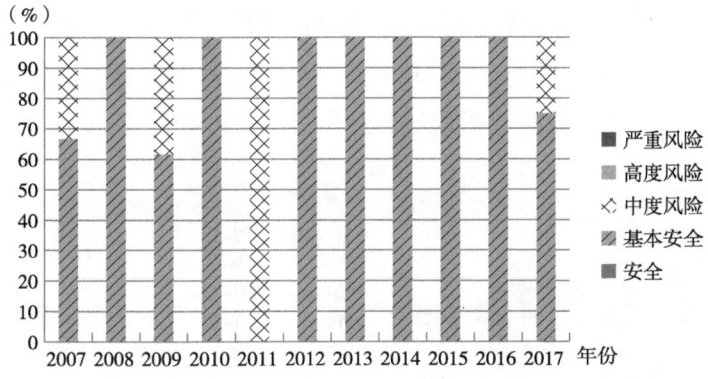

图 4-6　2007—2017 年北京市 S_1 风险信号灯状态年度占比

具体来看，从 2007 年 1 月到 2011 年 12 月这 5 年，处于中度风险状态的时期较多，但多数处于基本安全状态；从 2012 年 1 月到 2017 年 12 月，绝大部分处于基本安全状态，除去阶段末的后三个月为中度风险的边缘，其余均为基本安全状态。

3. S_1 信号灯的状态分布概率。根据2007年1月到2017年12月的10年期间的实际数据资料，进行实证分析，计算得出 S_1 信号灯的分布状态和分布概率。

（1）信号灯状态分布的横向分析：信号灯处于两种状态的概率。北京市 S_1 风险分指数的信号灯状态的实证结果如表4-4、图4-7所示。

横向分析整体的132个样本，S_1 分指数处于两种风险状态的平均概率分别为0.787 88、0.212 12，整体出现中度风险状态较低，出现基本安全的概率较高，占到了绝大部分的比例。

表4-4　北京区域金融机构风险分指数（S_1）的信号灯状态整体统计

信号灯状态	基本安全	中度风险
数量	104	28
概率	0.787 88	0.212 12

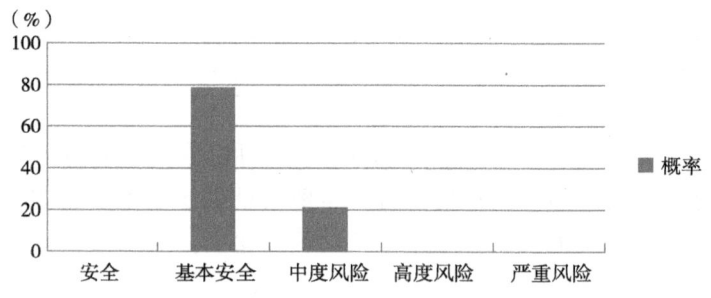

图4-7　2007—2017 年北京市 S_1 信号灯整体占比情况

（2）信号灯状态分布的纵向分析：风险指数值的月份分布。纵向分析132个样本，得出 S_1 风险分指数值的月份分布图，如图4-8所示。

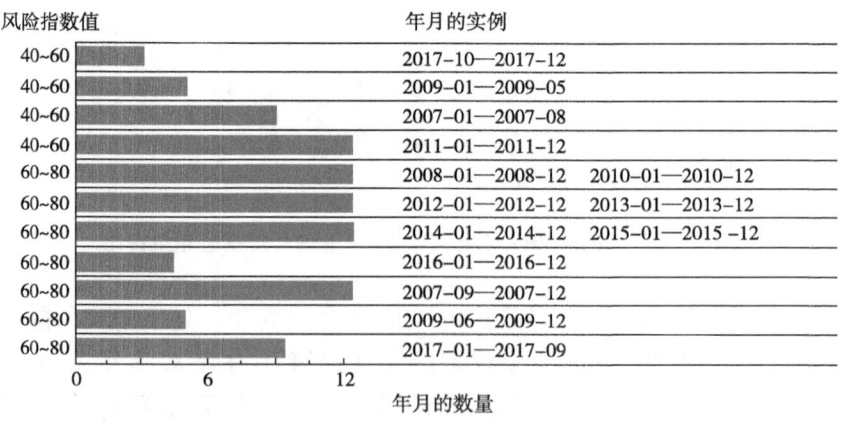

图4-8　2007—2017 年北京市 S_1 风险指数值的月份分布

从图4-8可以直观看出信号灯状态的月份分布。随着时间的推移，北京市S_1风险信号灯状态处于"中度风险"的概率越来越小，大部分处于"基本安全"的状态。例如，"基本安全"的状态月份分布在2008年1月—2008年12月、2010年1月—2010年12月等。在2011年这一年，均为"中度风险"状态，还有2017年年末也出现了小部分的中度风险的边缘状态。

三、 北京区域金融经济运行风险分指数（S_2）风险特征的实证分析

（一）北京区域金融经济运行风险分指数的风险走势特征分析

本书从趋势性、阶段性、拐点三个方面进行实证分析，揭示北京区域金融经济运行风险分指数的风险变化特征。

1. 趋势性分析。北京区域金融经济运行风险分指数的中长期趋势为震荡下降，如图4-9所示。

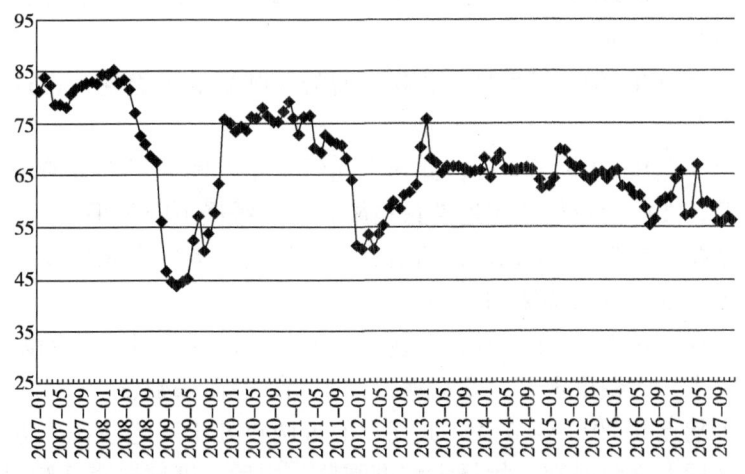

图4-9 2007—2017年北京市S_2分指数走势

2. 阶段性分析。从图4-9可以看出，从2007年1月到2017年12月，北京区域金融经济运行风险分指数可以大致分为八个阶段。第一阶段，从2007年1月到2008年1月，分指数呈平稳小幅震荡走势，并且在第一阶段末达到最大值；第二阶段，从2008年2月到2009年5月，分指数数值迅速下降，达到了整个阶段的最低值；第三阶段，从2009年6月到2010年1月，数值开始震荡回升，达到了75左右；第四阶段，从2010年2月到2011年3月，一直处于平稳震荡期；第五阶段，从2011年4月到2012年3月，分指数起初迅速下跌，之后维稳了一个季度左右；第六阶段，从2012年4月到2013年1月，在这一阶段初期指数缓慢上升，中后期有一个大幅度的增长，达到了近

期的峰值，之后又跌回 67 左右；第七阶段，从 2013 年 2 月到 2016 年 5 月，三年多的时间，一直处于 66 左右的数值，中间有两处震荡，但幅度不大；第八阶段，从 2016 年 6 月到 2017 年 12 月阶段末，开始出现 55 到 68 的箱体震荡。

3. 拐点分析。由图 4 - 9 可以看出，从 2007 年到 2017 年，一共出现了 9 个明显的拐点。

第一个拐点在 2008 年 3 月，此拐点为全数据最高点，此前基本处于平稳阶段，在这一点之后的近一年时间，指数一直处于迅速下降的状态。

第二个拐点在 2009 年 3 月，此拐点为全数据最低点，在此点之前迅速下降，在这一月份之后指数停止下降，开始逐步回升。

第三个拐点在 2010 年 1 月，此拐点之前约一年时间处于上升阶段，在这一月份停止上升，之后数据平稳发展。

第四个拐点在 2011 年 10 月，此拐点前约 2 年时间处于平稳震荡阶段，在这一月份后突然下降。

第五个拐点在 2012 年 5 月，此拐点前为大跌后的平稳期，在这一月份后开始缓慢上升。

第六个拐点在 2013 年 2 月，此拐点前约 1 年时间处于上升阶段，近两个月迅速上升，在此拐点处达到近期最高峰，之后缓慢下降至平缓处。

第七个拐点在 2014 年 2 月，前后均为平稳期，无太大幅度变动，此点前后两个月内，发生较大幅度的震荡。

第八个拐点在 2015 年 3 月，此拐点前 1 年多的时间处于维稳阶段，到此月份前有一个较大幅度上升，之后缓慢回落到维稳阶段数值。

第九个拐点在 2017 年 2 月，此拐点前近两年处于平稳阶段，近期有小幅度震荡，之后近半年时间开始最大幅度震荡，之后幅度减弱直至阶段末。

（二）北京区域金融经济运行风险分指数的风险状态特征分析

风险状态特征分析的目的是了解整体风险度和风险状态，揭示北京区域金融经济运行风险信号灯特征。

1. S_2 信号灯目前的状态判断。为了反映北京区域金融经济运行风险分指数在分布上的特征和信号灯不同种类出现的概率，按照区域金融风险信号灯状态的实际数据资料，进行 S_2 风险信号灯状态特征分析。

在本书中，将北京区域金融经济运行风险分指数的风险状态区分为 5 种。分指数在 [0, 20)，为严重风险；分指数在 [20, 40)，为高度风险；分指数在 [40, 60)，为中度风险；分指数在 [60, 80)，为基本安全；分指数在 [80, 100]，为安全。

从 10 年期间的监测结果看（见表 4 - 5），S_2 信号灯实际有三种状态显现，即安全、基本安全、中度风险。过去 10 年中，未出现过"严重风险""高度风险"状态。

2017 年，S_2 处于中度风险的黄色信号灯状态，即预警 S_2 有初步风险苗头。

表 4 - 5　2007—2017 年北京市 S_2 风险信号灯状态变化

S_2	1 月	2 月	3 月	4 月	5 月	6 月	7 月	8 月	9 月	10 月	11 月	12 月
2007 年	安全	安全	安全	基本安全	基本安全	基本安全	安全	安全	安全	安全	安全	安全
2008 年	安全	安全	安全	安全	安全	安全	基本安全	基本安全	基本安全	基本安全	基本安全	基本安全
2009 年	中度风险	中度风险	中度风险	中度风险	中度风险	中度风险	中度风险	中度风险	中度风险	中度风险	基本安全	基本安全
2010 年	基本安全	基本安全	基本安全	基本安全	基本安全	基本安全	基本安全	基本安全	基本安全	基本安全	基本安全	基本安全
2011 年	基本安全	基本安全	基本安全	基本安全	基本安全	基本安全	基本安全	基本安全	基本安全	基本安全	基本安全	基本安全
2012 年	中度风险	中度风险	中度风险	中度风险	中度风险	中度风险	中度风险	中度风险	中度风险	基本安全	基本安全	基本安全
2013 年	基本安全	基本安全	基本安全	基本安全	基本安全	基本安全	基本安全	基本安全	基本安全	基本安全	基本安全	基本安全
2014 年	基本安全	基本安全	基本安全	基本安全	基本安全	基本安全	基本安全	基本安全	基本安全	基本安全	基本安全	基本安全
2015 年	基本安全	基本安全	基本安全	基本安全	基本安全	基本安全	基本安全	基本安全	基本安全	基本安全	基本安全	基本安全
2016 年	基本安全	基本安全	基本安全	基本安全	基本安全	中度风险	中度风险	中度风险	中度风险	基本安全	基本安全	基本安全
2017 年	中度风险	中度风险	中度风险	中度风险	中度风险	中度风险	中度风险	中度风险	中度风险	中度风险	中度风险	中度风险

2. S_2 风险信号灯的状态变化。从图 4 - 10 可以看出，从整体的特征来看，北京区域金融经济运行风险分指数信号灯多数时期处丁基本安全的状态，在开始阶段有较大幅度的波动，但近几年波动范围变小，呈下降趋势。

具体来看，如图 4 – 10 所示，从 2007 年 1 月到 2008 年 12 月这两年期间，都处于安全与基本安全状态，其中，出现安全与基本安全两种状态的数量相对平均；从 2009 年 1 月到 2009 年 10 月，处于中度风险状态；从 2009 年 11 月到 2011 年 12 月，均处于基本安全状态；从 2012 年 1 月到 2012 年 9 月，处于中度风险状态；从 2012 年 10 月到 2016 年 6 月，都处于基本安全状态；除 2016 年 11 月和 12 月处于基本安全状态外，2016 年 7 月直到阶段末的 2017 年 12 月，均处于中度风险临界状态。

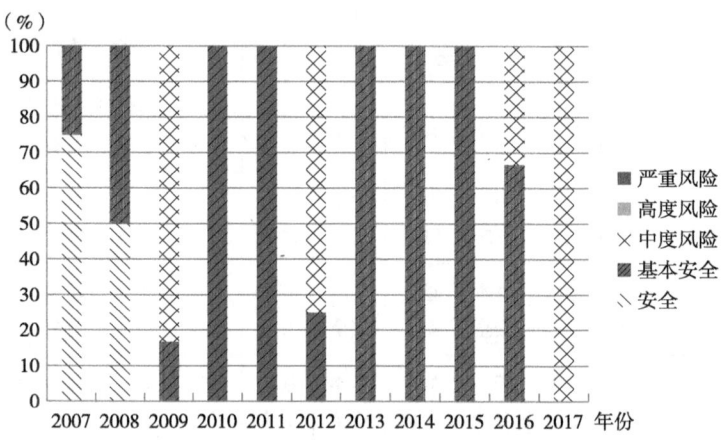

图 4 – 10　2007—2017 年北京市 S_2 风险信号灯状态全年占比

3. S_2 信号灯的状态分布概率。根据 2007 年 1 月到 2017 年 12 月的 10 年期间的实际数据资料，进行实证分析，计算得出 S_2 信号灯的分布状态和分布概率。

（1）信号灯状态分布的横向分析：信号灯处于三种状态的概率。北京市 S_2 风险分指数的信号灯状态的实证结果如表 4 – 6、图 4 – 11 所示。

表 4 – 6　北京区域金融经济运行风险分指数的信号灯状态整体统计

信号灯状态	安全	基本安全	中度风险
数量	15	84	33
概率	0. 113 63	0. 636 36	0. 25

横向分析整体的 132 个样本，S_2 分指数处于三种风险状态的平均概率分别为 0. 113 63、0. 636 36、0. 25，整体出现安全状态的概率较低，出现中度风险状态的概率稍低，出现基本安全的概率较高，占到了绝大部分的比例。

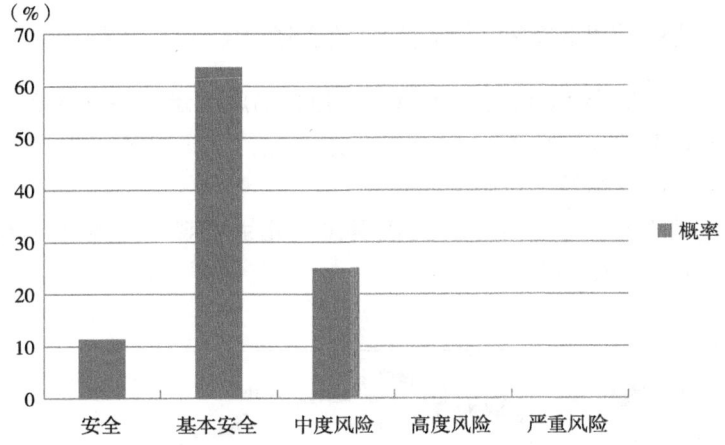

图 4 – 11　2007—2017 年北京市 S_2 信号灯整体占比情况

（2）信号灯状态分布的纵向分析：风险指数值的月份分布。纵向分析 132 个样本，得出 S_2 风险分指数值的月份分布图，如图 4 – 12 所示。

根据图 4 – 12，可以直观看出信号灯状态的月份分布。随着时间的推移，S_2 风险分指数安全状态的概率越来越小，2009 年之后就再也没有出现安全的状态；处于中度风险状态起初还占有较高比率，后来有所减少，之后有过概率为 0 的一段时间，近两年又开始出现了中度风险的状态；处于基本安全状态的概率越来越高，多年处于基本安全状态，但是近两年又出现概率下降的情况。

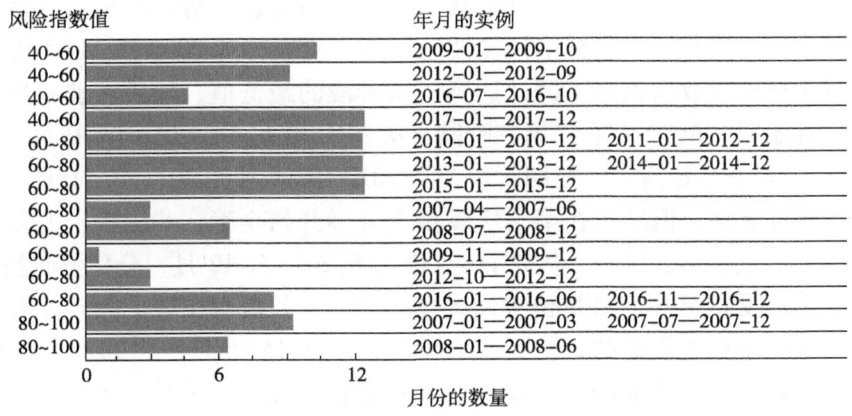

图 4 – 12　2007—2017 年北京市 S_2 风险指数值的月份分布

四、 北京宏观金融经济环境风险分指数（S_3）风险特征的实证分析

（一） 北京宏观金融经济环境风险分指数的风险走势特征分析

本书从趋势性、阶段性、拐点三个方面进行实证分析，揭示北京宏观金融经济环境风险分指数的风险变化特征。

1. 趋势性分析。由图 4－13 可以看出，北京宏观金融经济环境风险分指数的中长期趋势为震荡下降。

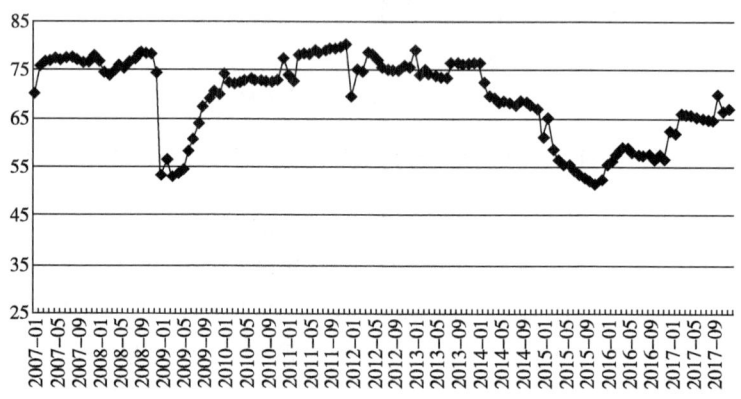

图 4－13 2007—2017 年北京市 S_3 分指数走势

2. 阶段性分析。由图 4－13 可以看出，从 2007 年 1 月到 2017 年 12 月，北京宏观金融经济环境风险分指数可以大致分为七个阶段。第一阶段，从 2007 年 1 月到 2008 年 10 月，分指数呈平稳小幅震荡走势，在该阶段最初有一个较大幅度提升，中间有小幅度波动；第二阶段，从 2008 年 11 月到 2010 年 2 月，分指数数值迅速下降，达到了该阶段的最低值，随后在波谷短期震荡后，开始回升至 72 左右；第三阶段，从 2010 年 3 月到 2010 年 10 月，数值一直在 72 左右平稳发展；第四阶段，从 2010 年 11 月到 2011 年 11 月，起初有较大幅度震荡，但最终在第二次震荡上升后开始企稳，并缓慢上升至整个数据的最高点；第五阶段，从 2011 年 12 月到 2013 年 12 月，分指数起初迅速下跌，之后反弹至接近最初位置的高度，之后开始震荡下降，趋于平稳，其中有一次较小幅度震荡的走势；第六阶段，从 2014 年 1 月到 2015 年 12 月，在这一阶段分指数逐渐降低，在初期有一个较大幅度的下跌，到达中期时有一个较大幅度的震荡，但之后逐渐下降，达到了近期最低值；第七阶段，从 2016 年 1 月到 2017 年 12 月，在到达最低点之后，分指数开始逐步回升，2017 年 1 月左右有一个较大幅度的攀升，之后逐渐维持稳定，到了近期呈缓

慢上升的趋势。

3. 拐点分析。由图 4 - 13 可以看出，从 2007 年到 2017 年，一共出现了 10 个明显拐点。

第一个拐点在 2007 年 2 月，在整体阶段的最初期，有一个较大幅度的提升。

第二个拐点在 2008 年 12 月，此拐点前一直处于维稳状态，在这点前后 3 个月的时间，分指数大幅度下降，达到近期最低值。

第三个拐点在 2010 年 12 月，此拐点前后约两年的时间，一直处于稳定发展状态，无大幅度震荡，在此拐点前后约 5 个月的时间，有一段较大幅度的震荡。

第四个拐点在 2011 年 12 月，此拐点前一直处于稳定向上阶段，在这一月份后突然下降至近期低点，随后又快速回升。

第五个拐点在 2013 年 1 月，此拐点前后一直处于稳定发展状态，在此点有一个突然的上涨，随后回落至初期数值。

第六个拐点在 2013 年 12 月，此拐点前约 1 年时间处于稳定阶段，在此拐点后的两年时间一直处于下降状态，该点后的两个月内下降较为明显。

第七个拐点在 2015 年 2 月，此点前后均处于缓慢下降阶段，此点近期有较大幅度的震荡，并加快了下降速度。

第八个拐点在 2015 年 12 月，此拐点终结了近两年一直下降的趋势，有较大幅度的回升，此后分指数开始震荡回升。

第九个拐点在 2016 年 12 月，此拐点处于缓慢上涨阶段，在此点后 4 个月左右有较大幅度的上涨。

第十个拐点在 2017 年 10 月，此拐点前处于稳定发展状态，之前 2 个月内，发生了较大幅度的上升，之后回到起初数值。

（二）北京宏观金融经济环境风险分指数的风险状态特征分析

风险状态特征分析的目的是了解整体风险度和风险状态，揭示宏观金融经济环境风险信号灯特征。

1. S_3 信号灯目前的状态判断。为了反映宏观金融经济环境风险分指数在分布上的特征和信号灯不同种类出现的概率，按照宏观金融经济环境风险信号灯状态的实际数据资料，进行 S_3 风险信号灯状态特征分析。

在本书中，将宏观金融经济环境风险分指数的风险状态区分为 5 种。分指数在 ［0，20），为严重风险；分指数在 ［20，40），为高度风险；分指数在 ［40，60），为中度风险；分指数在 ［60，80），为基本安全；分指数在 ［80，100］，为安全。

从 10 年期间的监测结果来看（见表 4 – 7），S_3 信号灯实际有三种状态显现，即安全、基本安全、中度风险。过去 10 年中，未出现过"严重风险""高度风险"状态。

表 4 – 7 2007—2017 年北京市 S_3 风险信号灯状态变化

S_3	1 月	2 月	3 月	4 月	5 月	6 月	7 月	8 月	9 月	10 月	11 月	12 月
2007 年	基本安全	基本安全	基本安全	基本安全	基本安全	基本安全	基本安全	基本安全	基本安全	基本安全	基本安全	基本安全
2008 年	基本安全	基本安全	基本安全	基本安全	基本安全	基本安全	基本安全	基本安全	基本安全	基本安全	基本安全	基本安全
2009 年	中度风险	中度风险	中度风险	中度风险	中度风险	中度风险	基本安全	基本安全	基本安全	基本安全	基本安全	基本安全
2010 年	基本安全	基本安全	基本安全	基本安全	基本安全	基本安全	基本安全	基本安全	基本安全	基本安全	基本安全	基本安全
2011 年	基本安全	基本安全	基本安全	基本安全	基本安全	基本安全	基本安全	基本安全	基本安全	基本安全	基本安全	安全
2012 年	基本安全	基本安全	基本安全	基本安全	基本安全	基本安全	基本安全	基本安全	基本安全	基本安全	基本安全	基本安全
2013 年	基本安全	基本安全	基本安全	基本安全	基本安全	基本安全	基本安全	基本安全	基本安全	基本安全	基本安全	基本安全
2014 年	基本安全	基本安全	基本安全	基本安全	基本安全	基本安全	基本安全	基本安全	基本安全	基本安全	基本安全	基本安全
2015 年	基本安全	基本安全	中度风险	中度风险	中度风险	中度风险	中度风险	中度风险	中度风险	中度风险	中度风险	中度风险
2016 年	中度风险	中度风险	中度风险	中度风险	中度风险	中度风险	中度风险	中度风险	中度风险	中度风险	中度风险	中度风险
2017 年	基本安全	基本安全	基本安全	基本安全	基本安全	基本安全	基本安全	基本安全	基本安全	基本安全	基本安全	基本安全

2. S_3 风险信号灯的状态变化。从图 4 – 14 可以看出，从整体的特征来看，宏观金融经济环境风险分指数信号灯，多数时期处于基本安全状态，在近阶段有一部分 S_3 缓慢上升，处于中度风险的临界状态。

具体来看，在 2009 年上半年，以及 2015 年 3 月到 2016 年 12 月，处于中度风险状态；2011 年 12 月，出现了一个"安全"级的状态；其余所有时期均处于"基本安全"状态。

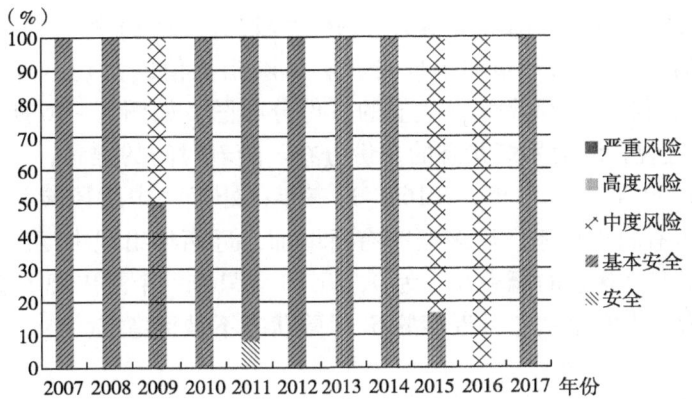

图 4 - 14　2007—2017 年北京市 S_3 风险信号灯状态年度占比

3. S_3 信号灯的状态分布概率。根据 2007 年 1 月到 2017 年 12 月这 10 年的实际数据资料，进行实证分析，计算得出 S_3 信号灯的分布状态和分布概率。

（1）信号灯状态分布的横向分析：信号灯处于三种状态的概率。北京 S_3 风险分指数的信号灯状态的实证结果如表 4 - 8、图 4 - 15 所示。

表 4 - 8　北京宏观金融经济环境风险分指数的信号灯状态整体统计

信号灯状态	安全	基本安全	中度风险
数量	1	103	28
概率	0.007 6	0.780 3	0.212 1

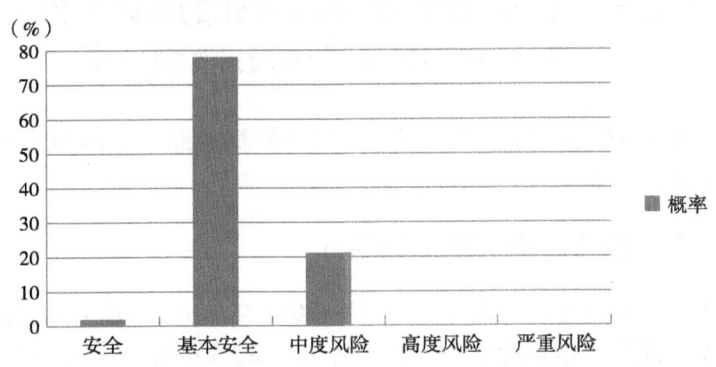

图 4 - 15　2007—2017 年北京市 S_3 信号灯整体占比情况

横向分析整体的 132 个样本，S_3 分指数处于三种风险状态的平均概率分别为 0.007 6、0.780 3、0.212 1，整体出现安全状态的概率极低，出现中度风险状态的概率稍低，出现基本安全的概率较高，占到了绝大部分的比例。

（2）信号灯状态分布的纵向分析：风险指数值的月份分布。纵向分析 132 个样本，得出 S_3 风险分指数值的月份分布图，如图 4-16 所示。根据图 4-16 可以直观看出信号灯状态的月份分布。随着时间的推移，所有中度风险均分布于 2009 年、2015 年、2016 年这三年；处于"中度风险"状态概率在 2007 年还占有较小比率，后来概率有所增加，近两年出现中度风险状态越来越多；处于安全状态的概率几乎为 0，近 10 年只有一个月出现了安全的状态；绝大部分为基本安全状态，近年的 S_3 风险状态不是很稳定。

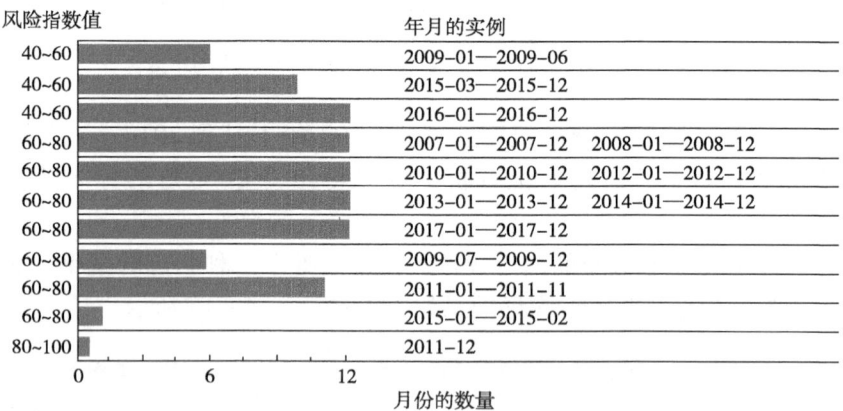

图 4-16　2007—2017 年北京市 S_3 风险指数值的月份分布

第二节　近年北京金融风险变化的实证分析、短期风险特征解析及风险源分析

下面选取 2016 年 7 月至 2017 年 12 月的数据对北京金融风险变化进行实证分析与短期风险解析。

一、近年北京金融风险状况评价

从图 4-17 可以看出，2016 年 7 月—2017 年 6 月，FEPI 指数在 60 以上，表明在此期间北京金融风险状况总体处于稳中向好态势。2017 年下半年 FEPI 指数在 60 左右窄幅盘整，表明目前北京金融风险状况总体处于基本安全与中度风险之间的临界状态，由稳中向好转为趋稳。展望未来，稳中防变应是工作主基调。

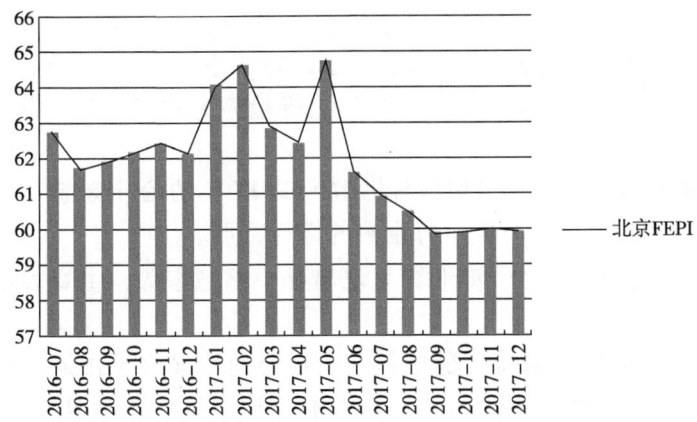

图 4 – 17　2016 年 7 月—2017 年 12 月北京金融风险总指数变化趋势

二、　近年北京金融风险总指数及分指数 S_3 变化解析

（一）北京金融风险总指数 2017 年的运行特点

FEPI 总指数由 S_1、S_2、S_3 分指数构成。从图 4 – 18 可以看出，在 2017 年引起 FEPI 总指数变化的原因有三：一是 S_1 下行引起的风险增加；二是 S_2 下行引起的风险增加；三是 S_3 上行引起的风险下降。

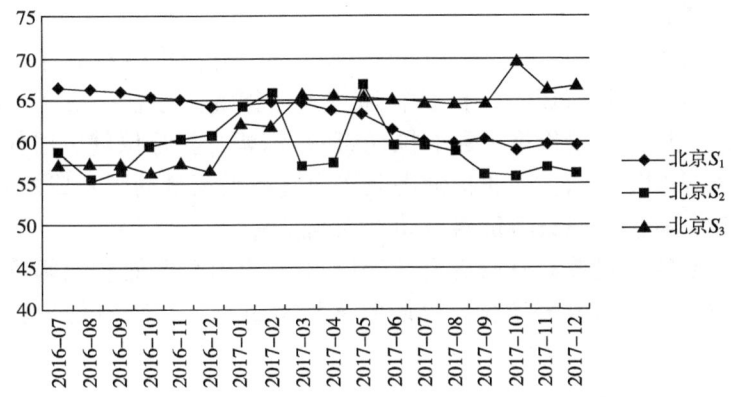

图 4 – 18　2016 年 7 月—2017 年 12 月北京金融风险总指数构成及其变化

2017 年下半年北京金融风险短期上升的原因有两个：第一，北京区域内金融经济风险 S_2 分指数在 55 ~ 60 低位运行；第二，北京区域内金融机构风险

S_1 分指数在 2017 年下半年下滑到 60 附近运行。S_1、S_2 分指数共同作用的结果是造成北京区域风险总指数 FEPI 在 60 附近运行。

S_3 上行的具体原因，主要是国家宏观金融经济形势向好。2016 年 7 月—2017 年 12 月国家宏观经济形势企稳回升，2017 年国家宏观金融经济形势平稳运行。2016 年 7 月—2017 年 12 月 S_3 的上行趋势为北京金融稳定创造了良好的环境条件。

（二）宏观金融经济环境风险分指数 S_3 2017 年的运行特点

以下进一步分析 2017 年 S_3 分指数的运行特点。

2017 年我国宏观金融经济形势呈现出好中趋稳态势，主要表现以下四个方面。

一是工业、服务业保持平稳增长，出口增速明显好于预期，对经济运行形成支撑作用。在 2017 年，我国工业稳中有升，拉动经济增长 2 个百分点，供给侧结构性改革加快工业领域产能出清进程，钢铁、煤炭以及高耗能行业加快转型升级，市场供需关系有所改善，工业新动能增长势头迅猛，我国服务业运行平稳，拉动经济增长 4 个百分点，尤其突出的是，信息传输、软件和信息技术服务业增速较高；我国消费需求基本平稳，居民消费名义增长基本稳定、实际增速小幅回落；我国出口增速明显好于预期，外需对经济增长的贡献由负转正。

二是新经济结构不断优化，旧动能转换持续推进。2017 年，在工业领域，高技术制造业、装备制造业、战略性新兴产业呈现快速增长态势；在服务业领域，新兴服务业快速发展；消费领域，以网络销售和快递业为代表的互联网经济快速增长。

三是物价水平温和可控。2017 年，我国居民消费价格指数保持平稳上涨态势，既没有通货膨胀压力，也没有通货紧缩担忧。粮食、猪肉、鸡蛋等食品价格下跌，居民消费价格指数下拉（CPI）涨幅，医疗保健、居住、教育服务等价格支撑 CPI 上涨。工业品价格上涨中翘尾因素带动了八成左右，煤炭、钢铁、石化、有色等原材料价格拉动了八成左右。

四是发展的质量效益有所提升。2017 年，我国企业效应大幅度改善，规模以上工业企业利润显著增长。财政收入增势良好，部分省份扭转财政收入下降局面。

三、 近年北京金融风险分指数 S_1 变化解析

下面进行原因分析，分别找出 2017 年下半年 S_1、S_2 变化的具体原因。

（一）S_1 分指数变化的主要原因是 S_{13} 下滑

S_1 分指数由 S_{11}、S_{12}、S_{13} 分指数构成。从图 4 – 19 可以看出，北京区域内

金融机构风险 S_1 分指数 2017 年下半年下滑到 60 附近运行，其主要原因是 S_{13} 下滑。

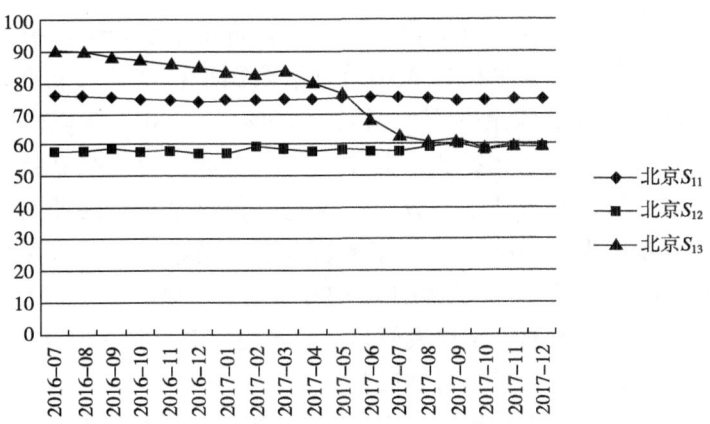

图 4 - 19　2016 年 7 月—2017 年 12 月北京金融风险分指数 S_1 构成及其变化

（二）S_{13} 变化的进一步原因是北京辖内保费收入增速下滑

进一步分析可知，S_{13} 变化的进一步原因是北京辖内保费收入增速持续下滑。下面分析 2017 年北京辖内保费收入增速持续下滑的进一步原因。

2017 年北京市保险公司排名前 5 名的是中国太平人寿保险有限公司、阳光保险集团股份有限公司、新华保险公司、中国人寿保险。

从数据上看，2017 年保费逐月上升，但是每月上升幅度越来越少，相对各项数据来说，寿险增长速度下降最明显。寿险增长速度大幅下降的原因有两个：一是资产端投资压力。行业资产投资收益率大幅下滑，给寿险业带来了巨大压力。从 2017 年的投资环境来看，虽然利率上升，但股市行情不好。于是寿险公司就开始调整产品结构，降低负债端的资金成本，因而对客户的吸引力就降低了，保费的增速就下降了。由于投资收益率较低，银保渠道保费的成本过高，保费越多，亏损就越多。在这种环境下，一些寿险公司就压缩了银保渠道保费，导致 2017 年银保渠道新单保费大幅下滑，新增交费也就下滑。二是强监管遏制了寿险公司销售中短存续期产品的能力。中央提出了"防风险"政策，保监会将核心工作放在了防风险上。北京保险业为加强保险业偿付能力监管，防范化解风险，出台《北京保险业贯彻落实〈中国保险业"十三五"规划纲要〉实施意见》。出台新政策的目的是防止保险业尤其是寿险业出现资金流断裂风险。这些新政遏制了寿险公司销售中短存续期产品的能力，然而这些产品正是保费高速增长的主力。因此，S_{13} 分指数变化的原因是寿险增速下滑明显。

（三）S_1 分指数 2017 年的运行特点

2017 年，在"强监管、去杠杆"的背景下，北京市金融业在转型调整中呈现出稳中有进态势，主要表现在以下四个方面。

一是北京地区银行业运行平稳。北京地区货币信贷市场服务实体经济的力度不断加大。北京市金融机构人民币贷款余额平稳增长。北京市非金融企业及机关团体人民币贷款余额同比增长 11.9%，为 2014 年以来同期最高增幅；高新技术行业贷款增幅扩大。其中，国家重点支持的高新技术领域中的电子信息技术、航空航天技术贷款继续保持高位增速；金融业对实体经济的支持力度进一步增强。2017 年，北京银行业资产总额、负债总额均占全国银行业的 9% 左右，资产、负债总额比年初分别略有下降，同业资产比年初大幅下降，减少资金空转的监管工作成效显现。不良贷款率约为 0.4%，商业银行信贷资产质量持续下行的势头得到遏制。

二是北京地区资本市场涨跌互现，"新三板""四板"市场规范发展，新三板市场挂牌增速放缓。在债券市场方面，2017 年北京地区企业债券融资规模较 2016 年同期减少。受 2016 年以来市场资金成本逐步提升等因素影响，企业发债利率与贷款利率持续倒挂，导致大部分债券推迟或取消发行。在股票市场方面，企业 IPO 速度加快。北京地区新增 A 股上市公司数量快速增加，首发募集资金快速增长。北京地区新三板市场挂牌公司增速有所回落。北京新三板新增挂牌公司增速下降态势与全国保持同步，市场由数量增加向质量提升转变。区域性股权市场建设稳步推进，挂牌步伐有所放缓。私募股权投资市场持续升温，重点加强对北京市战略性新兴产业的支持力度。北京私募股权投资市场主要聚焦在战略性新兴产业与文化创意产业。发挥"新三板"对北京构建"高精尖"产业结构、建设科技创新中心的推动作用。举办青年创新创业企业运用场外资本市场培训会，助力北京市青年创新创业企业对接全国中小企业股份转让系统、北京市区域性股权市场和机构间私募产品报价与服务系统。

三是加强北京地区新兴业态金融监管，促进新兴金融领域健康发展。一方面，加强新兴业态金融监管，着力完善防范和处置非法集资工作机制。出台《P2P 网络借贷风险专项整治工作实施方案》，推进 P2P 网络借贷风险专项整治，落实资金存管要求，防范互联网金融风险。印发《网络借贷信息中介机构事实认定及整改要求》，划定八个整改大项，号称"最严网贷监管政策"，继央行等七部门下发《关于防范代币发行融资风险的公告》叫停首次币发行（ICO）融资后，发文要求各银行和支付机构立即停止为现有 ICO 平台提供账户开立、登记、交易、清算等支付结算服务。进驻比特币、莱特币交易平台，就交易平台执行外汇管理、反洗钱等相关金融法律法规、交易场所管理相关规定等情况开展现场检查。另一方面，充分发挥中关村国家自主创新示范区政策先行先试、基础服务平台等先发优势，在中关村率先开展互联网金融综合试点，积极推动移动金融、大数据金融、云金融等产业发展。支持传统金融行业利用互联网技术开展产品和服务创新，鼓励在京设立互联网金融法人机构或功能性总部。推动互联网金融行业自律服务组织建设，设立行业规范和技术标准。2017年9月，北京市互联网金融行业协会发布《关于网贷短期流动性风险提示函》，提示各网贷机构高度重视2017年下半年的短期流动性风险，发挥行业市场自律功能。

四是北京地区保险市场增速下滑，人身险业务继续回落。2017年全年北京保险市场保费收入同比虽在增长，但增速同比大幅下降。其中，财产保险市场实现平稳增长。受中短存续期产品和万能险产品监管政策影响，人身险业务继续回落。人身保险公司保费收入虽在增长，但增速比上年同期大幅下降。

四、 近年北京金融风险分指数 S_2 变化解析

（一）S_2 分指数变化的主要原因是 S_{23} 过低

S_2 分指数由 S_{21}、S_{22}、S_{23}、S_{24} 分指数构成。从图 4 - 20 可以看出，造成北京区域内金融经济风险 S_2 分指数在 55～60 低位运行的主要原因是 2017 年 S_{23} 子指数分值过低，S_{23} 保持在 33 左右的水平。

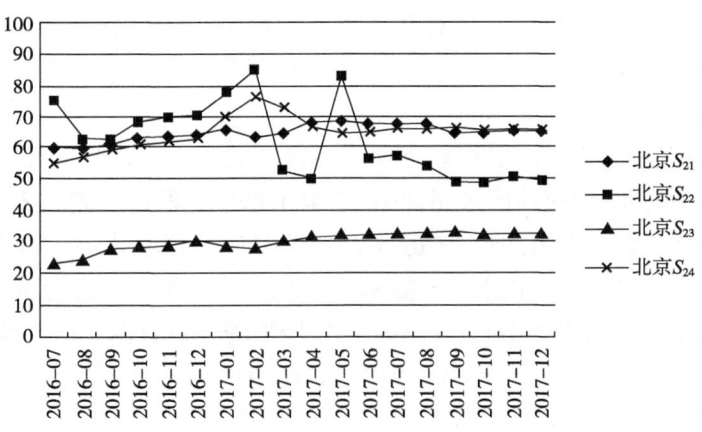

图 4 - 20 2016 年 7 月—2017 年 12 月北京金融风险分指数 S_2 构成及其变化

（二）S_{23} 变化的进一步原因是区域辖内北京房地产的影响

进一步分析可知，S_{23} 指数过低的主要原因是 2017 年北京房地产投资增速与房价的回软。北京房地产投资增速与房价回软的进一步原因主要是政策

影响。

2017 年 3 月 17 日，我国楼市"3·17"新政出台，被誉为史上最严限购令。为坚决贯彻中央定调"让房子回归居住属性"的精神，落实中共中央国务院对北京市总体新规划的批复，北京市及时出台相关政策，加大市场监管和执法检查力度，进一步收紧房地产市场，通过行政命令来防止地产炒作。经过房地产调控，投机投资需求得到抑制，房地产投资与销售收敛减速，市场回归理性，供需平衡矛盾有所减缓。因此，2017 年 S_{23} 分指数处于低位运行。

（三）北京房地产投资与房地产市场 2017 年的运行特点

1. 2017 年北京市房地产调控政策。2017 年，北京市不断加强需求端管控，同时加大土地供应力度，完善购租并举的住房体系，创新住房共有产权制度顶层设计，构建促进房地产市场平稳健康发展的长效机制。例如，从 2016 年 9 月 30 日至 2017 年 9 月 30 日，北京市共发布约 30 次调控政策，调控力度空前，主要表现在以下三个方面。

一是迎来最严"五限"时代。2017 年上半年，北京以 21 天 11 举措的楼市密集调控开启了最严调控"五限"时代：限购、限贷、限价、限售和限商。限购方面，既严管购房资格，又扩大限购范围。限贷方面，"认房认贷又认离"等限贷政策再度升级。限价方面，对期房转现房单价进行了限制。限售方面，限制企业售卖商品住房，打开了 2017 年楼市调控限售的大门。限商方面，首次规定在建在售的商业类住房不能卖给个人。信贷收紧，房贷利率多次上调。例如，截至 2017 年 9 月，北京市的房贷利率连续上调 7 次，从基准利率的 8.5 折调至基准利率的 1.1 倍。

二是加大和优化土地供应。土地供应量明显增加。2017 年，北京住宅土地计划供应和实际供应均已远超 2016 年全年总量。根据规划，未来 5 年北京拟供应住宅用地 6 000 公顷，住房建设需求 150 万套。其中，2017 年拟供应住宅用地 1 200 公顷，住房建设需求 30 万套，土地供应结构显著优化。与 2016 年相比，国有建设用地土地供应占比增加的项目有棚户区改造、公租房、公共管理与公共服务和交通运输等用地，减少的项目有商服、工矿仓储、商品住宅和水域及水利设施等用地。

三是购租并举改善供需矛盾。除了使用传统的增加土地供应的方式改善供需平衡外，2017 年，北京市还加大了探索"购租并举"模式的力度，积极构建楼市长效发展机制。2017 年 2 月 1 日，北京出台了《公共租赁住房建设与评价标准》，这是全国首部公租房建设与评价地方标准，首次放开 22 平方米最小面积限制，既减轻了住房者的租金负担，又提高了土地利用效率。

2017 年 8 月 28 日，原国土资源部和住房城乡建设部发布了《利用集体建设用地建设租赁住房试点方案》，选取包括北京在内的 13 座城市开展利用集体建设用地建设租赁住房试点，村镇集体经济组织可以自行开发运营，也可以通过联营、入股等方式建设运营，大大扩增和满足了北京市巨大的租赁需求市场。9 月 20 日，《北京市共有产权住房管理暂行办法》正式发布，该办法自 2017 年 9 月 30 日起正式实施，办法明确了未来 5 年供应 2 575 套共有产权住房的目标。共有产权住房政策的出台，标志着北京市"保基本、分层次、广覆盖"住房供应体系进一步完善，引导居民形成梯级消费理念。10 月 31 日起，《关于加快发展和规范管理本市住房租赁市场的通知》正式实施。通过明确子女入学、户口登记和迁移等规定，承租人赋权又向前迈出重要一步。随后，与之配套的北京市住房租赁监管平台和服务平台也同步上线运行，多主体供给、多渠道保障、租购并举的住房制度正逐步形成。

2. 2017 年北京市房地产投资与房地产交易市场运行特点主要表现如下：

一是房地产开发投资规模和增速缩减。2017 年，北京市房地产开发投资出现了持续负增长，增速在波动中明显回落。尤其是 2017 年 3 月，增速回落至年度低位 -8.4%。无论从规模还是增速来看，房地产投资均有大幅缩减之势。北京统计局的数据显示，2017 年北京市完成房地产开发投资同比有所下降。其中，按投资用途分，除写字楼（办公楼）投资有所增长外，住宅完成投资、商业、非公益用房及其他完成投资同比都呈下降趋势。

二是资金流入房地产市场速度减缓。受政策调控影响，资金抑制流入房地产市场迹象显现。2017 年，北京市房地产开发企业项目到位资金同比下降明显。其中，国内贷款、自筹资金均有大幅下降。尤其进入 3 月之后，房地产资金到位增速出现了明显回落。资金来源增速开始由正转负，从 3 月的 -0.5% 下降到 9 月的 -14.7%。其中，金融贷款增速、定金及预收款增速从 3 月的 8.1% 和 46.4% 分别下降到 9 月的 -18.3% 和 -2.5%。

三是房地产与金融风险交织。近年来，房地产市场的超额利润带动房地产行业非理性增长，房企发债、房企融资以及个人住房贷款增量均呈现高位增长态势。资金过快流入房地产市场，造成各种本应投放到其他经济领域的资源集中涌入房市，从而让房地产变成典型的加杠杆金融产品，房地产领域的金融风险隐患随之增加。2017 年，北京市金融机构人民币房地产贷款余额约占北京市人民币各项贷款的 25%，房地产贷款增速虽有所下降，但长期来看，积累的房地产贷款余额规模庞大。

2017 年，房地产业调控政策持续加码，房地产行业面临资金压力，在此过程中部分负债率较高的中小型房企面临一定的资金风险。同时，房地产市场价格波动导致的抵押品贬值将会对银行资金安全造成较大的风险隐患，对金融业整体风险抵御能力冲击较大。

2017 年，北京辖内金融机构积极落实房地产市场调控政策。为了完善商品住房差别化信贷政策，针对个别银行业金融机构发放的个人消费贷款和个人经营性贷款存在违规流入房地产市场用于购房的情况，北京银监局、人行营业管理部下发《关于开展银行个人贷款资金违规进入房地产市场情况检查的通知》，要求辖内银行业金融机构针对个人经营性贷款和个人消费贷款开展自查工作，并有针对性地开展专项检查，抑制房地产投机过热现象。

四是土地市场供应量井喷，地价趋稳。2017 年，北京市积极改善土地市场供应结构，土地供应明显加速。万德（Wind）数据显示，2017 年北京市实际土地供应较 2016 年全年多增整整 1 倍。我爱我家的统计数据也显示出同样趋势。在土地招拍市场，土地拍卖普遍采用了限房价、竞地价、竞开发商自持面积的模式，"地王"现象得到了有效抑制，地价涨幅处于正常的温和波动空间。前三个季度，成交土地用地的平均楼面价为每平方米 2 万元，有微降趋势。

五是商品住宅呈量价前涨后稳特征。2017 年，北京市房地产交易量价出现了前涨后稳的特征。以"3·17"调控政策的出台为分水岭，北京市商品住宅成交量价在调控措施前后出现了明显的不同。政策出台前量价一路高涨不止，而分水岭后量价开始回跌趋稳。在 70 个大中城市住宅销售价格指数中，北京的降温趋势最为明显。9 月，北京二手住宅价格已连续第五个月下跌，跌幅也是全国最大。例如，新建、二手住房价格指数从 1 月的环比上涨 0、0.8% 扩至 3 月的 0.4%、2.2%，而后出现增幅下降回稳态势，新建住房、二手住房同比价格指数涨幅从 1 月的 27%、34.6% 持续回落至 9 月的 0.5% 和1.4%，回落幅度明显。

北京市商品住宅成交量价齐跌，政策调控效果明显，市场整体趋于稳定。中原地产的数据显示，2017 年前三季度北京市商品住宅（不含保障性住房）销售套数合计 57 459 套，同比下降 81%；销售面积累计达 648.35 万平方米，同比下降 49.69%；销售金额累计人民币 2 581.24 亿元，同比下降 36.62%。此外，北京统计局的数据显示，北京市保障房销售面积 126.9 万平方米，增长 19.2%，占比为 22.5%，同比提高 12.9 个百分点，保障性住房的建设依然稳中有升。从北京房管局的数据来看，北京市商品房和二手房成交签约量也呈逐月下滑之势，尤其是 2017 年 3 月之后，住宅类商品房和住宅类二手房签约量环比均出现锐减。具体来看，2017 年 1 月，住宅类商品房成交签约 4 787套，占比为 59.4%；住宅类二手房成交签约 10 733 套，占比为 80.3%。到

2017 年 9 月，商品房成交签约 6 635 套，其中住宅类商品房成交签约 3 349 套，占比为 50.5%；二手房成交签约 10 139 套，其中，住宅类二手房成交签约 8 876 套，占比为 87.6%。

从不同区域来看，2017 年上半年住宅销售多集中在大兴、顺义及昌平三个郊区。同时，各区县销售面积同比均呈下降趋势。

从环线分布来看，五环以外仍是北京新建商品住宅的主力成交区域，2017 年成交的新房有八成分布于此。但这一比例与以往各季度九成左右的比例相比也有明显下降。与此相对，五环以内，尤其是二环、三环之间，占比则略有增多。从商品住宅结构来看，140 平方米以上的新房交易数量明显上升，从一成提高到三成，二胎政策和家庭结构变化等引致的改善型市场需求依然较大。

受 2017 年 3 月 26 日《关于进一步加强商业、办公类项目管理的公告》政策调控影响，2017 年北京市商业及办公房地产市场交易较为低迷。商业地产销售量同比大幅下降；销售额也出现明显下滑。办公地产也出现量价齐跌，跌幅均在两位数以上。

六是政策利好迎租赁市场快速发展。对比 2017 年商品住宅的暗淡交易，在住房租赁政策频频利好的带动下，北京市住宅租赁市场规模和增速得到了大力扩张。中原地产的数据显示，受业主对高租金预期有所增加的影响，租赁市场租金价格整体呈现小幅上涨走势。2017 年二手住宅租金指数延续了 2016 年的稳中有升态势。

在区域租赁市场方面，2017 年，北京方庄、通州梨园、芍药居、北苑、双榆树、五道口区域是租赁市场成交最为活跃的六大板块。其中，方庄、北苑和五道口同比成交均价涨幅均超过 10%。与往年有些不同的是，2017 年 7 月的租金价格没有上涨并达到全年顶点，反而环比 6 月有小幅下降。业内专家认为，这主要是当下房地产市场降温、租赁房源较多，以及租赁人群向租金价格相对低廉的近郊和远郊区县外移所致。

租赁市场的利好新政还吸引了各路资本纷纷涌入住房租赁领域。10 月 23 日，北京市住建委网站发布"北京住房租赁监管平台技术合作项目的比选结果公告"。随着一批房地产和支付巨头 2017 年纷纷抢滩租房市场，京东或将成为北京住房租赁市场的支持平台。继阿里巴巴之后，国内又一电商巨头京东也正式进军房地产租赁市场，"互联网＋房地产"的组合模式说明电商巨头们看好未来中国租房市场的长远发展。种种迹象表明，住房租赁市场已成为房地产业的投资新风口。

写字楼和商服地产租赁市场发展实现平稳增长。受第三产业稳中向好态势推动，北京写字楼市场需求提升，租金继续温和上涨。联合办公、郊区化办公等办公新业态正在重塑北京的写字楼市场格局。内资企业在北京写字楼市场表现活跃，在过去一年里，吸纳了整个市场73%的面积。就产业类型而言，金融产业占据了北京写字楼市场的最大份额，达到了34%；TMT 行业（电信媒体和科技联合的新兴产业）仅次于金融产业，占甲级写字楼总成交面积的25%。在优质项目带动下，商业地产租赁市场保持较好的发展势头。

◆ 第五章 国内区域环境系统风险短期实证研究

笔者进行了 FEPI 指数 2001 年 1 月至今的连续的近 200 个月度的动态跟踪监测与测算。其中，第五章侧重于国内区域环境系统风险的短期月度动态监测及风险特征解析，第六章侧重于国内区域环境系统风险的中长期动态监测及风险特征解析。

由于篇幅所限，下面选取 2016 年 6 月至 2017 年 2 月十期月度，对国内系统风险变化进行连续监测与实证分析。为叙述方便，分别对应命名为第一期至第九期。

第一节 短期月度动态监测分析 （第一至第二期）

一、 FEPI 专项动态监测分析

专项跟踪分析子系统主要侧重于风险因素的专项分析，各时期侧重点有所不同，为整体性、综合性分析提供基础。2016 年 6—7 月第一期、第二期专项动态监测分析如下。

（一）6—7 月 GDP 与固定资产投资变化的动态监测分析

1. 中国经济交出上半年的"成绩单"。2016 年 7 月 15 日，中国国家统计局公布了 2016 年上半年的主要经济数据。二季度 GDP 同比增长 6.7%，和一季度持平；通胀温和，上半年累计同比增速是 2.1%；第三产业增加值占 GDP 的比重达到 54.2%，比 2015 同期大幅提高了 1.7 个百分点；新增就业人数 717 万，31 个大中城市调查失业率有所回落。

2016 年 7 月 18 日，李克强总理在中南海国务院第一会议室主持召开的各省（区、市）政府负责人促进社会投资健康发展工作会议上强调指出："一个 10 万亿美元体量的经济体，能够取得这样的成绩，实属难能可贵，这也给世界发出一个积极的信号。"

2. 经济增长主因是楼市上涨和政府基建投资。数据显示，由于楼市上涨和政府基建开支缓冲了制造业放缓造成的打击，2016 年第二季度中国经济同

比增长 6.7%，与上一季度持平。

3. 从中长期看，中国经济下行压力依然很大。2016 年 7 月 15 日公布的其他指标显示，中国经济中长期下行压力依然很大。2016 年上半年，包括基建投资和制造业投资在内的固定资产投资同比增长 9.0%，这是自 2000 年以来上半年投资同比增长最慢的一年，也大大低于 2016 年 1—5 月固定资产投资 9.6% 的增幅。

（二）民间投资变化的动态监测分析

1. 民间投资断崖式下降。统计数据显示，2016 年 1—6 月，我国民间固定资产投资 158 797 亿元，同比名义增长 2.8%，增速比 1—5 月回落 1.1 个百分点。民间固定资产投资占全国固定资产投资（不含农户）的比重为 61.5%，比上年同期降低 3.6 个百分点。

两个反差极大的投资数据可能更值得关注：一个是 1—6 月的基建投资累计同比增速高达 20.9%，相比上半年公共财政收入 7.1% 的增长，基建投资可以说是火箭式增长；另一个是民间投资上半年累计同比增速仅为 2.8%，而在 2013 年，这个数字还高达 23.1%，这可以说是一个断崖式的下降。

2. 在经济下行的大趋势下，民间投资增速下降具有必然性。最新的国家统计局数据显示，2016 年上半年民间投资增速只有 2.8%，其中，6 月增速为负。民间投资增速在 2005 年的时候还超过 80%，经历了 11 年时间，降至目前接近零的水平。

在经济下行的大趋势下，民间投资增速下降具有必然性和合理性，国企和地方政府投资继续保持高增长，可能是稳增长所需，但后果是国有部门债务率的过快上升和社会资源的错配。

在同时实现国企改革、淘汰僵死企业和鼓励民间投资这三大目标的过程中，如何协调好彼此关系，难度很大，过去也缺乏成功案例。向民企开放诸多由国企垄断的行业，尤其是很多供给短缺的服务业，当然是刺激民间投资的有效办法，但对过去提出的各种鼓励民间投资的政策进行评估后发现，政策的落实是长期存在的一个难点。

3. 民间投资关系到"稳增长"，更影响着"调结构"。民间投资占中国总投资的比重超过 60%，如果沿着当前的下行趋势，则到 2017 年我们可能会看到民间投资开始出现负增长。

因此，李克强指出："必须认识到，民间投资总量大，对消费和就业都有很强的带动作用。这不仅关系到'稳增长'，更影响着'调结构'；不仅影响当前，还会影响未来几年的发展。"

4. 不同地区、不同行业经济走势分化明显。数据显示，2016 年上半年，广东省固定资产投资总额增长 13.5%，其中，民间投资增速达到 19.6%；但安徽、四川等中西部省份，民间投资增速却滑落至 6% 左右，而东北地区滑落尤其严重，其中，辽宁 1—6 月民间投资为 58.1% 的负增长。东部地区的社会投资尤其是民间投资增速都不算低，但许多中西部地区及东北一些省份民间投资回落明显。

5. 在用好有限政府资金的同时，应加强对社会资金的引导。产业升级、新经济成长，以及加强基础设施和公共服务等薄弱领域建设，都带来了投资空间拓展的机遇。李克强总理强调，各地方、各部门要顺应新旧动能转换趋势，在用好有限政府资金的同时，加强对社会资金的引导，防止其投向产能过剩、污染环境的行业，更多用于补齐短板、优化结构和"大众创业，万众创新"、培育新动能、改善民生等方面，发挥促进发展的"千钧之力"。

6. 激发社会投资活力既是发展问题，也是改革问题。扩大有效投资，为什么一定要通过促进社会投资尤其是民间投资健康发展呢？李克强总理算了一笔账："从去年统计数据来看，我国财政预算内投资在 5 000 亿左右，而民间投资总额近 15.9 万亿，是财政预算内投资金额的 31.8 倍，民间投资在社会固定资产投资中所占比重超过了 60%。所以我们必须要发挥好财政资金'四两拨千斤'的作用，充分释放社会投资尤其是民间投资的巨大活力。"

7 月 18 日，来自全国 31 个省（区、市）政府的负责人和国务院有关部门负责人还进行了分组讨论，并梳理出促进社会投资健康发展的数十条政策建议。李克强要求国务院各部门对这些意见建议"对号入座"。他随后提出三点政策要求：进一步放宽市场准入、简化行政程序；尽力缓解融资难、融资贵的问题；创新投资模式，增强民营企业的投资能力。

"这些年我们推进'放管服'改革取得的成绩有目共睹，但也的确出现了权力'放'下去下面没'接'住的现象。"李克强总理说："我看到有些地方，民营企业要投资一个项目，过去要走 200 多项审批，现在减少到 90 项、60 项了，但还是太多了。我们的企业制度性交易成本实在是太高了！"他要求各地方、各部门抓紧完善相关政策，明确政府的权力清单，给民营企业一颗"定心丸"。"'权力清单'不明确，怎么构建新型政商关系呢？"总理表示。李克强总理希望大家都能"用好十八般武艺"。既要抓好措施落实的决定，防止政策"悬空"；又要完善政企沟通机制，提振企业信心，建立起新型政商关系；还要总结推广各地先进经验，进一步完善激励约束和容错纠错机制，促进形成竞相推改革、调结构、抓发展的局面。

（三）债务风险的动态监测分析

1. 中国的企业债攀升较快，值得担忧。有数据显示，截至 2015 年年底，我国债务总额为 168.48 万亿元，全社会杠杆率为 249%。在结构上，居民部门债务率在 40% 左右，金融部门债务率约为 21%，政府部门债务率约为 40%，如果考虑到一些融资平台债务及或有债务，政府部门债务率会上升至 57%；问题最大的是非金融企业部门债务，其债务率在 2015 年年底高达 131%，如果纳入融资平台债务（部分与政府债务有所重叠），债务率高达 156%。

2. 中国政府的债务处在可控范围内。欧盟的政府债务水平的警戒线是 60%，从这一水平以及其他国家的数字来看，中国政府的债务处在可控范围内。并且，外债较少和资本账户相对管制使得中国有能力避免高负债引发的风险。

3. 非金融部门的企业债问题引起了越来越多的关注。虽然政府的债务水平可控，但非金融部门的企业债问题引起了越来越多的关注。企业债不断上升，原因在于：第一，中国资本的使用效率在急剧下降；第二，企业的利润状况不好，2015 年，中国企业利润的增长速度为负值；第三，中国的名义利率较高；第四，中国的通货收缩使得企业实际债务负担增加。

4. 中国杠杆率攀升不仅速度惊人，也没有减缓的态势。最令人担忧的则是杠杆率扩张的速度。有数据显示，全球金融危机以来，中国非金融部门债务占 GDP 的比重提升了近 100 个百分点。

国际经验表明，如果几年内杠杆率攀升三五十个百分点，一国随后往往会遇到较大的问题，如资产价格大幅跳水、债务违约、银行业危机或汇率危机。而中国杠杆率攀升不仅速度惊人，也没有减缓的态势。

5. 大规模借债的投资越来越多地流向了非生产性部门。全球金融危机以来，"非生产性"的房地产和建筑业的资产的扩张速度远远快于工业部门，而支撑其扩张的是更加快速累积的负债。另外，新增债务中用于偿还旧债利息的比例不断提高。

这种局面不可能永远持续下去，20 世纪 90 年代中国的经验证明，如果没有比较高的经济增长速度，债务问题会越来越严重。因此，中国需要将不断攀升的杠杆率降下来。

（四）人民币汇率的动态监测分析

1. 人民币中间价创 6 年新低。自 2016 年 6 月 24 日英国脱欧公投结果公布以后，人民币进入了"跌跌不休"的状态。

2016 年 7 月 19 日中国外汇交易中心公布的最新数据显示，人民币中间价为 6.697 1，较上一个交易日下跌 10 点，再次刷新 6 年最低数据。

在岸人民币对美元汇率跌破 6.7 整数关口，创了 2010 年 11 月以来新低。

人民币对美元中间价大跌近 200 点，报价 6.696 1（2016 年 07 月 18 日），而去年同期的人民币汇率中间价在 6.2 左右，也就是说，现在兑换 1 万美元，要比去年多花近 5 000 元人民币。而人民币连续贬值，留学、旅游和海淘也不同程度受到影响。

2. 从中长期来看，人民币走势受中国实体经济疲弱影响，有进一步下行压力。除了实体经济，私人部门对外净负债过高，与对外净资产（投资）关系远未达到平衡。要实现这一部门的平衡，私人部门需要大量抛售人民币购入外汇，这也对人民币未来走势造成贬值压力，预计人民币将进一步跌向 6.94。

3. 对于人民币汇率的走势，机构间分歧较大。兴业研究宏观分析师表示，6.7 附近是央行希望暂时得以控制的关口，人民币保持震荡或适当回调。而外资机构则普遍认为人民币将继续贬值。

（五）楼市风险变化的动态监测分析

1. 当前部分一线、二线城市楼市再现过热苗头。2016 年上半年，北京、上海、广州、深圳四大一线城市以及合肥、南京、苏州、厦门等核心二线城市轮番上演"日光盘"和"一房难求"剧情，将楼市热度急剧推高。上海、深圳再现通宵排队买房，合肥、南京陷入上万人争抢百套房源的疯狂模式。

2. 繁荣景象的背后潜伏着风险。与前几轮楼市反弹不同的是，本轮部分城市房价暴涨、地王频出，这更多地与金融杠杆的撬动有关。30% 的首付将房地产投资的杠杆率上升到两倍以上，而年初曝出的链家和很多 P2P 公司提供的首付贷则进一步放大了杠杆，这一现象与 2015 年股市流失的场外配资非常相似。

加杠杆无疑有助于消化房地产库存，但如果杠杆过高，房地产就不再像必需品，而是越来越像金融品，势必催生房地产投机行为和房地产价格泡沫。如果继续加杠杆，将导致旧的泡沫还没挤出，新的泡沫又会积聚，最终可能会在政策收紧时破裂，导致房地产市场、金融体系甚至整个经济出现风险。

3. 防范住房金融风险，将其风险消灭在萌芽状态。历史告诉我们，美国的次贷危机、日本的房地产泡沫，都是由于反复加杠杆，一轮又一轮的量化宽松、再宽松，形成了恶性循环。因此，一旦发现房地产过度杠杆化的苗头，就必须将其消灭在萌芽状态。

防范住房金融风险，关键是继续实施逆周期的宏观调控政策，加快相关领域改革，以便释放更多合理的新需求，并调整供给以匹配新需求。针对 2016 年下半年和 2017 年可能出现的市场短期调整，宜采取"细水长流"的调控策略，不宜"频施一揽子猛剂"，把握好货币、财税、土地等政策的出台时机、节奏和力度，协调搭配，保持调控有"温度"、可持续。

防范住房金融风险，重点是贯彻执行好"因城施策"的调控主任务，同时要求城市间调控协同配合。既要分城施策，一线、二线与三线、四线及以下城市应采取完全相反的政策措施；又要协同作战，要保持一线、二线城市市场平稳，防止一线、二线城市过度冷热，带动三线、四线城市去库存，确保住房市场长期可持续、稳健发展。

继二线楼市"四小龙"中的合肥 2016 年 7 月 1 日实施楼市新政之后，7 月 15 日厦门市也调整住房信贷政策，两地政策核心都是提高二套房及以上最低首付比例，释放出降低信贷杠杆、为楼市降温的重要信号。

有所行动的不单是合肥和厦门。上海、深圳和北京限购政策不松动；苏州、南京先后出台土地拍卖的"熔断机制"防过热；部分银行也开始通过"降杠杆"控制投资楼市的风险，如兴业银行大幅收缩开发贷款、个人按揭贷款额度，工行个人商用房贷款最低首付款比例由 50% 调整至 70%。

（六）房地产投资动态监测分析

1. 房地产投资状况的动态监测分析。2016 年前 7 月房地产投资增速相比上半年回落 0.8 个百分点，增幅全面回落。根据国家统计局公布的 2016 年 7 月的主要经济数据，2016 年 1—7 月，全国房地产开发投资 55 361 亿元，同比名义增长 5.3%，增速比 1—6 月回落 0.8 个百分点（如图 5 - 1 所示）。2016 年 1—7 月，东部地区房地产开发投资 31 201 亿元，同比增长 3.4%，增速比 1—6 月回落 1.2 个百分点；中部地区投资 11 881 亿元，增长 10.2%，增速提高 0.2 个百分点；西部地区投资 12 279 亿元，增长 5.9%，增速回落 0.6 个百分点。

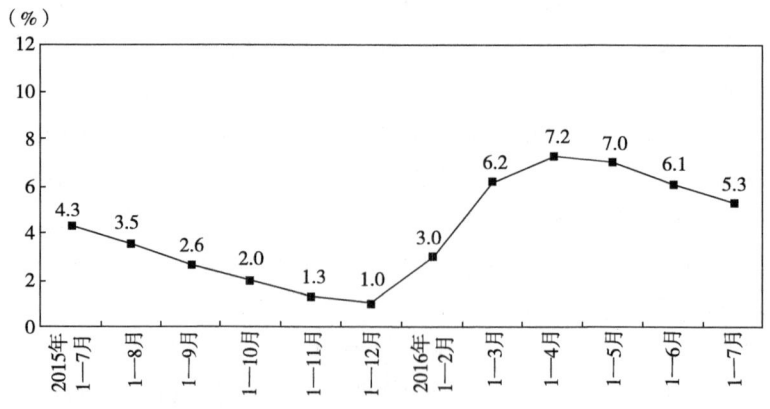

图 5 - 1　全国房地产开发投资增速

2. 房地产开发投资增速延续了自 5 月以来下滑态势的原因追踪。房地产开发投资增速延续了自 5 月以来的下滑态势。对于数据下滑的可能原因，主要有三方面：一是新开工房地产面积、土地购置面积增速持续下滑，大部分三线、四线城市库存依旧较高，企业投资意愿不强。二是市场已经出现了惯性趋势性的回落。"地王"频出阻挡了投资热情，地价高涨，甚至高于房价，致使一线、二线城市拥有土地的企业增加供应的积极性不高，影响了新开发节奏。三是未来预期。对于未来，预计房地产开发投资的增速仍会进一步放缓，预计全年增速维持在零左右。下半年去库存仍是行业首要任务。

（七）房地产销售市场动态监测分析

1. 商品房销售和待售情况动态监测分析。2016 年上半年全国商品房销售额和销售面积增长明显，7 月增速有所回落；各地区房地产市场区域分化加剧。

从销售来看（如图 5 - 2 所示），2016 年 1—7 月，商品房销售面积 75 760 万平方米，同比增长 26.4%，增速比 1—6 月回落 1.5 个百分点。其中，住宅销售面积增长 26.7%，办公楼销售面积增长 41.3%，商业营业用房销售面积增长 15.5%。商品房销售额 57 569 亿元，增长 39.8%，增速回落 2.3 个百分点。其中，住宅销售额增长 41.2%，办公楼销售额增长 65.3%，商业营业用房销售额增长 17.6%。

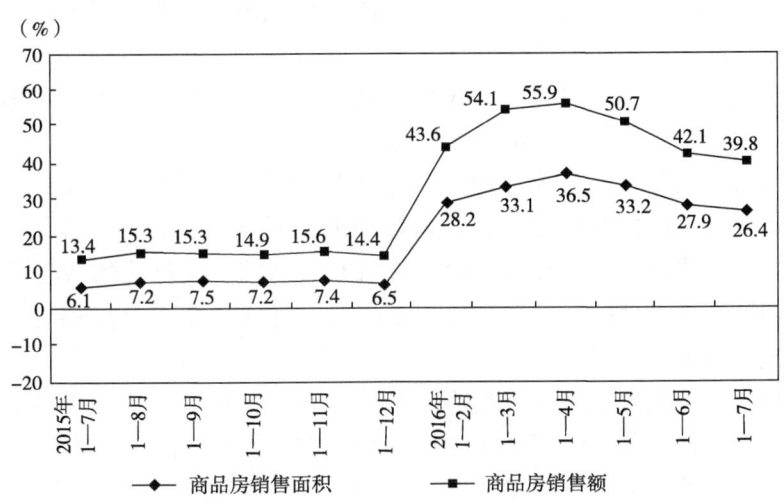

图 5 - 2　全国商品房销售面积及销售额增速

2016 年 1—7 月，东部地区商品房销售面积 37 196 万平方米，同比增长 29.6%，增速比 1—6 月回落 2.5 个百分点；销售额 36 992 亿元，增长

47.1%，增速回落 3.7 个百分点。中部地区商品房销售面积 20 504 万平方米，增长 30.6%，增速回落 0.1 个百分点；销售额 11 296 亿元，增长 40.2%，增速提高 0.6 个百分点。西部地区商品房销售面积 18 060 万平方米，增长 16.5%，增速回落 1.1 个百分点；销售额 9 281 亿元，增长 16.5%，增速回落 1.3 个百分点。这里的东部地区包括北京、天津、河北、辽宁、上海、江苏、浙江、福建、山东、广东、海南 11 个省（市）；中部地区包括山西、吉林、黑龙江、安徽、江西、河南、湖北、湖南 8 个省；西部地区包括内蒙古、广西、重庆、四川、贵州、云南、西藏、陕西、甘肃、青海、宁夏、新疆 12 个省（市、自治区）。

2016 年 7 月末，商品房待售面积 71 382 万平方米，比 6 月末减少 34 万平方米。其中，住宅待售面积减少 415 万平方米，办公楼待售面积增加 26 万平方米，商业营业用房待售面积增加 196 万平方米。

从 7 月单月来看，商品房销售面积创年底最低值。7 月单月商品房销售面积 1.14 亿平方米，其中，住宅 1 亿平方米，创造了 2016 年单月最低值。从同比看，7 月成交面积同比 18.7%，金额同比上涨 28.5%，均低于累计前 7 月的涨幅。

房地产市场地区分化加剧。呼和浩特、海口、太原、兰州、长春五城市的短期房地产投资风险较高；而南昌、广州、郑州、杭州、宁波市场潜力较大。但中国房地产长期以来处于非正常的泡沫式发展状态，普遍认为中国房地产市场已经处于极度泡沫状态。

2. 重点城市房地产调控动态监测分析。重点城市房地产调控收紧，尤其是苏州、南京、合肥三地政策相继收紧。

2016 年 7 月以来，合肥、南京、苏州纷纷释放收紧信号。南京表示，将调整土地公开出让的竞价方式，经营性用地公开出让实行网上交易，竞价所产生的保障房建设资金不计入房价准许成本；当网上竞价达到最高限价 80% 时，申领预售许可证的条件需符合"主体结构封顶"至"现房销售"等不同程度的施工进度。

苏州方面，明确居民家庭拥有一套住房且相应购房贷款未结清，再次申请商业性个人住房贷款购买普通住房的最低首付款比例，苏州市区由 40% 调整为 50%；居民家庭已有两套及以上住房且购房贷款未结清的，继续停止发放"三套"及以上住房贷款。同时，苏州重启限购政策，指出非苏州户籍居民家庭申请购买第二套住房时，应提供自购房之日起前两年内在苏州市区累计缴纳一年及以上个人所得税缴纳证明或社会保险缴纳证明。

合肥方面，其贷款新政规定，以家庭为单位，无论在合肥市无房或有一套房，只要有 2 次及以上的贷款记录，必须在全部结清贷款后才能再次申请房贷。而以家庭为单位，在合肥市有 2 套及以上住房的，只要尚有贷款未结清，均不予受理房贷。

苏州、南京、合肥三地政策的相继收紧也影响了购房者预期。

（八）外汇占款动态监测分析

1. 2016 年 7 月央行外汇占款连续第 9 个月下滑，环比降幅扩大近一倍。据央行数据显示，我国 2016 年 7 月末外汇占款由上月的 23.63 万亿元下降至 23.44 万亿元，连续第 9 个月下滑，环比下降 1 905 亿元。这是央行口径外汇占款连续 9 个月出现环比下降（如图 5 - 3 所示）。

自 2016 年 6 月以来，央行外汇占款降幅呈不断扩大趋势，7 月降幅接近 6 月的 2 倍，为 2016 年 2 月以来最大。6 月外汇占款降幅 977 亿元，较 5 月的 537 亿元再度扩大，而此前外汇占款环比降幅已经连续 5 个月缩窄。

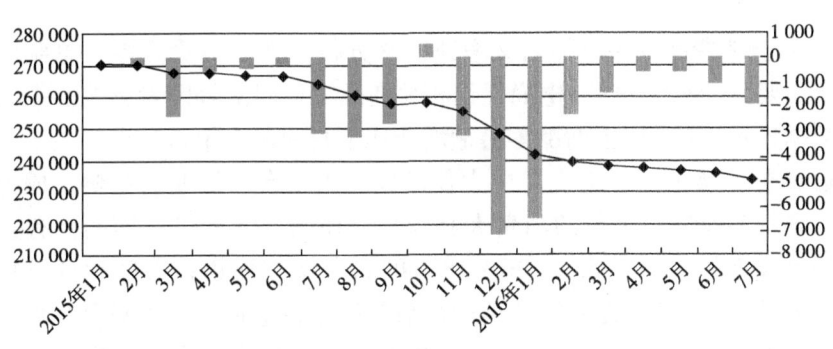

图 5 - 3　中国 2015 年以来外汇占款及变化

2. 外汇占款变化的影响因素。2016 年 7 月央行外汇占款连续第 9 个月下滑，其变化可能主要受两个因素影响：

第一，为稳定市场预期，减轻国际金融市场动荡对我国外汇市场的短暂冲击（受英国公投"脱欧"影响），人民银行向市场提供了少量的外汇流动性，由此引起央行外汇占款相应减少。

第二，7 月 19 日以来，人民币汇率出现了一波较为明显的升值行情，但是在市场贬值预期并未彻底消散的背景下，人民币阶段性的升值反而可能一定程度上刺激购汇并抑制结汇，从而使得结售汇逆差扩大，这最终会体现在外汇占款数据上。7 月外汇占款降幅较大表明目前仍存在一定的资本外流压力。

（九）消费品市场的动态监测分析

1. 消费品零售继续保持两位数增长。2016 年 7 月，中国社会消费品零售总额同比名义增长 10.2%，增速虽比 6 月回落 0.4 个百分点，但比上半年仅低 0.1 个百分点，与第二季度持平；扣除价格因素后，实际增长 9.8%，增速比 6 月低 0.5 个百分点，但高于上半年 0.1 个百分点；1—7 月社会消费品零售总额同比增长 10.3%，增速与上半年持平，比上年同期仅低 0.1 个百分点。总体来看，消费品市场运行态势平稳，继续保持在 10% 以上的较快增长区间。

2. 网上零售持续快速发展，消费升级类相关商品增长较快。一是网上商品零售继续保持快速增长。1—7 月，全国实物商品网上零售额同比增长 26.1%，增速虽比上半年回落 0.5 个百分点，但仍高于社会消费品零售总额增速 15.8 个百分点。二是部分与消费升级相关的商品增长较快。7 月，限额以上单位通信器材类、家用电器和音像器材类同比分别增长 11.6% 和 11.5%；化妆品类增长 9%，增速比上月加快 1.1 个百分点；汽车类增长 9.2%，增速连续两个月保持在 9% 以上，特别是新能源汽车、SUV、MPV 继续保持高速增长。

3. 社会消费品零售总额名义增速回落分析。社会消费品零售总额名义增速回落主要是受"6·18"电商促销相关商品零售回落等因素影响。据国家统计局数据显示，7 月网上商品零售额增速比上月回落 5 个百分点。

近年来，"6·18"电商年中大促已经超出平台、行业的范畴，成为线上线下、各行各业争相参与的消费大狂欢。2016 年"6·18"期间，有数十家来自线上线下的大型商家以"6·18"的名义参与促销，力度和规模超过往年。受上月"6·18"促销拉动消费提前等因素的影响，7 月网上零售、文化办公用品类、体育娱乐用品类商品零售增速回落幅度较大。其影响社会消费品零售总额增速 0.5 个百分点左右。

（十）货币信贷市场动态监测分析

1. 狭义货币（M1）与广义货币（M2）"剪刀差"扩大。央行数据显示，7 月 M1 与 M2 资金出现"剪刀差"扩大。7 月中国 M2 货币供应同比增长 10.2%，M1 货币供应同比增长 25.4%，为 2010 年 6 月以来最高，M1 与 M2 "剪刀差"进一步扩大到 15.2 个百分点。

2. M1 与 M2 剪刀差扩大的原因分析。金融学中，M0 指流通中的现金；M1 = M0 + 非金融机构活期存款；M2 = M1 + 单位定期存款 + 居民储蓄存款 + 其他存款。其中，"其他存款"主要指证券账户保证金存款以及其他机构的存款。

7 月 M2 增速下滑明显，居民、非金融性企业存款锐减是主因，M1 快速上升反映企业囤积资金，大量资金没有出路，未流入实体经济。但有大量资金流入房地产市场。

2016 年上半年以来 M1 增速持续上升，主要是企业活期存款增速加快。可能有以下原因：一是中长期利率降低，企业持有活期存款的机会成本下降。二是房地产等资产市场活跃，交易性货币需求上升，尤其房地产和建筑业公司持有的货币资金增加比较多。三是地方政府债务置换过程中会暂时沉淀一部分资金。

M1 与 M2"剪刀差"扩大的背后，既反映了经济"冷"而房地产"热"的现状，也反映企业资金充沛，但实体经济投资意愿偏弱。虽然 M1 与 M2"剪刀差"增速指标是否作为衡量货币市场失衡、是否经济进入"流动性陷阱"仍存在争议，但有一点是明显的，增量资金大部分流入了资本市场。

3. 房贷成为主要信贷增量。据央行公布的数据显示，2016 年 7 月人民币非金融企业贷款减少 26 亿元。而 7 月人民币住户部门贷款增加 4 575 亿元，其中，短期贷款减少 197 亿元，中长期贷款增加 4 773 亿元 。人民币住户部门中长期贷款主要是个人住房贷款，反映房贷成为主要信贷增量。

4. 对贷款投向结构的分析。房贷成为主要信贷增量，或是房价暴增的原因。从住户部门贷款看，2016 年房贷年增长确实比较突出，主要与不少城市房地产市场升温有关，前 7 个月平均每月个人中长期住房贷款接近 4 000 亿元，季节性波动也不大。从企业部门贷款看，在经济结构深度调整、经济面临下行压力，特别是"去产能""去杠杆"背景下，企业总体信贷需求没有住户部门那么旺盛。

但也不宜过度解读个别月的贷款数据：一是企业贷款季节性波动比较大，7 月、10 月等是明显的贷款"小月"，"小"主要体现在企业贷款上。二是地方政府债务置换减少的是存量企业贷款，不良贷款核销处置基本上也是企业贷款，今年置换和核销处置力度很大，还原后 1—7 月企业贷款同比还是多增的。三是 1—7 月企业债券和股票融资合计达 2.65 万亿元，同比多 1 万亿元，多渠道融资对贷款形成一定替代。2016 年置换和核销处置力度很大，还原后 1—7 月企业贷款同比还是多增的。四是 1—7 月企业债券和股票融资合计达 2.65 万亿元，同比多 1 万亿元，多渠道融资对贷款形成一定替代。

二、 FEPI 指数综合量化分析

（一）综合量化分析的意义、月度动态"连续盯市"意义

从专项跟踪分析可以看出，积极因素与消极因素交织。一些数据指标表现得比较平稳，一些金融经济指标有所改善，经济发展呈现积极变化；但另一些金融经济指标却令人担忧。

如何全面评价各月的金融经济运行情况？目前中国系统性金融风险整体

状况究竟如何？这是个难题。这是因为：一方面，中国经济发展呈现积极变化，有些金融经济指标却令人担忧，两者相抵消，到底情况如何，单靠专项跟踪分析还很难下结论。而另一方面，新常态下这种下行压力到底会持续多久，有哪些变化？经济的切实企稳还需进一步观察，可持续性存疑。单靠专项跟踪分析，现在还很难得出结论。因此，需要进一步综合分析。笔者认为，系统风险的分析是个系统工程，不仅需要单项分析，而且需要综合量化分析。

系统风险综合量化与月度动态监测采用 FEPI 指数法。一方面，借助于 FEPI 指数模型可轻松实现综合量化分析，可看清中国金融经济真实图谱；通过系统工程集成方法实现系统风险多因素的综合分析、综合测评。另一方面，通过 FEPI 指数月度监测而实现系统风险"连续盯市"动态分析，通过 FEPI 指数动态监测可视化工具，即 16 年间的各期月度 FEPI 指数图，进一步分析 FEPI 的变化趋势。

总之，由于 FEPI 指数为各月实际监测值，不是预测值，因而更具客观性。借助于 FEPI 指数模型来进一步综合量化分析，以及月度高频率动态综合量化分析而不是年度或季度，实现"连续盯市"，既看清中国金融经济长中短期极其细微变化，更可看清中国金融经济真实图谱，从而得出一个明确的、及时的、全面的、客观的结论与整体判断。FEPI 轻松开启"财富密码"，对于宏观调控、实体企业、金融投资有重要参考，后续章节将举例说明之。

（二）6—7 月 FEPI 指数的综合量化监测分析

FEPI 指数的综合量化监测分析的目的是，得到一个综合值，不是单项值；得到一个客观值，不是主观的综合判断值，这是提高风控水平的关键。

对 2016 年 6—7 月国内系统风险进行了综合动态量化监测，其 FEPI 指数的月度动态监测识别结果如图 5 - 4 所示。

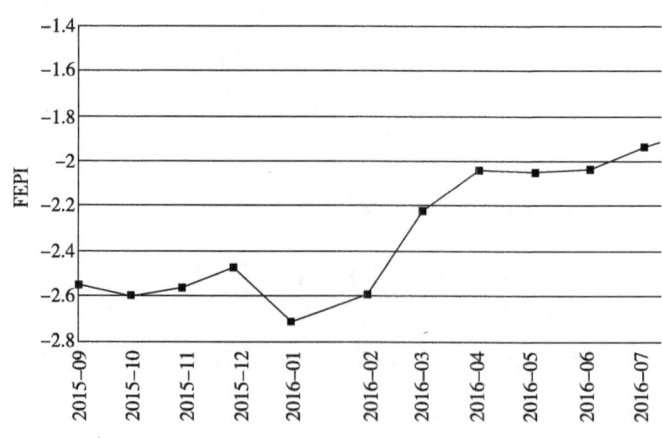

图 5 - 4　截至 7 月 FEPI 指数短期脉动识别结果（实际监测值）

图 5-4 中显示的是，2016 年 7 月的 FEPI 指数监测值（实际值，不是预测值），以及前 7 月 FEPI 指数监测值（实际值）。从图 5-4 可以进一步看出，在 2016 年 1 月出现了短期拐点的萌芽。7 月进一步确认 1 月短期拐点成立。2016 年 6—7 月 FEPI 已经发出明确的弱复苏的客观综合信号。

鉴于 2016 年 6—7 月 FEPI 已经发出明确的弱复苏信号，短期为区域经济适度有为创造有利条件，基于该"财富密码"，对未来金融经济发展与投资提出以下几点展望：

一是 FEPI 运行已经出现明确的短期拐点，处于回暖期。短期趋势变了，此时已经不是"大同小异"了，也说明了月度"连续盯市""定期连续复查"对投资者、政策管理者等经济主体的意义，跟踪监测、掌握实情是决策的关键前提。

二是此次经济回暖主要是政策刺激的结果。

三是金融市场可适度参与。目前金融市场短期面临的主要矛盾是非系统性风险，进取型的投资者可短线积极参与金融市场。

四是进取型的政策管理者应利用大好时机，可选择一部分行业或企业逐步进行去产能、去泡沫。注意要循序渐进去产能、去泡沫，不宜全面铺开。同时应通过改革逐步恢复微观主体的内在经济活力。

五是稳健型的政策管理者可保持现有政策不变，反对改变现状的政策和行为。

六是短期风控措施上应防止过快回暖，避免昙花一现，要加强短期月度监测，"定期连续复查"。长期来看，应防止二次探底，要加强长期月度监测。

第二节　短期月度动态监测分析　（第三至第四期）

一、 第三期专项动态监测分析

2016 年 8 月第三期专项动态监测分析如下。

（一）工业生产动态监测分析：工业生产有所加快，企业效益继续改善

2016 年 8 月，全国规模以上工业增加值按可比价格计算同比增长 6.3%（如图 5-8 所示），增速比上月加快 0.3 个百分点，比上年同期加快 0.2 个百分点。分经济类型看，国有控股企业增加值同比增长 3.6%，集体企业下降 4.1%，股份制企业增长 6.4%，外商及港澳台商投资企业增长 6.7%。分三大门类看，采矿业增加值同比下降 1.3%，制造业增长 6.8%，电力、热力、燃气及水生产和供应业增长 7.0%。工业结构继续优化，高技术产业和装备制造业增加值同比分别增长 11.8% 和 10.8%，增速分别比规模以上工业快 5.5 和 4.5 个百分点。规模以上工业企业产销率达到 98.1%。从环比看，8 月全国规模以上工业增加值比上月增长 0.53%。1—8 月，规模以上工业增加值同比增长 6.0%。

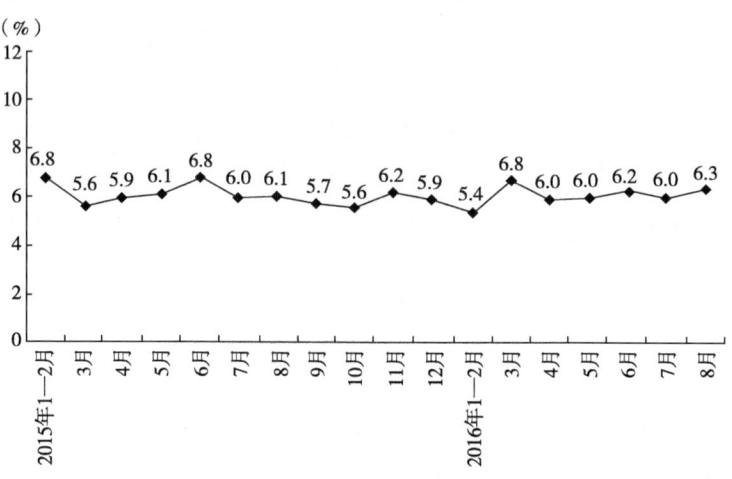

图 5-5　工业增加值增速（月度同比）

资料来源：中国国家统计局。

（二）消费状况动态监测分析：市场销售稳中有快，网上零售额继续保持快速增长

2016 年 8 月，社会消费品零售总额 27 540 亿元，同比名义增长 10.6%（如图 5-6 所示），增速比上月加快 0.4 个百分点，比上年同期回落 0.2 个百分点。按经营单位所在地分，城镇消费品零售额 23 808 亿元，同比增长 10.6%；乡村消费品零售额 3 732 亿元，增长 10.9%。按消费类型分，餐饮收入 3 036 亿元，同比增长 10.3%；商品零售额 24 504 亿元，增长 10.7%，其中限额以上单位商品零售额 11 475 亿元，增长 8.8%。出行类和居住类商品增长较快，汽车增长 13.1%，家具增长 11.1%，建筑及装潢材料增长 16.3%。从环比看，8 月社会消费品零售总额比上月增长 0.83%。1—8 月，社会消费品零售总额同比增长 10.3%。

1—8 月，全国网上零售额 30 210 亿元，同比增长 26.7%。其中，实物商品网上零售额 24 347 亿元，增长 25.5%，占社会消费品零售总额的比重为 11.6%。

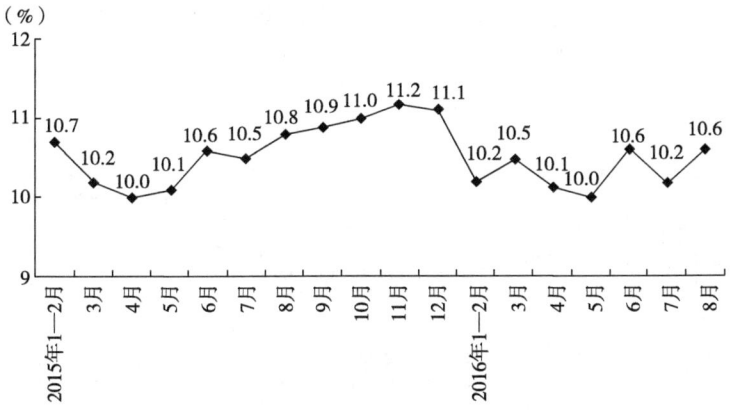

图 5 - 6　2016 年 8 月社会消费品零售总额名义增速

（三）物价动态监测分析：居民消费价格同比涨幅回落，工业生产者出厂价格降幅继续收窄

2016 年 8 月，居民消费价格同比上涨 1.3%（如图 5 - 7 所示），涨幅比上月回落 0.5 个百分点。其中，城市上涨 1.4%，农村上涨 1.0%。分类别看，食品烟酒价格同比上涨 1.5%，衣着上涨 1.3%，居住上涨 1.5%，生活用品及服务上涨 0.4%，交通和通信下降 1.2%，教育文化和娱乐上涨 1.3%，医疗保健上涨 4.3%，其他用品和服务上涨 4.5%。在食品烟酒价格中，粮食价格上涨 0.3%，猪肉价格上涨 6.4%，鲜菜价格下降 3.9%。8 月，居民消费价格环比上涨 0.1%。1—8 月，居民消费价格同比上涨 2.0%。

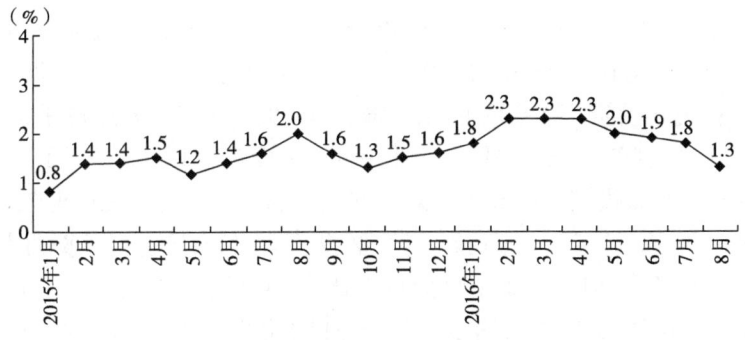

图 5 - 7　居民消费价格同比涨跌

2016 年 8 月，工业生产者出厂价格同比下降 0.8%（如图 5 - 8 所示），降幅比上月收窄 0.9 个百分点，连续 8 个月降幅收窄，环比上涨 0.2%。1—8 月，工业生产者出厂价格同比下降 3.2%。8 月，工业生产者购进价格同比下

降 1.7%，环比上涨 0.2%；1—8 月工业生产者购进价格同比下降 4.1%。

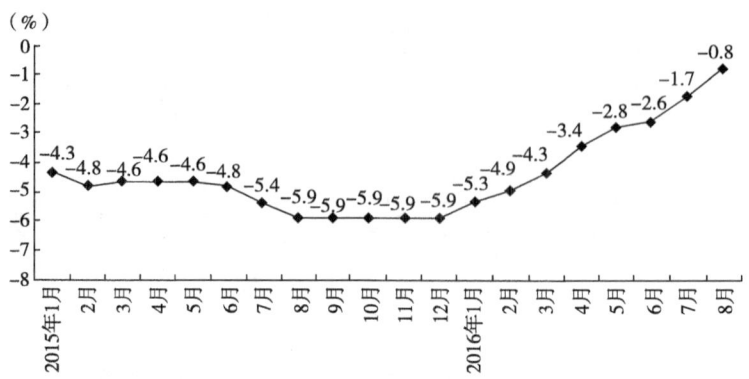

图 5 - 8　2016 年 1—8 月工业生产者出厂价格同比涨跌

（四）进出口动态监测分析：出口增速加快，进口增速由负转正

2016 年 8 月外贸数字特别亮眼。8 月，进出口总额 21 960 亿元，同比增长 7.9%。其中，出口 12 710 亿元，增长 5.9%，比上月加快 4.2 个百分点；进口 9 250 亿元，增长 10.8%，同比下降 5.7%。进出口相抵，顺差 3 460 亿元。

但是，2016 年 1—8 月，进出口总额 153 660 亿元，全国进出口总额同比下降了 1.8%，其中，出口下降了 1%，进口下降了 2.9%。也就是说，外贸进口、出口仍然还是负增长。外贸下行压力大，外贸形势依然复杂严峻。

（五）固定资产投资动态监测分析：增长趋稳，基础设施投资增长较快

2016 年 1—8 月，全国固定资产投资 366 339 亿元，同比增长 8.1%（如图 5 -9 所示），增速与 1—7 月持平。其中，国有控股投资 129 551 亿元，增长 21.4%；民间投资 225 005 亿元，增长 2.1%，与 1—7 月持平，占全部投资的比重为 61.4%。分产业看，第一产业投资 11 413 亿元，同比增长 21.5%；第二产业投资 143 859 亿元，同比增长 3.0%；第三产业投资 211 068 亿元，同比增长 11.2%。高技术产业投资增长较快，1—8 月同比增长 15.5%，比 1—7 月加快 1.3 个百分点，比全部投资增速快 7.4 个百分点。基础设施投资仍保持较快增长速度，1—8 月同比增长 19.7%，比 1—7 月加快 0.1 个百分点。从到位资金情况看，固定资产投资到位资金 385 535 亿元，同比增长 6.2%。其中，国家预算资金增长 20.3%，国内贷款增长 9.3%，自筹资金增长 0.2%，利用外资下降 17.3%。新开工项目计划总投资 323 037 亿元，同比增长 22.7%。8 月，全国固定资产投资同比增长 8.2%，比上月加快 4.3 个百分点。其中，制造业投资增长 2.1%，加快 0.5 个百分点；民间投资增长 2.3%，加快 3.5 个百分点。从环比看，8 月固定资产投资比上月增长 0.58%。

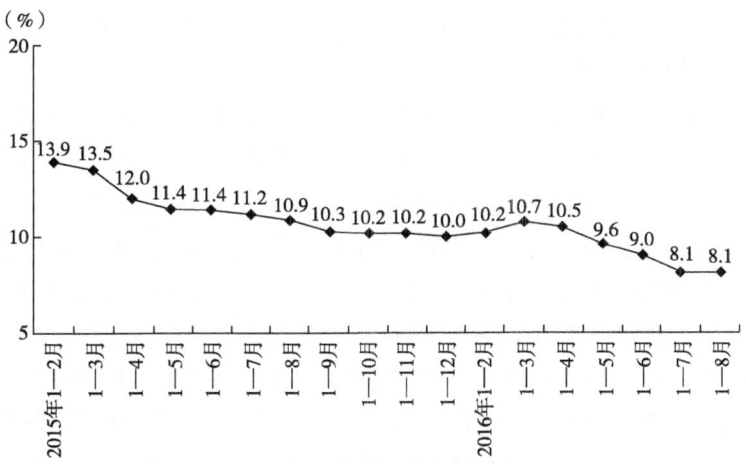

图 5-9 2016 年 1—8 月固定资产投资增速（累计同比）

2016 年 1—8 月固定资产投资运行有以下几方面特点：

1. 基础设施投资快速增长，"补短板"效应明显。1—8 月，基础设施投资 70 827 亿元，增长 19.7%，增速比 1—7 月加快 0.1 个百分点；占全部投资的比重为 19.3%，比上年同期提高 1.8 个百分点，为全部投资增速回稳发挥了重要支撑作用。

首先，中西部地区的基础设施投资高速增长。1—8 月，中西部地区基础设施投资 40 920 亿元，增长 29.1%，增速比 1—7 月加快 1.1 个百分点；占全部基础设施投资的比重为 57.8%，比上年同期提高 4.2 个百分点。中西部地区基础设施投资主要集中在铁路、农村公路、农田水利等薄弱领域，这些项目的建成将有效提升人民的生活水平。

其次，多数基础设施行业投资持续保持良好的增长态势。1—8 月，生态保护和环境治理业投资增长 41.6%，信息传输业投资增长 30.7%，公共设施管理业投资增长 24.3%，水利管理业投资增长 21.2%，道路运输业投资增长 14.4%。

2. 工业投资增速虽有所回落，但结构继续优化。1—8 月，工业投资 141 117 亿元，增长 2.9%，增速比 1—7 月回落 0.5 个百分点。

首先，制造业当月投资增速继续回升。1—8 月，制造业投资 116 523 亿元，增长 2.8%，增速虽比 1—7 月回落 0.2 个百分点，但 8 月当月投资增长 2.1%，比 7 月加快 0.5 个百分点，制造业当月投资增速已连续两个月出现小幅回升。

其次，工业技改投资持续向好。在国家有关政策的支持下，2016 年以来工业技改投资增势良好。1—8 月，工业技改投资 56 309 亿元，增长 13%，增速比全部工业投资高 10.1 个百分点；占全部工业投资的比重为 39.9%，比上年同期提高 3.6 个百分点。

最后，新旧发展动能转换步伐加快。1—8 月，工业高技术产业投资 13 823 亿元，增长 11.8%，增速比全部工业投资高 8.9 个百分点；占全部工业投资的比重为 9.8%，比上年同期提高 0.8 个百分点。与工业高技术产业投资的较快增长相反，1—8 月，高耗能行业投资 41 741 亿元，增长 3.8%，增速比 1—7 月回落 0.8 个百分点，其中，高耗能制造业投资下降 3.1%。

3. 消费、科研和教育等领域投入不断加快。首先，旅游、文体、健康等消费领域投入加快。随着消费升级的逐步推进，我国内需结构持续调整，与旅游、文化、体育、健康、养老"五大幸福产业"相关领域的投资也出现了快速增长。1—8 月，公园和旅游景区管理业投资增长 42.2%；文化及相关产业投资增长 17.1%；健康服务业投资增长 17.2%。

其次，科研、教育领域投资快速增长。1—8 月，科学研究和技术服务业投资增长 15.9%，增速比 1—7 月加快 5 个百分点；2016 年以来教育投资始终保持快速增长的势头，1—8 月增长 22.8%。

（六）房地产投资与商品房库存的动态监测分析

1. 房地产开发投资增速小幅回升，商品房待售面积持续减少。2016 年 1—8 月，全国房地产开发投资 64 387 亿元，同比增长 5.4%（如图 5 - 10 所示），增速比 1—7 月加快 0.1 个百分点，比上年同期加快 1.9 个百分点。其中，住宅投资增长 4.8%。房屋新开工面积 106 834 万平方米，同比增长 12.2%，住宅新开工面积增长 11.7%。全国商品房销售面积 87 451 万平方米，同比增长 25.5%，其中，住宅销售面积增长 25.6%。全国商品房销售额 66 623 亿元，同比增长 38.7%，其中，住宅销售额增长 40.1%。房地产开发企业土地购置面积 12 922 万平方米，同比下降 8.5%。8 月末，全国商品房待售面积 70 870 万平方米，比 7 月末减少 512 万平方米，连续 6 个月减少。1—8 月，房地产开发企业到位资金 91 573 亿元，同比增长 14.8%。

2. 8 月 70 个大中城市房价数据分析。8 月 70 个大中城市住宅销售价格统计数据显示：

（1）环比上涨城市个数有所增加。数据显示，8 月 70 个大中城市新建商品住宅和二手住宅价格环比上涨的城市有 64 个和 57 个，分别比上月增加 13 个和 6 个；持平的城市有 2 个和 4 个，分别比上月减少 1 个和 3 个；下降的城

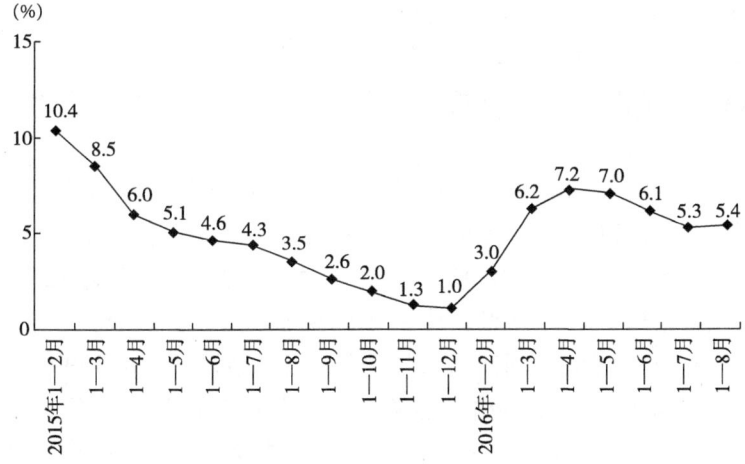

图 5 - 10　2016 年 1—8 月房地产开发投资增速（累计同比）

市有 4 个和 9 个。新建商品住宅价格环比上涨的 64 个城市中，比上月涨幅扩大的城市有 31 个，涨幅在 1% 以上的城市有 25 个，最高涨幅为 5.6%。二手住宅价格环比上涨的 57 个城市中，比上月涨幅扩大的城市有 30 个，涨幅在 1% 以上的城市有 18 个，最高涨幅为 4.5%。分城市看，一线、二线、三线城市新建商品住宅和二手住宅价格环比涨幅均比上月有所扩大。

（2）同比上涨城市个数略有增加。8 月 70 个大中城市新建商品住宅和二手住宅价格同比上涨的城市有 62 个和 53 个，分别比上月增加 4 个和 1 个；持平的城市分别有 2 个和 1 个，均比上月增加 1 个；下降的城市分别有 6 个和 16 个。分城市看，一线城市新建商品住宅和二手住宅价格同比涨幅在连续三个月收窄后有所扩大，二线、三线城市继续扩大。

（七）金融市场情况动态监测分析

1. 债券市场发行情况的动态监测分析。2016 年 8 月，债券市场共发行各类债券 3.7 万亿元。其中，国债发行 3 823.2 亿元，地方政府债券发行 8 394.5 亿元，金融债券发行 3 567 亿元，公司信用类债券发行 8 570.2 亿元，信贷资产支持证券发行 139.8 亿元，同业存单发行 1.2 万亿元。截至 8 月末，债券市场总托管余额为 59.5 万亿元。其中，国债托管余额为 10.9 万亿元，地方政府债券托管余额为 9.4 万亿元，金融债券托管余额为 14.9 万亿元，公司信用类债券托管余额为 16.7 万亿元，信贷资产支持证券托管余额为 4 689 亿元，同业存单托管余额为 5.6 万亿元。银行间债券市场托管余额为 53.4 万亿元，占债券市场总托管余额的 89.7%。与上年末相比，8 月末银行间债券市场公司信用类债券持有者中，商业银行持有债券占比为 28.9%，下降 5.44 个百分点；非银行金融机构占比为 11.59%，下降 0.51 个百分点；非法人机构投资者和其他类投资者的持有占比共为 59.51%，上升 5.96 个百分点。从银行间债券市场全部债券持有者结构看，8 月末，商业银行、非银行金融机构、非法人机构投资者和其他类投资者的持有占比分别为 57.59%、8.35% 和 34.06%。

2. 货币供给情况的动态监测分析。8 月末，广义货币（M2）余额 151.10 万亿元，同比增长 11.4%，增速比上月末提高 1.2 个百分点，比上年同期降低 1.9 个百分点；狭义货币（M1）余额 45.45 万亿元，同比增长 25.3%，增速比上月末降低 0.1 个百分点，比上年同期提高 16 个百分点；流通中货币（M0）余额 6.35 万亿元，同比增长 7.4%。当月净投放现金 179 亿元。

3. 货币市场运行情况的动态监测分析。8 月银行间人民币市场以拆借、现券和回购方式合计成交 87.77 万亿元，日均成交 3.82 万亿元，日均成交比上年同期增长 50.4%。其中，同业拆借、现券和质押式回购日均成交分别同比增长 62.7%、53.7% 和 46.9%。

8 月银行间人民币市场同业拆借月加权平均利率（当月同业拆借加权平均利率）为 2.13%，分别比上月和上年同期提高 0.01 个和 0.34 个百分点；质押式回购加权平均利率为 2.12%，分别比上月和上年同期提高 0.03 个和 0.33 个百分点。

4. 信贷市场情况的动态监测分析。8 月末，本外币贷款余额 108.32 万亿元，同比增长 11.6%。月末人民币贷款余额 102.90 万亿元，同比增长 13.0%，增速比上月末提高 0.1 个百分点，比上年同期降低 2.4 个百分点。当月人民币贷款增加 9 487 亿元，同比多增 1 391 亿元。分部门看，住户部门贷款增加 6 755 亿元，其中，短期贷款增加 1 469 亿元，中长期贷款增加 5 286 亿元；非金融企业及机关团体贷款增加 1 209 亿元，其中，短期贷款减少 1 172 亿元，中长期贷款减少 80 亿元，票据融资增加 2 235 亿元；非银行业金融机构贷款增加 1 463 亿元。月末外币贷款余额 8 097 亿美元，同比下降 13.4%，当月外币贷款增加 298 亿美元。

5. 存款情况的动态监测分析。8 月末，本外币存款余额 152.85 万亿元，同比增长 10.5%。月末人民币存款余额 148.52 万亿元，同比增长 10.8%，增速比上月末提高 1.3 个百分点，比上年同期降低 2.2 个百分点。当月人民币存款增加 1.78 万亿元，同比多增 1.72 万亿元。其中，住户存款增加 4 132 亿元，非金融企业存款增加 1.38 万亿元，财政性存款减少 1 809 亿元，非银行业金融机构存款减少 1 854 亿元。月末外币存款余额 6 475 亿美元，同比下降 3.0%，当月外币存款增加 21 亿美元。

6. 人民币结算业务情况的动态监测分析。8 月，以人民币进行结算的跨

境货物贸易、服务贸易及其他经常项目、对外直接投资、外商直接投资分别
发生 3 393 亿元、1 134 亿元、912 亿元、1 198 亿元。

7. 股票市场运行情况的动态监测分析。8 月末，上海证券综合指数收于
3 085.49点，较上月末上涨 106.15 点，涨幅为 3.56%；深圳成份股指数收于
10 757.88点，较上月末上涨 428.44 点，涨幅为 4.15%。8 月，沪市日均成交
金额为 1 959.93 亿元，环比下降 13.7%；深市日均成交金额为 2 916.25 亿
元，环比下降 23.3%。

总的来看，8 月，金融经济主要指标有所改善，经济发展呈现积极变化。
但也要看到国内外环境仍然复杂严峻，不确定因素仍然较多，经济企稳向好
的基础尚不牢固。

二、 第三期 FEPI 指数综合量化分析

（一）8 月 FEPI 指数的实际监测值分析

对 2016 年 8 月国内系统风险进行了综合动态量化监测，其 FEPI 指数的
月度动态监测识别结果如图 5 – 11 所示。

从图 5 – 11 中可以看出，8 月脉动继续上升态势，前 8 月 FEPI 运行已经
出现持续回暖，正处于回暖期。

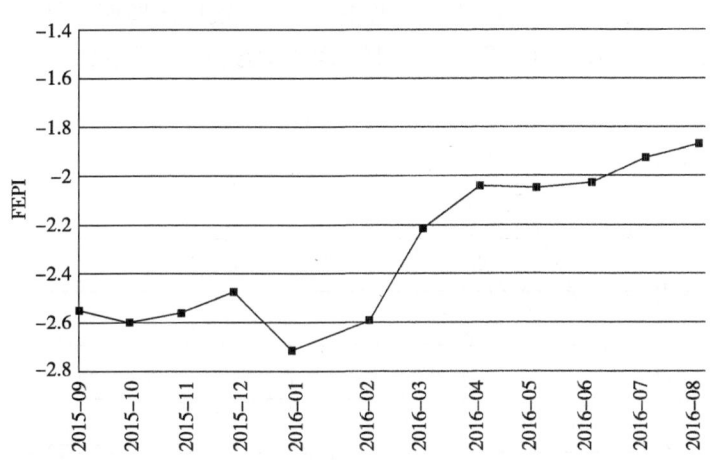

图 5 – 11　截至 8 月 FEPI 指数短期脉动识别结果（实际监测值）

图 5 – 11 与图 5 – 4 比较，似乎大同小异，其差异在何处？一方面，可借
助于 FEPI 指数的同比分析、环比分析，发现端倪。另一方面，FEPI 是总量概
念，虽然总量"大同小异"，但分项因素会有差异，也可通过调查监测其当月
分项因素发现端倪。

（二）FEPI 指数 2—8 月的同比分析

2—8 月 FEPI 指数的同比计算结果如图 5 - 12 所示。

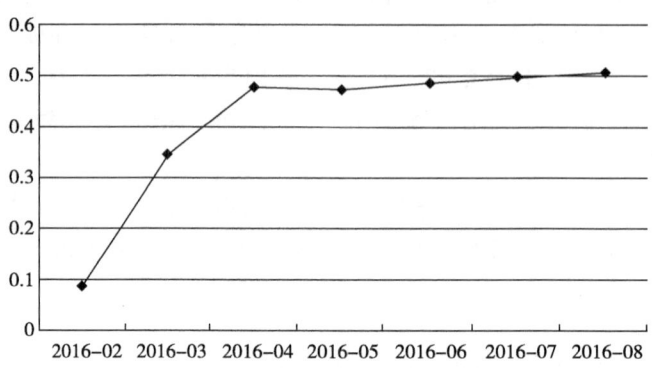

图 5 - 12　截至 8 月 FEPI 指数月度变化（同比）

由图 5 - 12 可以看出 FEPI 同比增速变化，5—8 月明显走平，显示短期上升压力较大。

（三）FEPI 指数 2—8 月的环比分析

2—8 月 FEPI 指数的环比计算结果如图 5 - 13 所示。

由图 5 - 13 可以看出，5—8 月各月的 FEPI 指数环比增速分别为 - 0.004 62、0.008 981、0.007 739、0.006 526，显示环比增速近乎零增长。

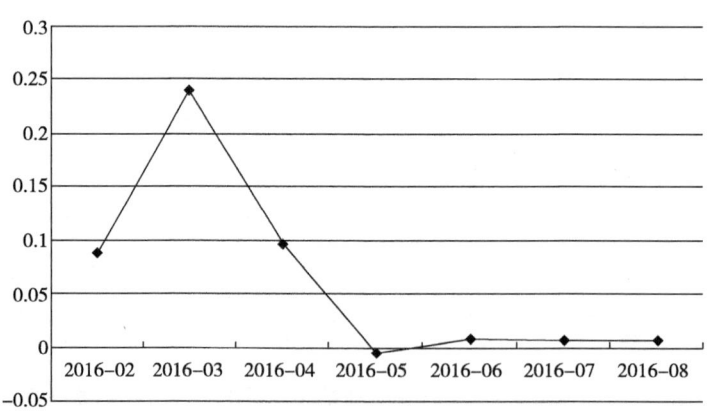

图 5 - 13　截至 8 月 FEPI 指数月度变化（环比）

总之，图 5 - 11 与图 5 - 4 比较，似乎"大同小异"，其差异在何处呢？我们可借助于 FEPI 指数的同比分析、环比分析（参见图 5 - 12、图 5 - 13），也可通过调查监测其当月分项因素动态变化发现端倪。从图 5 - 8、图 5 - 9 可以看出，8月虽然呈上升态势，但8月FEPI的上升幅度由收窄变为走平，显示短期上升压力较大，短期再次面临方向选择。

（四）FEPI指数2—8月的月度动态监测与预测结论

归纳以上分析，得出以下结论：

一是FEPI指数月度动态监测结果显示，2—8月中国金融经济整体持续回暖，8月仍继续处于回暖状态。

二是FEPI指数月度动态预测表明，8月呈上升趋势，FEPI指数由升幅收窄变为走平，但8月处于回暖状态。

三是同比增速FEPI指数5—7月走平。环比增速5—8月各月FEPI指数近乎零增长，显示短期上升动力明显不足。

四是从中期态势看（参见第六章FEPI中长期监测分析），FEPI指数在2016年1—2月已经发出明确的弱复苏信号，目前仍处于弱复苏期（2016年1—8月）。

五是总的来看，系统风险方面短期运行平稳。短期为经济主体或区域经济适度有为创造有利条件。

三、　第四期专项动态监测分析

2016年9月第四期专项动态监测分析如下。

（一）工业生产动态监测分析：工业生产运行平稳，企业效益明显改善

2016年1—9月，全国规模以上工业增加值按可比价格计算同比增长6.0%，增速与上半年持平。其中，高技术产业和装备制造业增加值同比增长10.6%和9.1%，增速分别比规模以上工业快4.6个和3.1个百分点，占规模以上工业增加值的比重分别为12.2%和32.6%，比上年同期提高0.6个和1.2个百分点。规模以上工业企业产销率达到97.5%。规模以上工业企业实现出口交货值85 950亿元，同比下降0.1%。9月，规模以上工业增加值同比增长6.1%，环比增长0.47%。

（二）消费状况动态监测分析：市场销售稳中有升

2016年9月，社会消费品零售总额同比名义增长10.7%（扣除价格因素实际增长9.6%），比上月加快0.1个百分点，环比增长0.85%。

1—9月，社会消费品零售总额238 482亿元，同比名义增长10.4%（扣除价格因素实际增长9.8%）。按消费类型分，全国网上零售额34 651亿元，同比增长26.1%，占社会消费品零售总额的比重为11.7%；餐饮收入25 614亿元，同比增长11.0%；通信和居住类商品增长较快，通信器材增长12.7%，家具增长13.9%，建筑及装潢材料增长15.4%。

社会消费品零售总额的表现之所以比较强劲，一个原因是中国经济稳定运行，就业形势比较好，居民收入增长稳定，消费者的预期比较稳定。

从结构性的因素来看，汽车消费强劲也助推了社会消费品零售总额增速加快。1—9 月汽车销售额增长 9.1%，比 1—8 月提高了 0.5 个百分点。中国现在处在消费结构升级的阶段，解决了温饱以后就要住得好、吃得好，要有自己的车，因此，对汽车的消费量持续回升。此外，政府出台了 1.6 升及以下排气量的汽车销售优惠政策，消费者也担心该政策在 2016 年是不是到期，在剩下几个月中加快了购车的节奏，所以汽车消费在走强，与汽车消费相关的上下游消费产品也表现较好。

另外，2016 年以来房地产销售持续增长带动了相关产品的消费持续上升。例如，买了房以后就要装修，就要买一些家用产品、家电产品，所以住房所带动的装修、家电产品是在持续上升的。还有跟居民消费结构升级相关的，比如文化、教育、养老、健康、保健这些相关产品的消费持续上升。这些因素交织在一起，使得第三季度消费继续保持一种强势增长态势。

（三）进出口动态监测分析：9 月出口仍然还是负增长。外贸下行压力大，形势依然复杂严峻

9 月，进出口总额 21 679 亿元，同比下降 2.4%。其中，出口 12 231 亿元，下降 5.6%；进口 9 448 亿元，增长 2.2%。

1—9 月，进出口总额 175 318 亿元，同比下降 1.9%，降幅比上半年收窄 1.7 个百分点；进出口相抵，顺差 25 852 亿元。其中，机电产品出口占出口总额的 57%，为出口主力；民营企业出口增长 2.3%，占出口总额的 46.5%，继续保持出口份额首位。

1—9 月，部分大宗商品进口量保持增长，前三季度进口铁矿石 7.63 亿吨，增长 9.1%；原油 2.84 亿吨，增长 14%；煤 1.8 亿吨，增长 15.2%；铜 379 万吨，增长 11.8%。

（四）固定资产投资动态监测分析：固定资产投资增速放缓，基础设施投资快速增长，国有控股投资快速增长

2016 年 1—9 月，全国固定资产投资 426 906 亿元，同比名义增长 8.2%（扣除价格因素实际增长 9.5%）；但 7 月、8 月和 9 月当月投资分别增长 3.9%、8.2% 和 9.0%，固定资产投资增速连续 2 个月加快。其中，国有控股投资 151 617 亿元，增长 21.1%；民间投资 261 934 亿元，增长 2.5%。基础设施投资 83 245 亿元，增长 19.4%。1—9 月固定资产投资到位资金 442 238 亿元，同比增长 5.9%。新开工项目计划总投资 367 663 亿元，增长 22.6%。

1—9 月，全国房地产开发投资 74 598 亿元，同比名义增长 5.8%，增速比上半年回落 0.3 个百分点，比 1—8 月加快 0.4 个百分点。其中，住宅投资增长 5.1%。房屋新开工面积 122 655 万平方米，同比增长 6.8%。

（五）物价状况动态监测分析：居民消费价格涨势温和

居民消费价格涨势温和。①1—9 月，居民消费价格同比上涨 2.0%，涨幅比上半年回落 0.1 个百分点。9 月居民消费价格指数（CPI）同比上涨 1.9%，涨幅比上月扩大 0.6 个百分点。一方面，部分消费品价格同比由降转涨。其中，鲜菜、鲜果、汽油价格同比分别由上月下降 3.9%、0.6%、3.6% 转为上涨 7.5%、6.7%、2.2%，影响 CPI 同比涨幅扩大约 0.49 个百分点。另一方面，部分服务价格同比涨幅扩大。飞机票、教育服务价格同比分别上涨 4.0%、3.2%，涨幅分别比上月扩大 2.2 个和 1.0 个百分点，影响 CPI 同比涨幅扩大约 0.07 个百分点。②从环比看，9 月 CPI 上涨 0.7%。食品中，部分地区处于蔬菜换茬期，加之受台风等恶劣天气影响，鲜菜价格环比上涨 10.7%；天气转凉，部分瓜果逐渐下市，鲜果价格环比上涨 5.2%。鲜菜和鲜果环比上涨合计影响 CPI 上涨 0.33 个百分点。非食品中，受国内成品油调价影响，汽油、柴油价格环比分别上涨 2.8% 和 3.3%；受开学季部分地区幼儿园和民办学校上调学费影响，教育服务价格环比上涨 2.1%；服装换季，衣着价格环比上涨 0.8%。汽油柴油、教育服务和衣着价格环比上涨合计影响 CPI 上涨 0.25 个百分点。

（六）房地产销售市场情况的动态监测分析：房地产市场火爆，因城施策一定程度上抑制房地产的过度投资，商品房待售面积持续减少

1—9 月全国商品房销售面积 105 185 万平方米，同比增长 26.9%，其中，住宅销售面积增长 27.1%。9 月末，全国商品房待售面积 69 612 万平方米，比 6 月末减少 1 804 万平方米。

9 月，一线和部分热点二线城市中，新建商品住宅价格同比涨幅在 10% 以上的城市有 14 个；其余城市中，涨幅在 10% 以内的城市有 42 个。

国庆前后，地方政府对一些热点城市采取调控措施。9—10 月，一线和部分热点二线城市因城施策，实施有针对性的调控政策。从房价环比涨跌幅度看，15 个一线和部分热点二线城市房价过快上涨的势头得到了一定程度的遏制。

2016 年 8—9 月房地产价格出现了较快上涨。防止房地产价格大起大落对经济带来一些不利的影响，是摆在政府面前的艰巨任务。

（七）金融市场运行情况的动态监测分析：金融市场运行总体平稳

9 月末，广义货币（M2）余额 151.64 万亿元，同比增长 11.5%，增速比上月末提高 0.1 个百分点，比上年同期降低 1.6 个百分点；狭义货币（M1）

余额 45.43 万亿元，同比增长 24.7%，增速比上月末降低 0.6 个百分点，比上年同期提高 13.3 个百分点；流通中货币（M0）余额 6.51 万亿元，同比增长 6.6%。前三季度净投放现金 1 852 亿元。9 月金融市场运行具体状况如下：

1. 债券市场发行情况。9 月，债券市场共发行各类债券 3.0 万亿元。其中，国债发行 3 066 亿元，地方政府债券发行 2 734.6 亿元，金融债券发行 1 862.1 亿元，公司信用类债券发行 8 173.7 亿元，信贷资产支持证券发行 473 亿元，同业存单发行 1.3 万亿元。银行间债券市场共发行各类债券 2.6 万亿元。与上年末相比，9 月末银行间债券市场公司信用类债券持有者中，商业银行持有债券占比为 28.09%，下降 6.26 个百分点；非银行金融机构占比为 11.21%，下降 0.89 个百分点；非法人机构投资者和其他类投资者的持有占比共为 60.7%，上升 7.15 个百分点。从银行间债券市场全部债券持有者结构看，9 月末，商业银行、非银行金融机构、非法人机构投资者和其他类投资者的持有占比分别为 57.34%、8.16% 和 34.5%。

2. 货币市场运行情况。9 月，货币市场成交量共计 59.3 万亿元，同比增长 29.3%，环比下降 19.9%。其中，同业拆借成交 8.3 万亿元，同比增长 64.7%，环比下降 22.9%。9 月，同业拆借月加权平均利率为 2.25%，较上月上行 12 个基点；质押式回购月加权平均利率为 2.28%，较上月上行 16 个基点。

3. 债券市场运行情况。9 月，银行间债券市场日均成交 5 327.1 亿元，同比增长 32%，环比下降 10.8%。交易所债券市场日均成交 186.6 亿元，同比增长 23.9%，环比下降 30.8%。

4. 股票市场运行情况。9 月末，上证综指收于 3 004.70 点，较上月末下跌 80.79 点，跌幅为 2.62%；深证成指收于 10 567.58 点，较上月末下跌 190.3 点，跌幅为 1.77%。

（八）银行信贷情况的动态监测分析

个人购房贷款增长较快，企业贷款企稳回升，小微企业贷款较快增长，中长期贷款增速回升。

统计数据显示，2016 年 9 月末，金融机构人民币各项贷款余额 104.11 万亿元，同比增长 13%，增速与上月末持平；1—9 月增加 10.16 万亿元，同比多增 2 558 亿元。9 月银行信贷呈现以下特点：

1. 企业贷款企稳回升。2016 年 9 月末，本外币非金融企业及机关团体贷款余额 73.64 万亿元，同比增长 8.8%，增速比上月末提高 0.2 个百分点；1—9 月增加 4.88 万亿元，同比少增 9 670 亿元，其中，9 月增加 5 650 亿元，比上月多增 4 222 亿元。中长期贷款余额 38.62 万亿元，同比增长 10.2%，增速比上月末提高 0.2 个百分点，1—9 月增加 3 万亿元，同比多增 502 亿元。从用途看，非金融企业及机关团体固定资产贷款余额 30.44 万亿元，同比增长 6.8%，增速比上月末降低 0.3 个百分点；经营性贷款余额 32.03 万亿元，同比增长 7.6%，增速比上月末降低 0.1 个百分点。

2. 小微企业贷款较快增长。2016 年 9 月末，人民币小微企业贷款余额 19.92 万亿元，同比增长 15.9%，增速比上月末提高 1 个百分点，比同期大型和中型企业贷款增速分别高 6.8 个和 9.9 个百分点。2016 年 9 月末，小微企业贷款余额占企业贷款余额的 31.4%，比上年同期占比水平提高 1.6 个百分点。1—9 月小微企业贷款新增 2.08 万亿元，同比多增 6 364 亿元，增量占同期企业新增贷款的 44.3%，比上年同期占比水平提高 15.1 个百分点。

3. 中长期贷款增速回升。2016 年 9 月末，本外币工业中长期贷款余额 7.64 万亿元，同比增长 2.4%，增速比上月末降低 0.2 个百分点；1—9 月增加 1 559 亿元，同比少增 1 730 亿元。其中，重工业中长期贷款余额 6.75 万亿元，同比增长 2.3%，增速比上月末降低 0.3 个百分点；轻工业中长期贷款余额 8 908 亿元，同比增长 3.3%，增速比上月末提高 0.5 个百分点。2016 年 9 月末，本外币服务业中长期贷款余额 25.38 万亿元，同比增长 10.3%，增速比上月末提高 0.6 个百分点。其中，交通运输、仓储和邮政业中长期贷款余额同比增长 6.2%，增速比上月末提高 0.2 个百分点；文化、体育和娱乐业中长期贷款同比增长 12.5%，增速比上月末降低 0.3 个百分点。

4. 房地产开发贷款增速回落，个人购房贷款增长较快。2016 年 9 月末，人民币房地产贷款余额 25.33 万亿元，同比增长 25.2%，增速比上月末提高 0.6 个百分点；1—9 月增加 4.32 万亿元，同比多增 1.5 万亿元，增量占同期各项贷款增量的 42.5%，比 1—8 月占比水平提高 0.5 个百分点。2016 年 9 月末，房地产开发贷款余额 7.04 万亿元，同比增长 7.6%，比上月末降低 0.4 个百分点。个人购房贷款余额 17.93 万亿元，同比增长 33.4%，增速比上月末提高 0.9 个百分点；1—9 月增加 3.75 万亿元，同比多增 1.83 万亿元。

四、 第四期 FEPI 指数综合量化分析

（一）FEPI 指数 9 月的实际监测值分析

对 2016 年 9 月国内系统性风险进行了综合动态量化监测，其 FEPI 识别结果如图 5 - 14 所示。

从图 5 - 14 可以看出，9 月 FEPI 呈上升趋势，表明 9 月 FEPI 运行将持续回暖，短期继续延续上升趋势。

图 5 - 14 与图 5 - 11 比较，9 月 FEPI 差异明显，短期实现"颈项突破"，

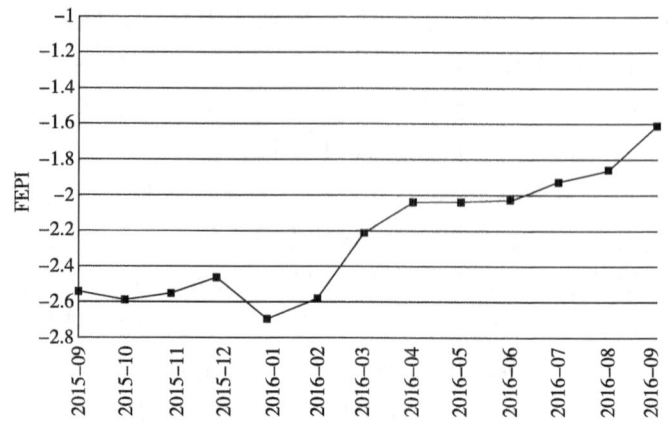

图 5 – 14　截至 2016 年 9 月 FEPI 指数短期脉动监测识别结果

方向选择继续向上，短期 FEPI 看高一线。

（二）FEPI 的 "财富密码" 意义

FEPI 信号显示，1—9 月金融市场环境稳中向好，此时金融投资者应重点关注金融品种的非系统性风险，把握难得的金融市场短线机会。FEPI 信号具有较好的金融市场指引意义。

第三节　短期月度动态监测分析 （第五至第六期）

2016 年 10 月第五期专项动态监测分析如下。

一、 第五期专项动态监测分析

（一）工业生产的动态监测分析及行业间工业生产增长对比

1. 工业生产的动态监测分析：10 月工业生产平稳增长。2016 年 10 月份国家统计局发布的工业生产数据显示，全国规模以上工业增加值同比实际增长 6.1%，增速与 9 月份持平，如图 5 – 15 所示。10 月份工业生产总体平稳。

分经济类型看，国有控股企业增加值同比增长 3.2%，集体企业下降 3.8%，股份制企业增长 6.8%，外商及港澳台商投资企业增长 4.8%。

分三大门类看，采矿业增加值同比下降 2.2%，制造业增长 6.7%，电力、热力、燃气及水生产和供应业增长 7.9%。工业结构继续优化，高技术产业和装备制造业增加值同比分别增长 10.5% 和 10.1%，增速分别比规模以上工业快 4.4 和 4.0 个百分点。规模以上工业企业产销率达到 97.9%。从环比看，10 月份全国规模以上工业增加值比上月增长 0.5%。1—10 月份，规模以上工业增加值同比增长 6.0%。

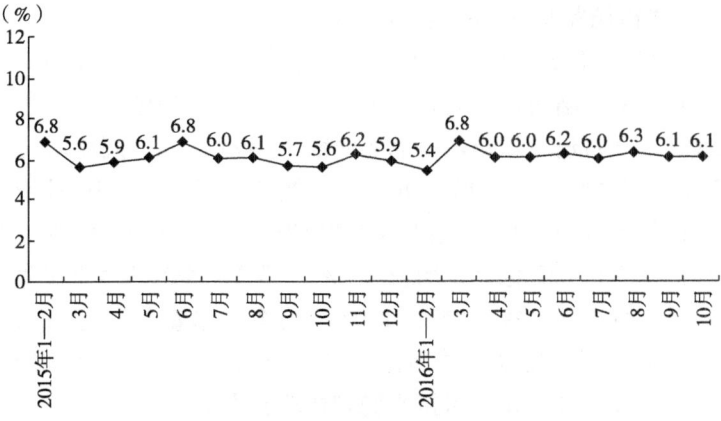

图 5 – 15　工业增加值增速（月度同比）

2. 行业间工业生产增长对比：10月行业间工业生产增长分化明显。一是高技术产业增长有所加快。10月份，高技术制造业增加值同比增长10.5%，增速较上月加快0.9个百分点。其中，航空航天器及设备制造业、电子及通信设备制造业、医疗仪器设备及仪器仪表制造业分别较上月加快6.7、1.1、1.0个百分点。

二是消费品制造业增速回升。10月份，消费品制造业增加值同比增长4.9%，增速较上月加快1.8个百分点。其中，文教工美体育和娱乐用品制造业、纺织业、医药制造业增速分别较上月加快5.2、1.5、1.2个百分点，烟草制品业降幅收窄5.7个百分点。

三是部分高耗能产品增长有所加快。受大宗商品价格上涨影响，钢铁、有色、建材等高耗能行业产品增长有所加快，带动发电量回升较快。10月份，粗钢、水泥、平板玻璃、十种有色金属产量分别同比增长4.0%、3.0%、8.8%、3.2%，分别较上月加快0.1、0.1、6.1、0.5个百分点。

四是汽车生产增速明显回落。10月份，汽车产量同比增长18%，增速较上月回落13.5个百分点。其中，轿车、SUV产量分别增长9.6%、37.0%，增速分别较上月回落20.3、14.5个百分点，主要是由于2015年10月1日实施"购置1.6升及以下排量乘用车减按5%的税率征收车辆购置税"的政策刺激了汽车产销，致使上年同月基数较高、本月增速回落，但产量环比增速平稳，累计仍保持较高增长。

当前，工业生产呈总体平稳、小幅波动特征，营业收入、利润企稳回升，工业品价格回升较快，表明需求出现改善。但部分原材料、高耗能产品价格上涨过快，将刺激相关产品生产回升，不利于节能减排和化解过剩产能工作的持续推进。

（二）消费市场状况的动态监测分析

1. 十月市场销售持续增长。10 月份，社会消费品零售总额 31 119 亿元，同比名义增长 10.0%，增速比上月回落 0.7 个百分点，如图 5-16 所示。按经营单位所在地分，10 月份，城镇消费品零售额 26 893 亿元，同比增长 10.0%；乡村消费品零售额 4 226 亿元，增长 10.3%。按消费类型分，10 月份，餐饮收入 3 492 亿元，同比增长 10.0%；商品零售 27 628 亿元，增长 10.1%，其中，限额以上单位商品零售 12 653 亿元，增长 7.7%。部分消费升级类商品增长较快，文化办公用品增长 12.7%，家具增长 11.0%，建筑及装潢材料增长 12.3%。从环比看，10 月份社会消费品零售总额比上月增长 0.71%。1—10 月份，社会消费品零售总额同比增长 10.3%，保持平稳较快增长态势。

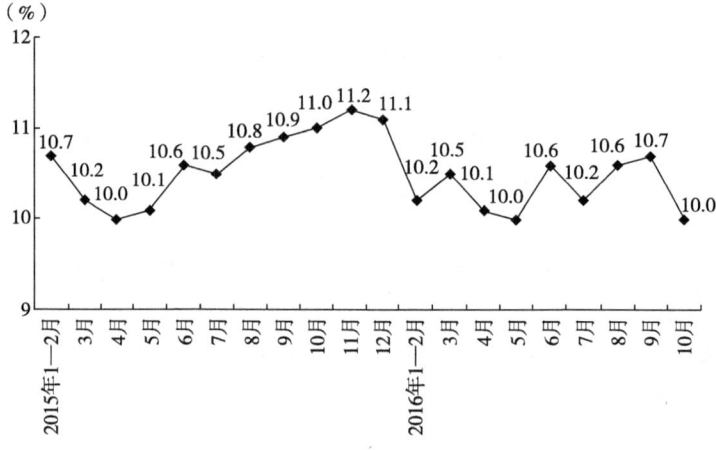

图 5-16 社会消费品零售总额名义增速（月度同比）

2. 十月网上零售份额继续提高。1—10 月份，全国网上零售额 39 288 亿元，同比增长 25.7%。其中，实物商品网上零售额 31 740 亿元，增长 24.9%，占社会消费品零售总额的比重为 11.8%，比 1—9 月提高 0.1 个百分点，比上年同期提高 1.8 个百分点。

3. 进出口跟踪分析：10 月份出口下降，但出口降幅收窄；进口增速有所加快。外贸下行压力较大，今年外贸形势依然复杂严峻。

10 月份，进出口总额 20 465 亿元，同比下降 0.6%。其中，出口 11 858 亿元，下降 3.2%，降幅比上月收窄 2.4 个百分点；进口 8 606 亿元，增长 3.2%，增速比上月加快 1.0 个百分点。进出口相抵，顺差 3 252 亿元。

1—10 月份，进出口总额 195 554 亿元，同比下降 1.9%。其中，出口 112 205 亿元，下降 2.0%；进口 83 349 亿元，下降 1.8%。

（三）固定资产投资跟踪分析：10 月份固定资产投资增速继续小幅回升，投资结构有所好转

1. 2016 年 1—10 月份全国固定资产投资增长 8.3%，已连续两个月出现小幅回升。1—10 月份，全国固定资产投资 484 429 亿元，同比增长 8.3%，增速比 1—9 月份加快 0.1 个百分点，如图 5 - 17 所示。其中，国有控股投资 171 869 亿元，增长 20.5%；民间投资 297 725 亿元，增长 2.9%，比 1—9 月份加快 0.4 个百分点，占全部投资的比重为 61.5%。

分产业看，第一产业投资 15 366 亿元，同比增长 22.0%；第二产业投资 189 136 亿元，增长 2.9%；第三产业投资 279 926 亿元，增长 11.5%，其中，基础设施投资 94 928 亿元，增长 19.4%。高技术产业投资同比增长 16.1%，增速快于全部投资 7.8 个百分点。从环比看，10 月份固定资产投资比上月增长 0.58%。

2. 2016 年 1—10 月份民间固定资产投资增长 2.9%。民间固定资产投资属于固定资产投资中的一部分，民间固定资产投资是指具有集体、私营、个人性质的内资企事业单位以及由其控股（包括绝对控股和相对控股）的企业单位在中华人民共和国境内建造或购置固定资产的投资。

2016 年 1—10 月份，民间固定资产投资 297 725 亿元，同比名义增长 2.9%，增速比 1—9 月份加快 0.4 个百分点（如图 5 - 17 所示）。民间固定资产投资占全国固定资产投资的比重为 61.5%，比 1—9 月份提高 0.1 个百分点，比去年同期降低 3.2 个百分点。

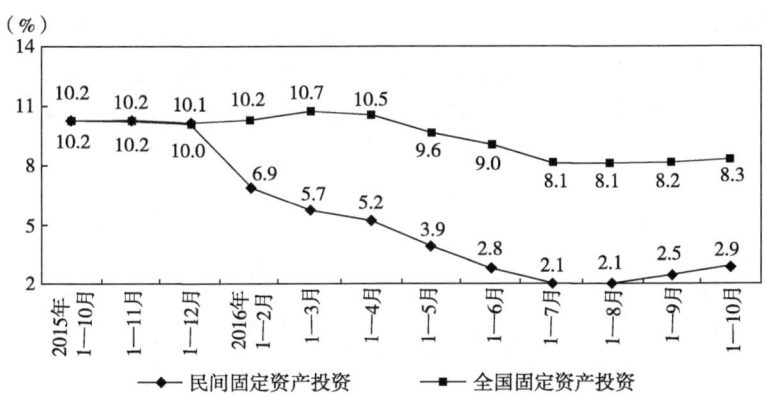

图 5 - 17　民间固定资产投资和全国固定资产投资增速

分地区看，东部地区民间固定资产投资 133 721 亿元，同比增长 7.1%，增速与 1—9 月份持平；中部地区 86 068 亿元，增长 6.2%，增速比 1—9 月份加快 0.4 个百分点；西部地区 58 749 亿元，增长 2.5%，增速与 1—9 月份持平；东北地区 19 188 亿元，下降 26.8%，降幅收窄 3.3 个百分点。

东部地区包括北京、天津、河北、上海、江苏、浙江、福建、山东、广东、海南 10 个省（市）；中部地区包括山西、安徽、江西、河南、湖北、湖南 6 个省；西部地区包括内蒙古、广西、重庆、四川、贵州、云南、西藏、陕西、甘肃、青海、宁夏、新疆 12 个省（市、自治区）；东北地区包括辽宁、吉林、黑龙江 3 个省。

分产业看，第一产业民间固定资产投资 12 185 亿元，同比增长 19%，增速比 1—9 月份加快 0.5 个百分点；第二产业 149 041 亿元，增长 2.4%，增速回落 0.1 个百分点；第三产业 136 500 亿元，增长 2.1%，增速加快 0.9 个百分点。

第二产业中，工业民间固定资产投资 147 721 亿元，同比增长 2.6%，增速与 1—9 月份持平。其中，制造业 133 558 亿元，增长 2.6%，增速加快 0.1 个百分点；电力、热力、燃气及水生产和供应业 9 006 亿元，增长 15.4%，增速回落 2.8 个百分点；采矿业 5 157 亿元，下降 13.2%，降幅收窄 1.4 个百分点。

（四）物价状况的动态监测分析：10 月份居民消费价格涨势温和，10 月份工业生产者价格继续回升

1. 10 月份居民消费价格涨势温和。2016 年 10 月份，居民消费价格同比上涨 2.1%，涨幅比上月上升 0.2 个百分点，如图 5 – 18 所示。1—10 月份，居民消费价格同比上涨 2.0%。分类别看，10 月份，食品烟酒价格同比上涨 3.0%，衣着上涨 1.3%，居住上涨 1.8%，生活用品及服务上涨 0.4%，交通和通信下降 0.4%，教育文化和娱乐上涨 2.1%，医疗保健上涨 4.8%，其他用品和服务上涨 3.6%。在食品烟酒价格中，粮食价格上涨 0.4%，猪肉价格上涨 4.8%，鲜菜价格上涨 13.0%。从环比看，10 月份居民消费价格比上月下降 0.1%。

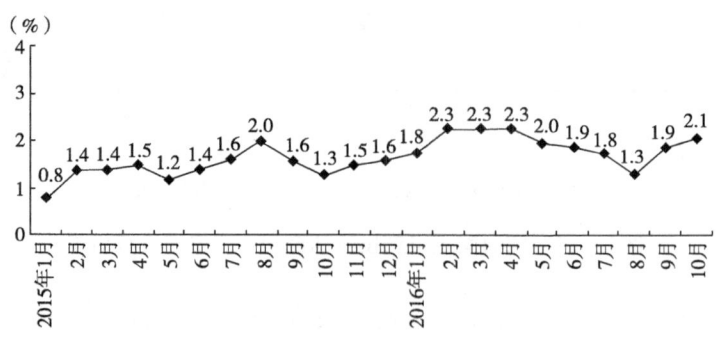

图 5 – 18　居民消费价格上涨情况（月度同比）

2. 10月份工业生产者价格继续回升，9月工业生产者出厂价格同比由负转正。2016年10月份，工业生产者出厂价格同比上涨1.2%（如图5-19所示），涨幅比上月扩大1.1个百分点，环比上涨0.7%。1—10月份，工业生产者出厂价格同比下降2.5%。10月份，工业生产者购进价格同比上涨0.9%，环比上涨0.9%。1—10月份，工业生产者购进价格同比下降3.3%。

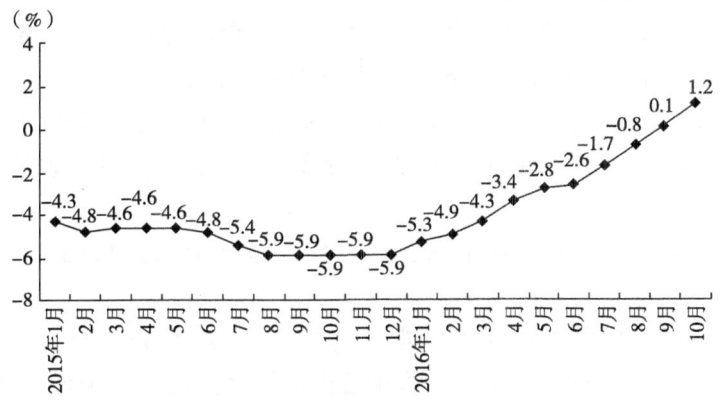

图5-19　工业生产者出厂价格涨跌情况（月度同比）

（五）房地产销售市场情况的动态监测分析

1. 10月份商品房待售面积减少。1—10月份，全国商品房销售面积120 338万平方米，同比增长26.8%，其中，住宅销售面积增长27.0%。全国商品房销售额91 482亿元，同比增长41.2%，其中，住宅销售额增长42.6%。房地产开发企业土地购置面积16 873万平方米，同比下降5.5%。10月末，全国商品房待售面积69 522万平方米，比9月末减少90万平方米，连续8个月减少。1—10月份，房地产开发企业到位资金117 261亿元，同比增长15.5%。

2. 10月份新房价格增长势头放缓，因城施策一定程度上抑制房价过快上涨。今年8—9月份房地产价格出现了较快上涨。国庆前后地方政府对一些热点城市采取调控措施。即一线和部分热点二线城市因城施策，实施有针对性的调控政策。从房价环比涨跌幅度看，15个一线和部分热点二线城市房价过快上涨的势头得到一定程度遏制。

数据显示，10月份中国新建住宅价格同比增速高于9月份，不过其增长势头已经放缓，意味着此轮限购或已起效。

10月份，尽管出台了大量限购措施，新建住宅价格增速却仍然加快。不过，多个大城市新建住宅价格增速似乎已显著放缓。

数据显示，10 月份中国新建住宅平均价格同比上涨 12.3%，超过了 9 月份 11.2% 的上涨幅度。不过，这一增幅低于 8 月份到 9 月份 3 个百分点的增加幅度，意味着近期的房地产限购措施或许产生了一定效果。

国家统计局数据显示，10 月份下半月北京、天津、上海、深圳、厦门和郑州新建住宅价格出现了环比下滑。不过，如果把 10 月份看作一个整体，则只有深圳房价真正出现了环比下滑。

从全国来看，9 月 70 个主要城市中 62 个城市的房价环比上涨，1 个城市房价不变，还有 7 个城市出现下跌。沿海地区江苏省的无锡市以 4.9% 的环比涨幅连续两个月处于首位。不过，这一涨幅显著低于此前一个月 8.2% 的环比涨幅。与无锡接近的涨幅第二的城市是湖南省省会长沙，该市环比涨幅为 4.5%。

不过，最大城市的房价上涨已经放缓，比如北京房价的环比涨幅只有 0.5%，大大低于 9 月份的 4.9%。

同比来看，65 个城市的房价同比上涨，5 个城市房价同比下跌，合肥市和厦门市分别以 48.6% 和 45.9% 的涨幅再次领涨。而相对来说，普遍推出的新限购政策，并未让其他许多城市受到影响，房价同比依然大幅上涨。

（六）金融运行的动态监测分析：10 月份的信贷和货币增长呈现了双回升的态势；人民币对美元汇率持续贬值

1. 货币供给：广义货币（M2）增长 11.6%，狭义货币（M1）增长 23.9%。10 月末，广义货币（M2）余额 151.95 万亿元，同比增长 11.6%，增速比上月末高 0.1 个百分点，比去年同期低 1.9 个百分点；狭义货币（M1）余额 46.54 万亿元，同比增长 23.9%，增速比上月末低 0.8 个百分点，比去年同期高 9.9 个百分点；流通中货币（M0）余额 6.42 万亿元，同比增长 7.2%。当月净回笼现金 854 亿元。

2. 银行信贷：10 月末本外币贷款余额同比增长 12.3%。当月人民币贷款增加 6 513 亿元，同比多增 1 377 亿元；外币贷款减少 41 亿美元。

10 月末，本外币贷款余额 110.18 万亿元，同比增长 12.3%。月末人民币贷款余额 104.77 万亿元，同比增长 13.1%，增速比上月末高 0.1 个百分点，比去年同期低 2.3 个百分点。

当月人民币贷款增加 6 513 亿元，同比多增 1 377 亿元。分部门看，住户部门贷款增加 4 331 亿元，其中，短期贷款减少 561 亿元，中长期贷款增加 4 891 亿元；非金融企业及机关团体贷款增加 1 684 亿元，其中，短期贷款减少 438 亿元，中长期贷款增加 728 亿元，票据融资增加 1 097 亿元；非银行业金融机构贷款增加 332 亿元。月末外币贷款余额 8 004 亿美元，同比下降

7.7%，当月外币贷款减少 41 亿美元。

3. 银行存款：当月人民币存款增加 1.21 万亿元，外币存款增加 170 亿美元。10 月末，本外币存款余额 154.35 万亿元，同比增长 11.5%。月末人民币存款余额 149.74 万亿元，同比增长 11.5%，增速比上月末高 0.4 个百分点，比去年同期低 1.2 个百分点。当月人民币存款增加 1.21 万亿元，同比多增 6 355亿元。其中，住户存款减少 4 680 亿元，非金融企业存款增加 2 083 亿元，财政性存款增加 6 821 亿元，非银行业金融机构存款增加 5 231 亿元。月末外币存款余额 6 822 亿美元，同比增长 4.8%，当月外币存款增加 170 亿美元。

4. 10 月份银行间人民币市场同业拆借月加权平均利率为 2.3%，质押式债券回购月加权平均利率为 2.35%。10 月份银行间人民币市场以拆借、现券和回购方式合计成交 55.22 万亿元，日均成交 3.07 万亿元，日均成交比去年同期增长 0.7%。其中，同业拆借、现券日均成交分别同比增长 2.1% 和 26.5%；质押式回购日均成交同比下降 3.8%。

当月同业拆借加权平均利率为 2.3%，分别比上月和去年同期高 0.05 个和 0.31 个百分点；质押式回购加权平均利率为 2.35%，分别比上月和去年同期高 0.07 个和 0.41 个百分点。

5. 股票市场：上证综指较上月涨幅为 3.19%；深证成指较上月涨幅为 1.29%。10 月末，上证综指收于 3 100.49 点，较上月末上涨 95.79 点，涨幅为 3.19%；深证成指收于 10 704.30 点，较上月末上涨 136.73 点，涨幅为 1.29%。

6. 人民币兑美元汇率连续走低。10 月 31 日，人民币兑美元汇率中间价为 6.764 1 元，较上月末贬值 1.28%；人民币兑美元市场汇率收于 6.770 8 元，较上月末贬值 1.49%。11 月 20 日，人民币兑美元市场汇率创八年新低。自去年"8.11 汇改"以来，1 美元兑人民币从 6.1 元贬到 6.9 元。

7. 中国 10 月份外汇储备已经连续四个月减少。中国 10 月外汇储备已降至 3.12 万亿美元，较 9 月环比下降 457 亿美元，规模比前几个月要大。

英国退欧、美联储加息预期以及美国大选等因素导致美元近期走势强劲，为力保人民币汇率稳定，外储下降幅度放大也在市场预料之中。不过市场对央行的"弹药库"储备逐渐减少的担忧依然不减。

二、　第五期 FEPI 指数综合量化分析

（一）　FEPI 指数 10 月的实际监测值分析

对 2016 年 10 月国内系统性风险进行了综合动态量化监测，其 FEPI 识别

结果如图 5 – 20 所示。

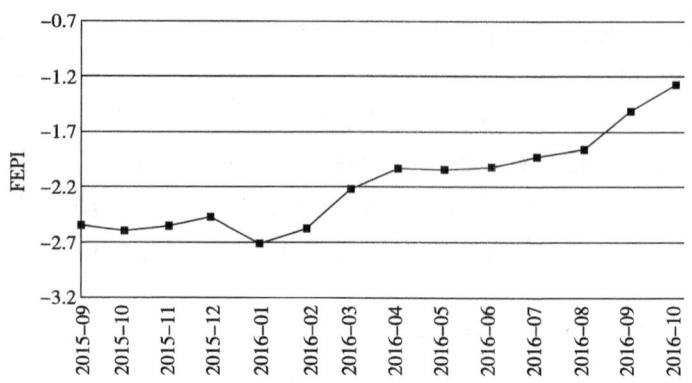

图 5 – 20 截至 2016 年 10 月 FEPI 指数短期脉动监测识别结果

从图 5 – 20 可以看出，10 月 FEPI 呈上升趋势，表明 10 月 FEPI 短期继续延续上升趋势，金融经济运行持续回暖。

（二）FEPI 指数 2—10 月的同比变化分析

2016 年 2—10 月 FEPI 指数的同比计算结果如图 5 – 21 所示。

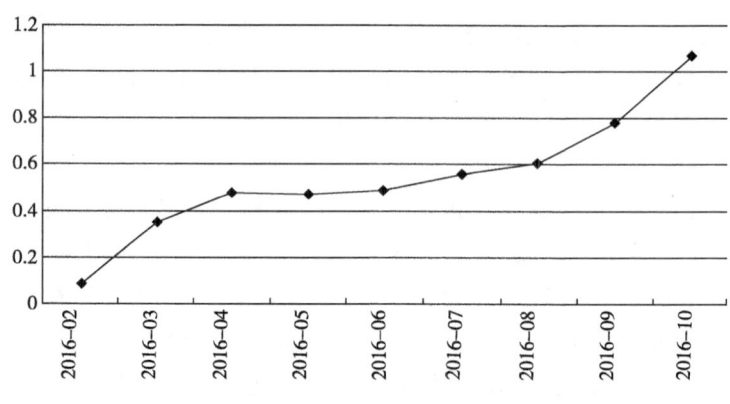

图 5 – 21 FEPI 指数月度变化（同比）

由图 5 – 21 可以看出 FEPI 同比增速变化。2016 年 9—10 月，FEPI 指数同比增速明显上升，显示 10 月同比上升动力强劲。

（三）FEPI 指数 2—10 月的环比变化分析

2016 年 2—10 月 FEPI 指数的环比计算结果图 5 – 22 所示。

由图 5 – 22 可以看出 FEPI 环比变化。2016 年 10 月的 FEPI 指数环比增速为 16%，显示 10 月环比增速强劲。

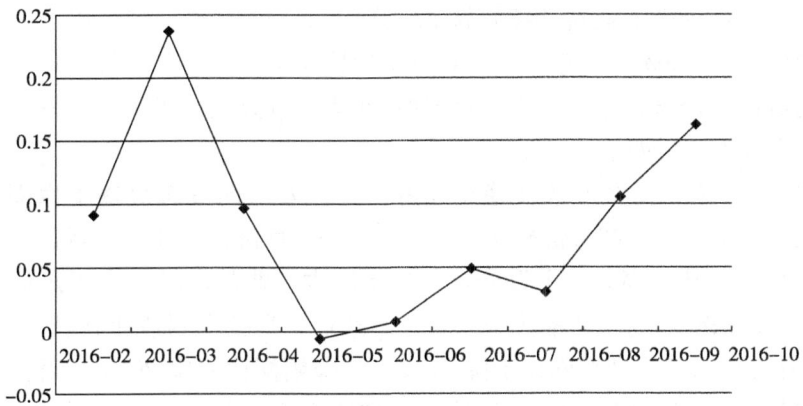

图 5 - 22　FEPI 指数月度变化（环比）

三、 第六期专项动态监测分析

2016 年 11 月第六期专项动态监测分析如下。

（一）工业生产情况的动态监测分析

1.11 月份工业生产稳中有升。2016 年 11 月，全国规模以上工业增加值按可比价格计算同比增长 6.2%（如图 5 - 23 所示），增速比上月加快 0.1 个百分点，与上年同期持平。其中，分三大门类看，采矿业增加值同比下降 2.9%，制造业增长 6.7%，电力、热力、燃气及水生产和供应业增长 9.9%。

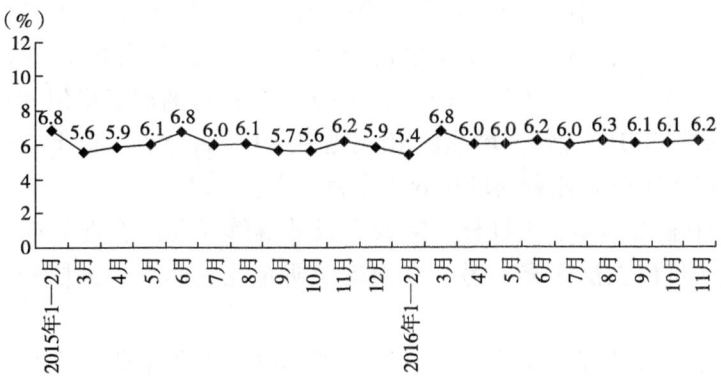

图 5 - 23　工业增加值增速（月度同比）

规模以上工业企业产销率达到 97.8%。从环比看，11 月全国规模以上工业增加值比上月增长 0.51%。1—11 月，规模以上工业增加值同比增长 6.0%。

2. 11 月工业企业效益持续好转。2016 年 1—11 月份，规模以上工业企业利润同比增长 9.4%，增速比 1—10 月份加快 0.8 个百分点。其中，11 月份利润同比增长 14.5%，增速比 10 月份加快 4.7 个百分点。2016 年 1—11 月工业企业利润数据分析如下。

（1）1—11 月份企业效益稳步向好。企业效益向好态势逐步稳固，具体表现在：一是工业生产者价格明显上涨。1—11 月份，工业生产者出厂价格指数为 98%，同比提高 3.2 个百分点，显示国内工业品市场需求不足局面有所缓解。二是采矿业利润降幅收窄，装备制造业、高技术制造业利润增长加快。1—11 月份，采矿业利润同比下降 36.2%，降幅同比收窄 20.3 个百分点；装备制造业利润同比增长 10%，增速同比加快 5.5 个百分点；高技术制造业利润同比增长 18.1%，增速同比加快 7.4 个百分点。三是企业利润率有所上升。1—11 月份，规模以上工业企业主营业务收入利润率为 5.85%，同比上升 0.26 个百分点。

（2）生产销售增长加快和价格上涨使当月利润增速加快。11 月份工业企业利润增速比 10 月份加快，主要原因有：

一是工业生产、销售增长均有所加快。11 月份，规模以上工业增加值同比实际增长 6.2%，增速比 10 月份加快 0.1 个百分点；工业企业主营业务收入同比增长 8.2%，增速比 10 月份加快 2.8 个百分点。

二是价格涨幅明显扩大。11 月份，工业生产者出厂价格同比上涨 3.3%，涨幅比 10 月份扩大 2.1 个百分点。

三是电子、专用设备和石油加工等行业拉动作用明显。11 月份，计算机和其他电子设备制造业利润同比增长 45.4%，10 月份下降 9.7%；专用设备制造业利润同比增长 17.9%，10 月份下降 30%；石油加工炼焦和核燃料加工业利润同比增长 162.7%，增速比 10 月加快 69 个百分点。以上三个行业合计拉升规模以上工业企业利润增速 6.1 个百分点。

（3）企业去库存、去杠杆、降成本成效继续显现。企业利润的好转，一方面受益于价格上涨因素，另一方面也说明企业去库存、去杠杆、降成本成效继续显现。

企业库存水平有所降低。11 月末，规模以上工业企业产成品存货同比增长 0.5%，增速同比放缓 4.1 个百分点。产成品存货周转天数为 14.1 天，同比减少 0.5 天。

企业杠杆率有所下降。11 月末，工业企业资产负债率为 56.1%，同比下降 0.6 个百分点。

单位成本有所降低。1—11 月份，工业企业每百元主营业务收入中的成本为 85.76 元，同比下降 0.14 元。

（4）工业领域提质增效面临不利因素。尽管 2016 年以来企业利润持续保持增长态势，但目前工业领域提质增效仍然面临不利因素：

一是利润增长较快是基于上年较低基数。2015 年 1—11 月份，工业利润同比下降 1.9%，利润两年平均增速仅为 3.6%，低于工业生产两年平均增长 6.1% 的速度。

二是利润增长过多依赖于石油加工等原材料行业价格反弹。

三是"回款难"仍然是当前制约企业生产经营的较大障碍。11 月末，规模以上工业企业应收账款同比增长 9%，增速比主营业务收入高 4.6 个百分点，应收账款平均回收期为 37.9 天，同比增加 1.4 天。

需要说明的是，目前的监测结果只是说明短期稳中向好。中长期来看，金融经济向好的持续性，需要之后 3 个 30 天的定期观察与监测检查。如果随着供给侧结构性改革逐步深化，工业结构将不断优化，新增长动能不断积蓄，工业企业效益将有望保持稳定增长。只有企业练好内功，利润才能根本好转与持续好转。

3. 11 月份工业结构继续优化。工业结构继续优化，高技术产业和装备制造业增加值同比分别增长 10.6% 和 10.5%，增速分别比规模以上工业快 4.4 个和 4.3 个百分点。

（二）消费市场状况的动态监测分析

11 月，社会消费品零售总额 30 959 亿元，同比名义增长 10.8%（扣除价格因素实际增长 9.2%），增速比上月加快 0.8 个百分点，如图 5 - 24 所示。按经营单位所在地分，城镇消费品零售额 26 748 亿元，同比增长 10.8%；乡村消费品零售额 4 210 亿元，增长 11.0%。按消费类型分，餐饮收入 3 342 亿元，同比增长 10.1%；商品零售 27 617 亿元，增长 10.9%，其中，限额以上单位商品零售 13 940 亿元，增长 9.8%。消费升级类相关商品增势较好，通信器材增长 17.8%，文化办公用品增长 15.4%，家用电器和音像器材增长 14.7%，汽车增长 13.1%。从环比看，11 月社会消费品零售总额比上月增长 0.97%。1—11 月，社会消费品零售总额同比增长 10.4%。

1—11 月，全国网上零售额 45 990 亿元，同比增长 26.2%。其中，实物商品网上零售额 37 470 亿元，增长 25.7%，占社会消费品零售总额的比重为 12.5%，比上年同期提高 1.9 个百分点。

（三）进出口的动态监测分析

2016 年 11 月出口由降转升，进口增速加快。2016 年年初以来外贸形势复杂严峻，外贸下行压力较大，11 月外贸企业的出口形势有所改善。

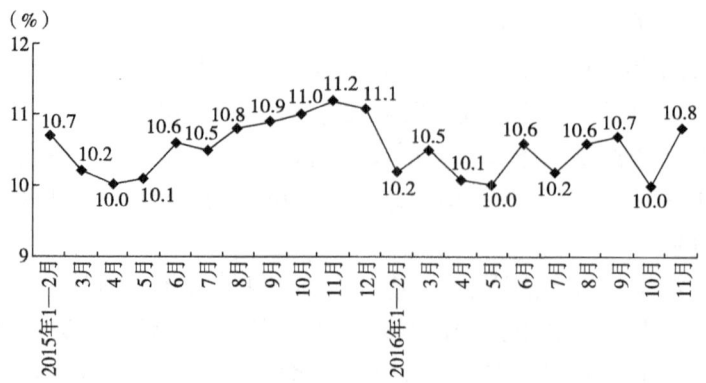

图 5-24 社会消费品零售总额名义增速（月度同比）

11 月，进出口总额 23 467 亿元，同比增长 8.9%。其中，出口 13 224 亿元，增长 5.9%，上月下降 3.4%；进口 10 243 亿元，增长 13.0%，增速比上月加快 9.8 个百分点。进出口相抵，顺差 2 981 亿元。1—11 月，进出口总额 218 288 亿元，同比下降 1.2%。其中，出口 124 700 亿元，下降 1.8%；进口 93 589 亿元，下降 0.3%。

11 月，规模以上工业企业实现出口交货值 11 037 亿元，同比增长 1.7%；1—11 月，规模以上工业企业实现出口交货值 107 489 亿元，增长 0.1%。

（四）固定资产投资的动态监测分析

2016 年 1—11 月固定资产投资平稳增长，民间投资延续企稳态势。全国固定资产投资增长 8.3%，11 月增速与 1—10 月持平，已连续三个月出现小幅回升。

1—11 月，全国固定资产投资（不含农户）538 548 亿元，同比增长 8.3%（见图 5-25），增速与 1—10 月持平。其中，国有控股投资 191 080 亿元，增长 20.2%；民间投资 331 067 亿元，增长 3.1%，比 1—10 月加快 0.2 个百分点，占全部投资的比重为 61.5%。分产业看，第一产业投资 17 099 亿元，同比增长 21.9%；第二产业投资 210 062 亿元，增长 3.3%，其中，制造业投资 170 152 亿元，增长 3.6%，比 1—10 月加快 0.5 个百分点；第三产业投资 311 387 亿元，增长 11.3%，其中，基础设施投资 105 938 亿元，增长 18.9%。高技术产业投资同比增长 15.9%，增速快于全部投资 7.6 个百分点。固定资产投资到位资金 548 462 亿元，同比增长 5.4%。其中，国家预算资金增长 16.5%，国内贷款增长 8.9%，自筹资金下降 0.4%，利用外资下降 20.4%。新开工项目计划总投资 452 548 亿元，同比增长 21.0%。从环比看，11 月固定资产投资（不含农户）比上月增长 0.54%。对比图 5-25 与图 5-9 的动态监测结果可以看出，8—11 月这 4 个月期间，虽然细节数据有所差异，但固定资产投资增速（累计同比）平稳增长。

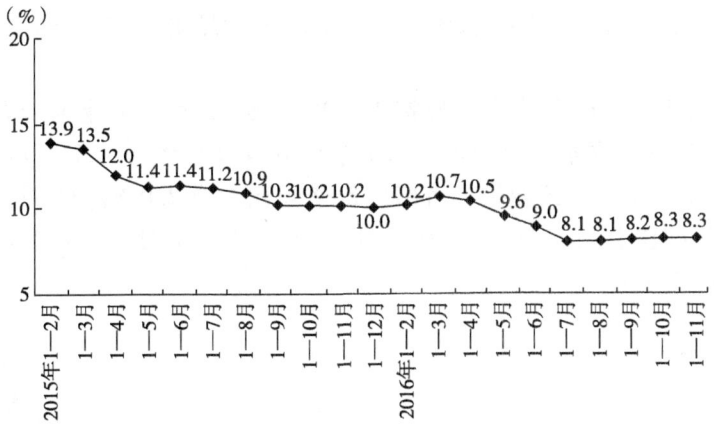

图 5 - 25　2016 年前 11 月全国固定资产投资增速（累计同比）

（五）物价状况的动态监测分析

1. 11 月份居民消费价格涨势温和。2016 年 11 月，居民消费价格同比上涨 2.3%，涨幅比上月上升 0.2 个百分点（如图 5 - 26 所示）。1—11 月，居民消费价格同比上涨 2.0%。分类别看，11 月份，食品烟酒价格同比上涨 3.2%，衣着价格上涨 1.4%，居住价格上涨 2.0%，生活用品及服务价格上涨 0.3%，交通和通信价格持平，教育文化和娱乐价格上涨 2.2%，医疗保健价格上涨 4.4%，其他用品和服务价格上涨 4.2%。在食品烟酒中，粮食价格上涨 0.7%，猪肉价格上涨 5.6%，鲜菜价格上涨 15.8%。从环比看，11 月居民消费价格比上月上涨 0.1%。

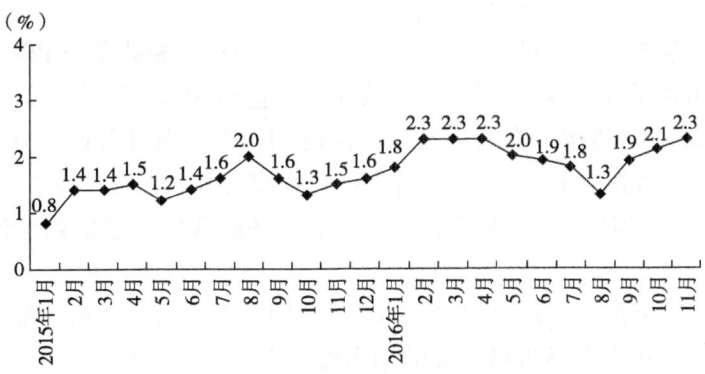

图 5 - 26　2016 年前 11 月居民消费价格上涨情况（月度同比）

从 CPI 的变化走势来看，居民消费价格仍然处于温和上涨的态势。11 月 CPI 略有上涨的主要原因有：一是进入冬季以来，蔬菜的种植成本和运输成本有所上升，导致蔬菜价格上涨比较多，带动了食品价格的上涨；二是汽油价格的上涨。

2. 11 月工业生产者价格涨幅扩大。2016 年 11 月，工业生产者出厂价格同比上涨 3.3%，涨幅比上月扩大 2.1 个百分点（如图 5 - 27 所示）；环比上涨 1.5%。1—11 月，工业生产者出厂价格同比下降 2.0%。11 月，工业生产者购进价格同比上涨 3.5%，环比上涨 1.8%。1—11 月，工业生产者购进价格同比下降 2.7%。

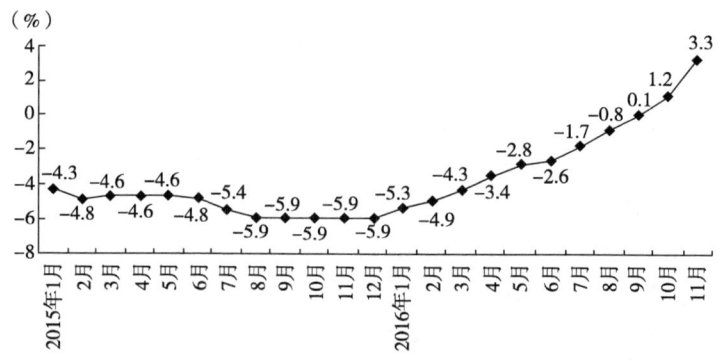

图 5 - 27　2016 年前 11 月工业生产者出厂价格涨跌情况（月度同比）

3. 11 月份工业生产者出厂价格同比上涨 3.3% 背后的拉动因素。2016 年 11 月，生产价格指数（PPI）同比上涨了 3.3%，一定程度上超出了市场预期，比上个月提高了 2.1 个百分点。环比增长 1.5%，也提高了 0.8 个百分点。其主要原因可能有三个。

第一，基数效应。过去四五年的时间里，生产价格指数（PPI）一直在下降，同比出现了 54 个月连续下降的状况，一直到 2016 年 9 月才开始上升。环比出现了 26 个月连续下降的状况，一直到 2016 年 3 月才开始上升。从经济的角度来讲，工业品价格持续下降到一定程度存在反弹的内在需求。从统计的角度讲，持续下降实际上造成了一个很低的基数效应。基数效应低对后期有一个翘尾因素。

第二，国际影响。2016 年 10—11 月，国际大宗商品价格上涨比较多，一定程度上增加了工业品价格上涨的输入性压力。

第三，国内市场供求关系出现改善。2016 年下半年，我国市场需求有所回暖，供求关系出现改善，带动了工业品价格一定程度的上涨，特别是一些工业产品，包括钢铁、煤炭、有色金属、建材上涨幅度比较大。这四类产品价格的上涨，拉动 PPI 同比上涨 2.6 个百分点。

需要注意的是，随着工业品价格的上升，要防止那些在安全、环保、技术等方面比较落后的、被淘汰的过剩产能重新开张。

（六）房地产销售市场情况的动态监测分析

2016 年 11 月房地产开发投资增速小幅回落，商品房待售面积继续减少。2016 年 8—9 月房地产价格出现了较快上涨。2016 年 10 月地方政府对一些热点城市采取调控措施。即一线和部分热点二线城市因城施策，实施有针对性的调控政策。10 月新房价格增长势头放缓，意味着近期的房地产限购措施或许产生了一定效果。10 月和 11 月，一线城市和部分热点二线城市相继出台了一些调控政策，以抑制房地产价格的过快上涨。从 10 月和 11 月房地产价格的数据表现来看，房地产调控取得了初步成效。

从 10 月下半月和上半月环比数据来看，15 个城市中，有 7 个城市环比价格是下降的，绝对价格在往下走，有 7 个城市环比涨幅在收窄，有一个城市是持平的，说明这些热点城市或者调控城市房价过快上涨的势头得到了初步遏制。

1—11 月，全国房地产开发投资 93 387 亿元，同比增长 6.5%，增速比 1—10 月回落 0.1 个百分点，比上年同期加快 5.2 个百分点（如图 5 - 28 所示），其中，住宅投资增长 6.0%。房屋新开工面积 151 303 万平方米，同比增长 7.6%，其中，住宅新开工面积增长 7.9%。全国商品房销售面积 135 829 万平方米，同比增长 24.3%，其中，住宅销售面积增长 24.5%。全国商品房销售额 102 503 亿元，同比增长 37.5%，其中，住宅销售额增长 39.3%。房地产开发企业土地购置面积 19 046 万平方米，同比下降 4.3%。11 月末，全国商品房待售面积 69 095 万平方米，比 10 月末减少 427 万平方米，连续 9 个月减少。1—11 月，房地产开发企业到位资金 129 484 亿元，同比增长 15.0%。

（七）金融运行的动态监测分析：11 月份的信贷和货币增长呈现了双回升的态势

1. 货币供给的动态监测分析。2016 年 11 月末，广义货币（M2）余额 153.04 万亿元，同比增长 11.4%，增速分别比上月末和上年同期降低 0.2 个和 2.3 个百分点；狭义货币（M1）余额 47.54 万亿元，同比增长 22.7%，增速比上月末降低 1.2 个百分点，比上年同期提高 7 个百分点；流通中货币（M0）余额 6.49 万亿元，同比增长 7.6%。当月净投放现金 689 亿元。

2. 银行信贷的动态监测分析。2016 年 11 月末，本外币贷款余额 111.09

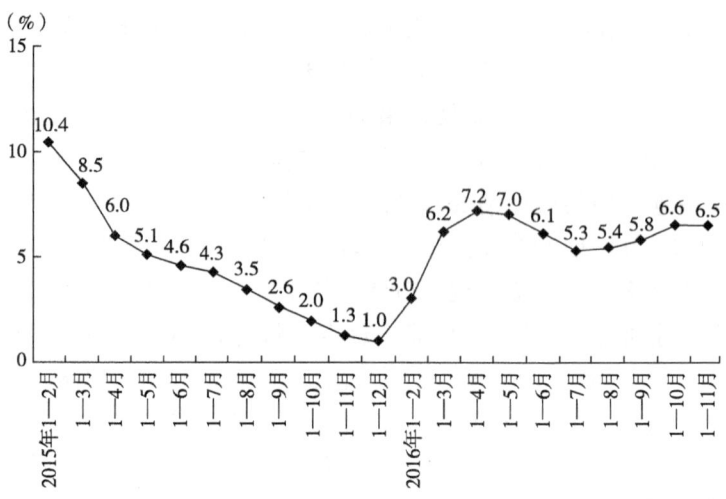

图 5 - 28　2016 年前 11 月房地产开发投资增速（累计同比）

万亿元，同比增长 12.5%。月末人民币贷款余额 105.56 万亿元，同比增长 13.1%，增速与上月持平，比上年同期降低 1.8 个百分点。当月人民币贷款增加 7 946 亿元，同比多增 857 亿元。分部门看，住户部门贷款增加 6 796 亿元，其中，短期贷款增加 1 104 亿元，中长期贷款增加 5 692 亿元；非金融企业及机关团体贷款增加 1 656 亿元，其中，短期贷款增加 428 亿元，中长期贷款增加 2 018 亿元，票据融资减少 1 009 亿元；非银行业金融机构贷款减少 938 亿元。月末外币贷款余额 8 024 亿美元，同比下降 4.6%，当月外币贷款增加 20 亿美元。

　　3. 银行存款的动态监测分析。2016 年 11 月末，本外币存款余额 155.26 万亿元，同比增长 11.1%。月末人民币存款余额 150.42 万亿元，同比增长 10.8%，增速分别比上月末和上年同期降低 0.7 个和 2.3 个百分点。当月人民币存款增加 6 875 亿元，同比少增 7 393 亿元。其中，住户存款增加 3 271 亿元，非金融企业存款增加 8 356 亿元，财政性存款减少 2 876 亿元，非银行业金融机构存款减少 3 304 亿元。月末外币存款余额 7 026 亿美元，同比增长 11.4%，当月外币存款增加 204 亿美元。

　　境内资金求保值，中国外币存款大增。11 月金融数据显示，中国外币存款较上月大幅增加 204 亿美元，余额较上年同期增幅达 11%。同期外汇占款较上月锐减 3 827 亿元人民币，印证了在中国资金持续外流的同时，部分没有把资金送到境外的人，选择以外币存款保值。外汇占款反映境内银行收购外汇资产，同时投放人民币；若外汇占款减少，表示外资将所持人民币资金兑换为外币，部分或已流到境外。央行 11 月底外汇占款 22.3 万亿元，较上月减少 3 827 亿元，降幅较 10 月扩大 43%，为 2016 年 1 月以来最大降幅，亦是连续 13 个月下降。不过，与此同时，11 月外币存款余额较上年同期增加 11.4%，达 7 026 亿美元，较上月增加 204 亿美元，连续 4 个月上扬，增幅亦是 15 个月以来最大。外币存款持续增加，代表资本外流情况没有想象中严重，资本只是以外币形式留在境内，除了偿还美元债务，化为外币存款藏汇于民，静待日后市况趋稳后再度流转。

4. 同业拆借与质押式债券回购加权平均利率的动态监测分析。2016 年 11 月，银行间人民币市场以拆借、现券和回购方式合计成交 71.02 万亿元，日均成交 3.23 万亿元，日均成交比上年同期下降 8.2%。其中，同业拆借日均成交同比下降 7.8%；现券日均成交同比增长 14.2%；质押式回购日均成交同比下降 12%。

当月同业拆借加权平均利率为 2.33%，分别比上月和上年同期提高 0.03 个和 0.43 个百分点；质押式回购加权平均利率为 2.38%，分别比上月和上年同期提高 0.03 个和 0.53 个百分点。

5. 股票市场运行情况的动态监测分析。2016 年 11 月末，上证综指收于 3 250.03 点，较上月末上涨 149.54 点，涨幅为 4.82%；深证成指收于 11 012.19点，较上月末上涨 307.89 点，涨幅为 2.88%。

6. 外汇占款的动态监测分析。截至 2016 年 11 月末，央行口径外汇占款 22.3 万亿元，较上月末下滑 3 827 亿元。这是外汇占款连续第 13 个月下滑，并创 2016 年 1 月以来最大降幅纪录。对于 11 月外汇占款超预期下降的原因，央行将其归结为三个因素：一是央行在外汇市场的操作；二是外汇储备投资资产的价格波动；三是由于美元作为外汇储备的计量货币，其他各种货币相对美元的汇率变动可能导致外汇储备规模的变化。

四、 第六期 FEPI 指数综合量化分析

对 2016 年 11 月国内系统风险进行了综合动态量化监测，其 FEPI 识别结果如图 5 – 29 所示。

从图 5 – 29 可以看出，11 月 FEPI 继续呈上升趋势，表明短期 11—12 月 FEPI 运行的企稳势头延续。这是 FEPI 连续 10 个月呈上升趋势。

FEPI 呈上升趋势，稳重向好的主要原因是：2016 年 1—11 月尤其是 11 月经济运行在一些方面出现了明显变化，可用"三个改善"来进行概括。

一是出口有所改善。从出口来看，以人民币计价的出口由降转升，11 月增长 5.9%，10 月下降 3.4%。国家统计局统计的规模以上工业出口交货值 11 月增长 1.7%，10 月下降 0.2%。

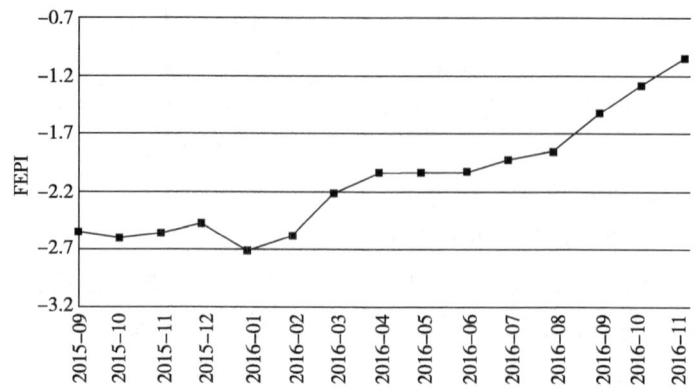

图 5 – 29　截至 2016 年 11 月 FEPI 指数短期脉动监测识别结果

二是经济结构继续改善。从监测的重点服务业来看，11 月服务业继续保持较快发展态势。从工业内部来看，代表转型升级方向的高技术产业，11 月增长 10.6%，增速比上月加快 0.1 个百分点。装备制造业增长 10.5%，比上月加快 0.4 个百分点。尤其重要的是，装备制造业和高技术产业成为 11 月规模以上工业增速加快的主要力量，这说明工业转型升级的态势在增强。从投资结构来看，尽管 1—11 月固定资产投资增速和 1—10 月是持平的，但是投资内部结构也呈现优化趋势。例如，制造业投资 1—11 月份增长 3.6%，比 1—10 月加快 0.5 个百分点，特别是 11 月当月，制造业投资增长 8.4%，比 10 月加快了 5.6 个百分点。

三是民间投资明显改善。1—11 月民间投资增长 3.1%，比 1—10 月加快了 0.2 个百分点。

这里，需要特别关注的是，FEPI 信号对实体经济、大宗商品投资的意义。首先，从 FEPI 监测预警看，早在 7 月，FEPI 已经出现明确的短期拐点，处于回暖期。其次，从实际情况看，11 月企业利润出现了很大的好转。企业利润的好转，一方面是受益于价格的上涨。1—11 月，因主要大宗商品价格反弹，原材料行业对全部规模以上工业利润增长的贡献率达到 67.9%，其中，石油加工炼焦和核燃料加工业贡献 21.6%，黑色金属冶炼和压延加工业贡献 19.9%。另一方面，也说明企业去库存、去杠杆、降成本成效继续显现。11 月末，企业库存水平有所降低、企业杠杆率有所下降。再次，实证研究再次表明，FEPI 的确具有财富密码功能。虽然是监测信号，但对于实体企业与金融投资有重要意义的先行信号作用。FEPI 信号具有良好的客观、综合特性。这是针对 FEPI 的财富密码功能的又一例证。

第四节　短期月度动态监测分析 （第七期）

对 2016 年 12 月及 2016 年全年的国内系统风险的专项动态监测分析如下。

一、 第七期专项动态监测分析

（一）工业生产的动态监测分析：**工业生产平稳增长**

2016 年全年全国规模以上工业增加值比上年实际增长 6.0%（如图 5－31）。分经济类型看，国有控股企业增加值增长 2.0%，集体企业下降 1.3%，股份制企业增长 6.9%，外商及港澳台商投资企业增长 4.5%。分三大门类看，采矿业增加值下降 1.0%，制造业增长 6.8%，电力、热力、燃气及水生产和供应业增长 5.5%。高技术产业增加值比上年增长 10.8%，比规模以上工业快4.8 个百分点，占规模以上工业的比重为 12.4%，比上年提高 0.6 个百分点。

2016 年全年规模以上工业企业产销率达到 97.8%。规模以上工业企业实现出口交货值 119 191 亿元，比上年增长 0.4%。12 月，规模以上工业增加值同比增长 6.0%，环比增长 0.46%。

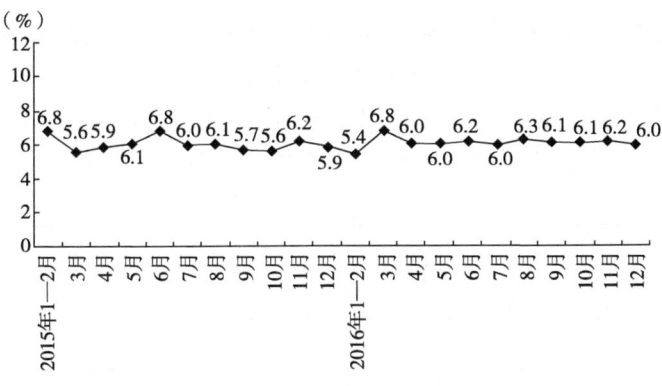

图 5－30　2016 年 1—12 月工业增加值增速 （月度同比）

（二）消费市场状况的动态监测分析：**市场销售平稳较快增长**

2016 年全年社会消费品零售总额 332 316 亿元，比上年名义增长 10.9%（如图 5－31 所示）。其中，按经营单位所在地分，城镇消费品零售额 285 814 亿元，增长 10.4%；乡村消费品零售额 46 503 亿元，增长 10.9%。按消费类型分，餐饮收入 35 799 亿元，增长 10.8%；商品零售 296 518 亿元，增长 10.4%，其中，限额以上单位商品零售 145 073 亿元，增长 8.3%。通信和居住类商品增长较快，通信器材增长 11.9%，家具增长 12.7%，建筑及装潢材料增长 14.0%。12 月，社会消费品零售总额同比名义增长 10.9%，环比增长 0.89%。

2016 年全年全国网上零售额 51 556 亿元，比上年增长 26.2%。其中，实物商品网上零售额 41 944 亿元，增长 25.6%，占社会消费品零售总额的比重为 12.6%，比上年提高 1.8 个百分点。

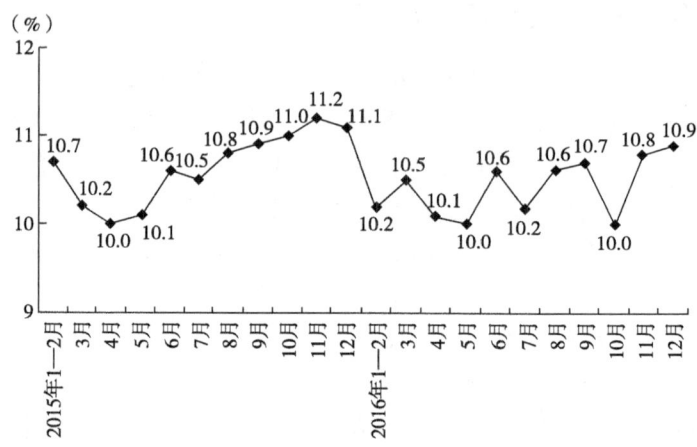

图 5 – 31　2016 年 1—12 月社会消费品零售总额名义增速（月度同比）

（三）进出口的动态监测分析：外贸下行压力较大，外贸回稳仍需不懈努力

2016 年全年进出口总额同比增速下降 2.2%（如图 5 – 32 所示）。2016 年年初以来，外贸形势复杂严峻，外贸下行压力较大，主要原因是：外需低迷，贸易保护主义加剧，不确定、不稳定因素增多。外贸回稳仍需不懈努力。

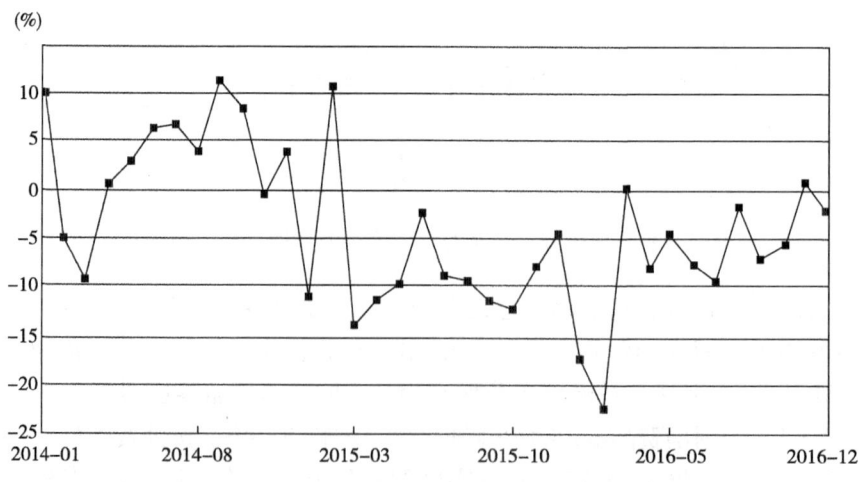

图 5 – 32　截至 2016 年 12 月进出口总额增速（月度同比）

2016 年全年进出口总额 243 344 亿元，比上年下降 0.9%，降幅比上年收窄 6.1 个百分点。其中，出口 138 409 亿元，下降 2.0%；进口 104 936 亿元，增长 0.6%。一般贸易进出口占进出口总值的比重为 55%，比上年提高 1 个百分点。进出口相抵，顺差 33 473 亿元。分季度看，一、二、三季度出口分别同比下降 7.9%、0.8% 和 0.3%，四季度增长 0.3%。12 月份，进出口总额 25 871 亿元，同比增长 4.9%。其中，出口 14 313 亿元，增长 0.6%；进口 11 559 亿元，增长 10.8%。

（四）固定资产投资的动态监测分析：固定资产投资缓中趋稳

2016 年全年固定资产投资 596 501 亿元，比上年名义增长 8.1%（如图 5 - 33 所示），增速比前三季度回落 0.1 个百分点。分产业看，第一产业投资 18 838 亿元，增长 21.1%；第二产业投资 231 826 亿元，增长 3.5%；第三产业投资 34 5837 亿元，增长 10.9%，其中，基础设施投资 118 878 亿元，增长 17.4%。高技术产业投资增长 15.8%，增速快于全部投资 7.7 个百分点。从环比看，12 月固定资产投资增长 0.53%。

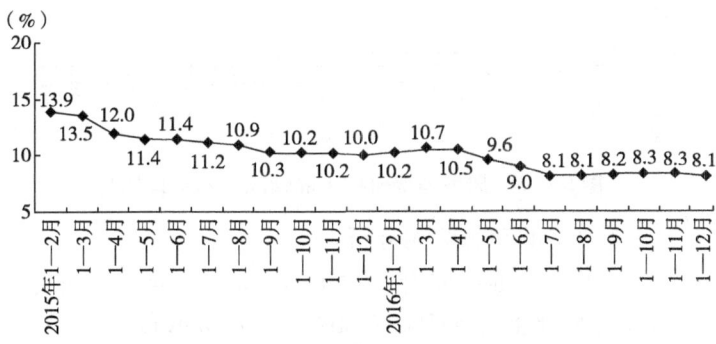

图 5 - 33　截至 2016 年 12 月全国固定资产投资增速（累计同比）

2016 年全年民间固定资产投资 365 219 亿元，增长 3.2%，比前三季度加快 0.7 个百分点，占全部投资的比重为 61.2%（如图 5 - 34 所示）。2016 年 8—12 月民间投资延续企稳态势。

1. 居民消费价格的动态监测分析：居民消费价格涨势温和。2016 年全年居民消费价格比上年上涨 2.0%（如图 5 - 35 所示），涨幅与前三季度持平。其中，城市上涨 2.1%，农村上涨 1.9%。分类别看，食品烟酒价格上涨 3.8%，衣着价格上涨 1.4%，居住价格上涨 1.6%，生活用品及服务价格上涨 0.5%，交通和通信价格下降 1.3%，教育文化和娱乐价格上涨 1.6%，医疗保健价格上涨 3.8%，其他用品和服务价格上涨 2.8%。在食品烟酒中，粮食价格上涨 0.5%，猪肉价格上涨 16.9%，鲜菜价格上涨 11.7%。12 月，居民消费价格同比上涨 2.1%，环比上涨 0.2%。

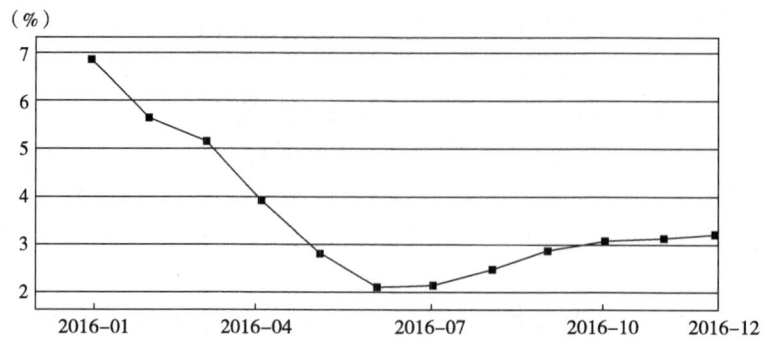

图 5 - 34　民间固定资产投资增速

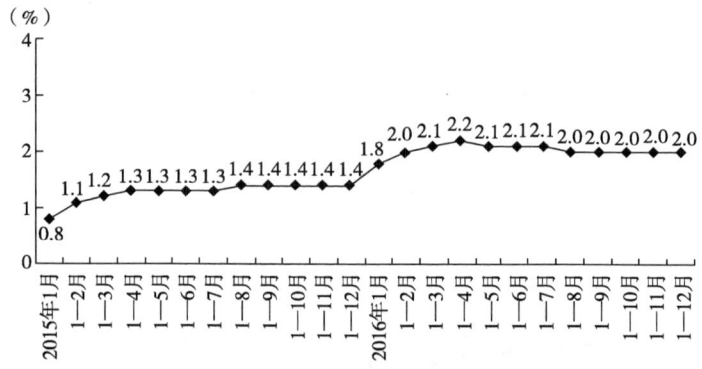

图 5 - 35　居民消费价格上涨情况（累计同比）

2. 工业生产者价格的动态监测分析。

（1）工业生产者价格继续回升。2016 年 12 月，全国工业生产者出厂价格环比上涨 1.6%，同比上涨 5.5%（如图 5 - 36 所示）。

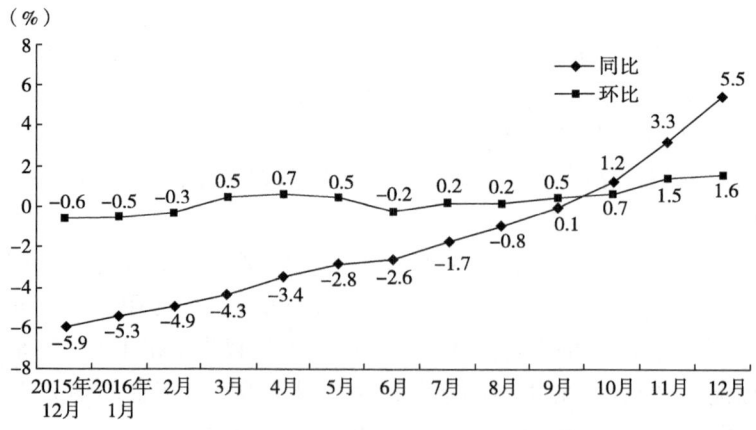

图 5 - 36　截至 2016 年 12 月工业生产者出厂价格涨跌幅

工业生产者出厂价格同比上涨背后的原因主要是，国内市场供求关系出现改善，带动了工业品价格一定程度的上涨，特别是一些工业产品，包括钢铁、煤炭、有色金属、建材上涨幅度比较多。详见11月的工业生产者出厂价格同比上涨背后的拉动因素的专项分析。

（2）工业生产者价格同比变动情况的进一步分析。工业生产者出厂价格中，生产资料价格同比上涨7.2%（如图5-37所示），影响全国工业生产者出厂价格总水平上涨约5.3个百分点。

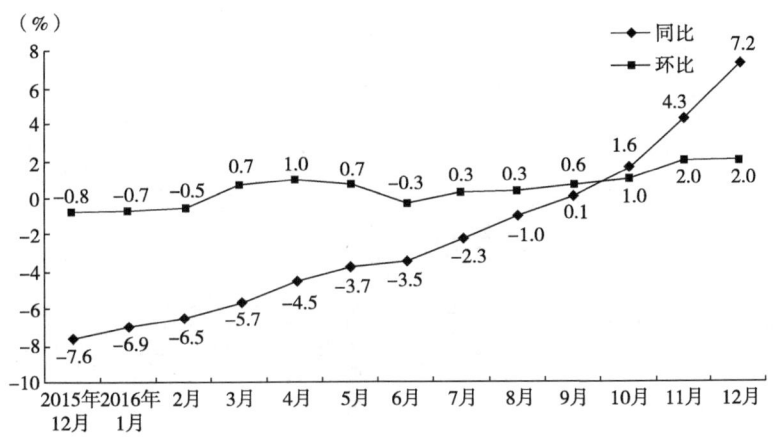

图5-37　截至2016年12月生产资料出厂价格涨跌幅

其中，采掘工业价格上涨21.1%，原材料工业价格上涨9.8%，加工工业价格上涨5.1%。生活资料价格同比上涨0.8%，影响全国工业生产者出厂价格总水平上涨约0.2个百分点。其中，食品、衣着和一般日用品价格均上涨1.3%，耐用消费品价格下降0.8%。

工业生产者购进价格中，黑色金属材料类价格同比上涨15.1%，有色金属材料及电线类价格上涨14.9%，燃料动力类价格上涨10.1%。

（3）工业生产者价格环比变动情况的进一步分析。工业生产者出厂价格中，生产资料价格环比上涨2.0%（如图5-37所示），影响全国工业生产者出厂价格总水平上涨约1.5个百分点。

其中，采掘工业和原材料工业价格均上涨2.7%，加工工业价格上涨1.6%。生活资料价格环比上涨0.3%，影响全国工业生产者出厂价格总水平上涨约0.1个百分点。其中，食品和一般日用品价格均上涨0.4%，衣着价格上涨0.3%，耐用消费品价格上涨0.1%。

工业生产者购进价格中，黑色金属材料类价格环比上涨4.1%，有色金属材料及电线类价格上涨 3.3%，燃料动力类价格上涨 2.3%。

（五）房地产投资、房地产销售市场情况的动态监测分析

1. 房地产投资的动态监测分析：缓中趋稳。2016 年全年全国房地产开发投资 102 581 亿元，比上年名义增长 6.9%（如图 5 – 38 所示），增速比前三季度加快 1.1 个百分点，比上年加快 5.9 个百分点，其中，住宅投资增长 6.4%。房屋新开工面积 166 928 万平方米，比上年增长 8.1%，其中，住宅新开工面积增长 8.7%。

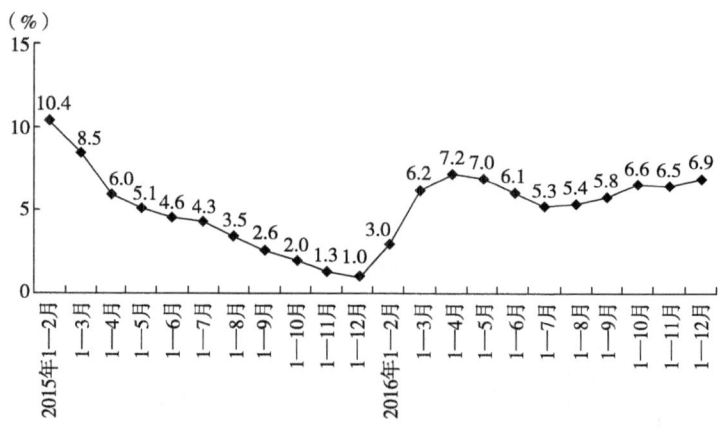

图 5 – 38　截至 2016 年 12 月房地产开发投资增速（累计同比）

2. 商品房的动态监测分析：商品房待售面积减少。2016 年全年全国商品房销售面积 157 349 万平方米，增长 22.5%，其中，住宅销售面积增长 22.4%。全国商品房销售额 117 627 亿元，增长 34.8%，其中，住宅销售额增长 36.1%。12 月末，全国商品房待售面积 69 539 万平方米，比上年末下降 3.2%。

3. 2016 年房地产市场分析。2016 年 8—9 月，房地产价格出现了较快上涨。2016 年 1—9 月 15 个一线城市和热点二线城市，房地产价格上涨得更快一些。10—12 月新房价格增长势头放缓，说明这些热点城市或者调控城市房价过快上涨的势头得到了初步遏制。10 月这些热点城市相继出台了一些调控政策，以抑制房地产价格的过快上涨。在 10—12 月这三个月，这些城市房地产价格涨幅已经得到了控制。从 12 月的住宅销售价格数据来看，15 个一线和热点二线城市当中，12 个城市的新建商品住宅价格环比都是下降的，2 个是持平的，只有 1 个环比略有上涨，但是涨幅也是明显回落的。所以，房地产市场调控已经取得了初步成效。

2016 年，全国房地产市场分化比较严重。房地产市场调控要看两方面：

一方面，要对房价过快上涨、房地产炒作坚决控制；另一方面，也要关注房地产分化的现象。三线、四线城市，以及一些县城房地产的库存仍然较多。

全国房地产库存总体是下降的，当然有的城市下降得多，有的城市下降得少。所以，2016 年在控制少数城市房价过快上涨和部分城市库存较多问题上，都取得了初步成效。

关于后期走势，中国房地产市场，需要切实贯彻房地产"是用来住的，不是用来炒的"方针，使房地产市场健康发展。

（六）金融运行的动态监测分析

1. 货币供给的动态监测分析。2016 年 12 月末，广义货币（M2）余额 155.01 万亿元，同比增长 11.3%（如图 5 - 39 所示），增速分别比上月末和上年同期降低 0.1 个和 2 个百分点；狭义货币（M1）余额 48.66 万亿元，同比增长 21.4%，增速比上月末降低 1.3 个百分点，比上年同期提高 6.2 个百分点；流通中货币（M0）余额 6.83 万亿元，同比增长 8.1%。

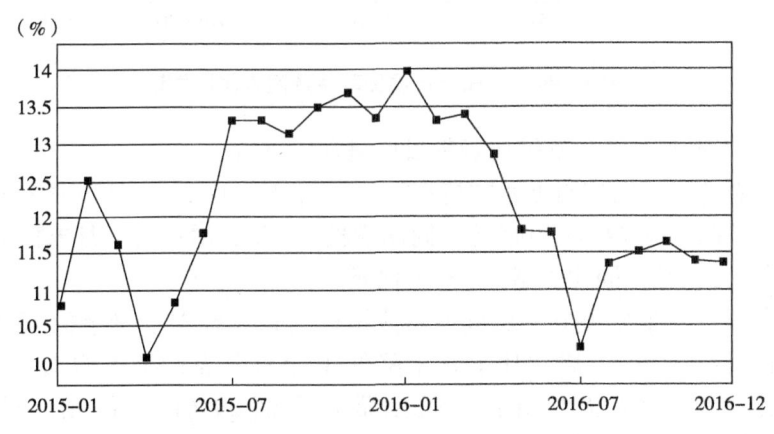

图 5 - 39　广义货币（M2）期末同比增速

2. 信贷的动态监测分析。2016 年 12 月末，人民币贷款余额 106.6 万亿元，同比增长 13.5%（如图 5 - 40 所示），增速比上月末提高 0.4 个百分点，比上年同期降低 0.8 个百分点。2016 年全年人民币贷款增加 12.65 万亿元，同比多增 9 257 亿元。

分部门看，住户部门贷款增加 6.33 万亿元，其中，短期贷款增加 6 494 亿元，中长期贷款增加 5.68 万亿元；非金融企业及机关团体贷款增加 6.1 万亿元，其中，短期贷款增加 7 283 亿元，中长期贷款增加 4.18 万亿元，票据融资增加 8 946 亿元；非银行业金融机构贷款增加 992 亿元。12 月，人民币贷款增加 1.04 万亿元，同比多增 4 466 亿元。

12 月末，外币贷款余额 7 858 亿美元，同比下降 5.4%。全年外币贷款减少 445 亿美元，同比少减 57 亿美元。12 月，外币贷款减少 166 亿美元，同比多减 63 亿美元。

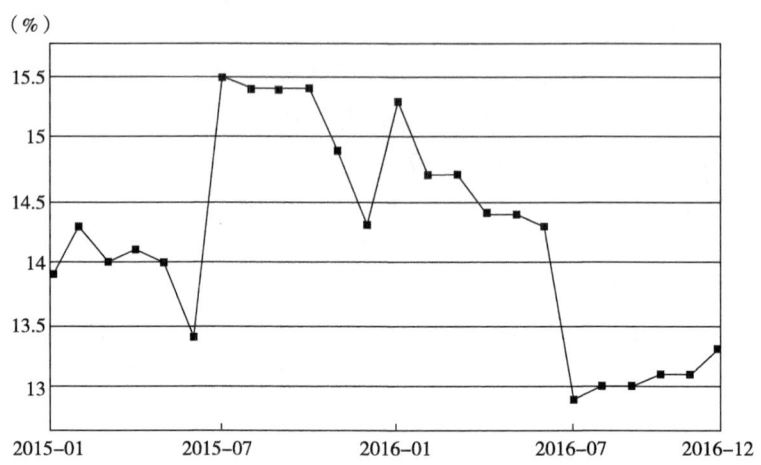

图 5 - 40　人民币各项贷款余额期末同比增速

2016 年第四季度金融机构贷款投向呈现以下特点：

一是企业贷款增速与上月末持平。2016 年 12 月末，本外币非金融企业及机关团体贷款余额 74.47 万亿元，同比增长 8.3%，增速与上月末持平；全年增加 5.71 万亿元，同比少增 1.23 万亿元。

从期限看，非金融企业及机关团体短期贷款及票据融资余额 33.04 万亿元，同比增长 4.6%，增速比上月末降低 1 个百分点，全年增加 1.43 万亿元，同比少增 1.67 万亿元；中长期贷款余额 39.61 万亿元，同比增长 11.1%，增速比上月末提高 0.9 个百分点，全年增加 3.99 万亿元，同比多增 4 313 亿元。

从用途看，非金融企业及机关团体固定资产贷款余额 30.82 万亿元，同比增长 7.3%，增速比上月末提高 0.8 个百分点；经营性贷款余额 32.45 万亿元，同比增长 6.6%，增速比上月末降低 0.6 个百分点。

二是小微企业贷款增长较快，增速明显高于大中型企业。2016 年 12 月末，人民币小微企业贷款余额 20.84 万亿元，同比增长 16%，增速比上月末高 0.7 个百分点，比同期大型和中型企业贷款增速分别高 7.2 个和 9.1 个百分点。

2016 年 12 月末，小微企业贷款余额占企业贷款余额的 32.1%，占比比上年同期水平提高 1.6 个百分点。全年小微企业贷款增加 3 万亿元，同比多增

7 815亿元，增量占同期企业贷款增量的 49.1%，比上年同期占比水平提高 12.5 个百分点。

三是工业和服务业中长期贷款增速回升。2016 年 12 月末，本外币工业中长期贷款余额 7.71 万亿元，同比增长 3.1%，增速比上月末提高 0.8 个百分点；全年增加 2 294 亿元，同比少增 1 242 亿元。其中，重工业中长期贷款余额 6.82 万亿元，同比增长 3%，增速比上月末提高 0.7 个百分点；轻工业中长期贷款余额 8 927 亿元，同比增长 3.3%，增速比上月末提高 0.5 个百分点。

2016 年 12 月末本外币服务业中长期贷款余额 26.05 万亿元，同比增长 11.4%，增速比上月末提高 1 个百分点。其中，交通运输、仓储和邮政业中长期贷款余额同比增长 6.3%，增速与上月末持平；文化、体育和娱乐业中长期贷款余额同比增长 8.3%，增速比上月末降低 0.6 个百分点。

四是农村贷款增速回升，农业和农户贷款平稳增长。2016 年 12 月末，本外币农村（县及县以下）贷款余额 23 万亿元，同比增长 6.5%，增速比上月末提高 0.3 个百分点，全年增加 1.94 万亿元，同比少增 2 901 亿元；农户贷款余额 7.08 万亿元，同比增长 15.2%，增速与上月末持平，全年增加 9 494 亿元，同比多增 1 671 亿元；农业贷款余额 3.66 万亿元，同比增长 4.2%，增速与上月末持平，全年增加 1 793 亿元，同比少增 104 亿元。

五是个人购房贷款增速环比回落。2016 年 12 月末，人民币房地产贷款余额 26.68 万亿元，同比增长 27%，增速比上月末提高 0.5 个百分点；全年增加 5.67 万亿元，同比多增 2.08 万亿元，增量占同期各项贷款增量的 44.8%，比 1—11 月占比水平提高 0.2 个百分点。

2016 年 12 月末，房产开发贷款余额 5.66 万亿元，同比增长 12.2%，增速比上月末提高 2.1 个百分点，其中，保障性住房开发贷款余额 2.52 万亿元，同比增长 38.3%，比上月末提高 3.2 个百分点；地产开发贷款余额 1.45 万亿元，同比下降 4.9%，降幅比上月末扩大 3.1 个百分点。个人购房贷款余额 19.14 万亿元，同比增长 35%，增速比上月末降低 0.1 个百分点；全年增加 4.96 万亿元，同比多增 2.31 万亿元。

六是住户消费性贷款增长较快，经营性贷款增速回升。2016 年 12 月末，本外币住户贷款余额 33.37 万亿元，同比增长 23.5%，增速比上月末提高 0.4 个百分点；全年增加 6.33 万亿元，同比多增 2.46 万亿元。

2016 年 12 月末，本外币住户消费性贷款余额 25.06 万亿元，同比增长 32.2%，增速比上月末提高 0.3 个百分点，全年增加 6.1 万亿元，同比多增 2.51 万亿元；住户经营性贷款余额 8.31 万亿元，同比增长 3%，增速比上月末提高 0.2 个百分点，全年增加 2 308 亿元，同比少增 545 亿元。

3. 金融机构存款的动态监测分析。2016 年 12 月末，人民币存款余额 150.59 万亿元，同比增长 11%（如图 5 - 41 所示），增速比上月末提高 0.2 个百分点，比上年同期降低 1.4 个百分点。

2016 年全年人民币存款增加 14.88 万亿元，同比少增 924 亿元。其中，住户存款增加 5.16 万亿元，非金融企业存款增加 7.25 万亿元，财政性存款增加 805 亿元，非银行业金融机构存款减少 783 亿元。12 月，人民币存款增加 1 635 亿元，同比多增 2 005 亿元。

12 月末，外币存款余额 7 119 亿美元，同比增长 13.5%。全年外币存款增加 845 亿美元，同比多增 678 亿美元。12 月，外币存款增加 93 亿美元，同比多增 125 亿美元。全年社会融资规模增量为 17.8 万亿元。

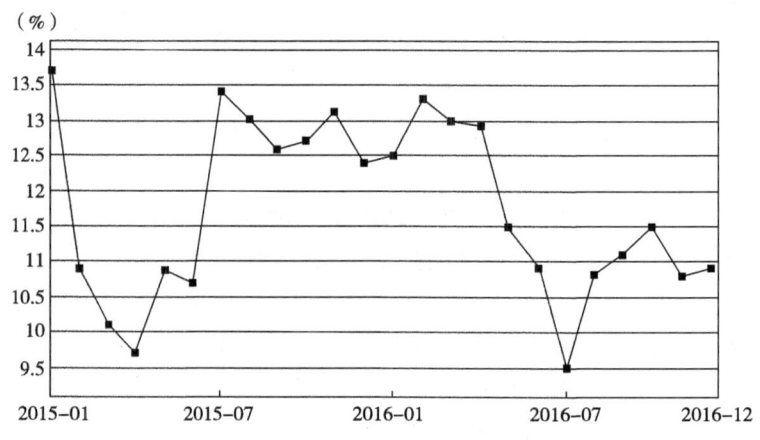

图 5 - 41　人民币各项存款余额期末同比增速

4. 股票市场运行情况的动态监测分析。2016 年 12 月末，上证综指收于 3 103.64 点，较上月末下跌 146.4 点，跌幅为 4.5%（如图 5 - 42 所示）；深证成指收于 10 177.14 点，较上月末涨 835.05 点，涨幅为 7.58%。

2015 年收盘指数 3 539 点，2016 年开盘指数 3 536 点，最高指数 3 538 点，最低指数 2 638 点，收盘指数 3 103 点，下跌了 435 个点，跌幅为 12.31%。2015 年 12 月 4 日推出的熔断机制，引发股灾 3.0，1 月一个月暴跌 22.65%，2 月继续下行至 2 638 点后，从 3 月开始基本上是一个逐月回升的过程，直至 11 月走到 3 301 点出现回调，12 月又进入调整月。

2016 年 12 月 12 日，沪深股票市场出现大幅度震荡。12 日，上证综指收于 3 153 点，下跌 79 点，跌幅 2.44%。上海交易所成交额 2 920 亿元，环比扩大 29%。创 2016 年 6 月 13 日以来最大收盘跌幅，同时，深证综合指数跌逾 4%，创下 7 月 27 日以来最大跌幅，创业板指数下跌逾 5%。该日中国股市

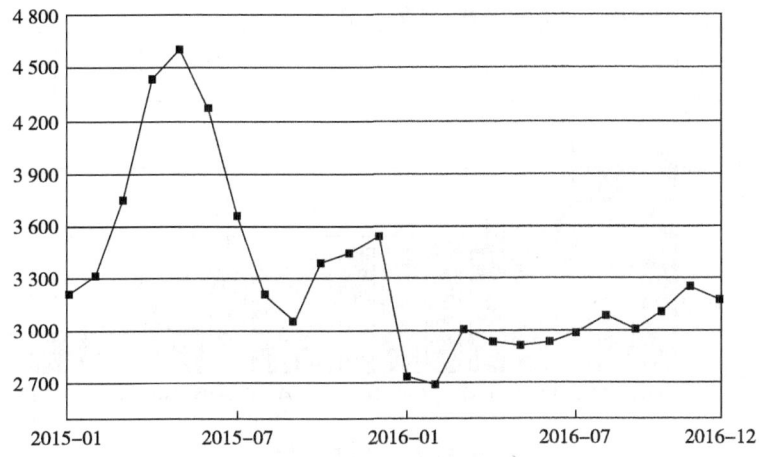

图 5 – 42 上证综指月收盘价

大跌的主要原因包括：一是新股发行速度加快。2012 年 9 月证监会批准 147 家首发 IPO 公司，2016 年 1—11 月中国股市新股发行 192 家、融资 1 320.96 亿元，新股发行家数、融资金额均创全球最高纪录。新股发行速度明显加快，达到甚至超出市场承受能力。二是保监会严查保险资金对股市投资。保监会加紧了保险资金对中国股市的投资监管，迫使保险资金卖出部分股票，适应监管规则要求。三是证监会、上交所、深交所通知增加融资融券股票数量。2016 年 12 月 12 日开始，中国股市市场融资融券股票数量大幅度增加，为融券做空中国股市提供技术支持，增大了做空中国股市的盈利机会和手段。四是大股东解禁套现。2016 年 11—12 月，沪深两市大宗交易平台每日大股东解禁套现规模在 30 亿—50 亿元，最高时候超过 170 亿元，例如，2016 年 12 月 9 日中国股市上市公司大股东大宗交易平台减持套现 44.19 亿元。12 月是套现规模最大的月份，大股东套现抛售股票压力更大。

5. 外汇占款、人民币兑美元汇率的动态监测分析。2016 年 12 月外汇占款余额为 21.9 万亿元（如图 5 – 43 所示），环比下降 3 178 亿元，连续 14 个月下降，但降幅有所收窄，仍保持 3 000 亿元以上。此前数据显示，2016 年 11 月，央行口径外汇占款余额为 22.3 万亿元，环比下降 3 826.76 亿元。

全年来看，2016 年央行口径外汇占款累计减少超过 2.9 万亿元，较 2015 年 2.2 万亿元的降幅有所扩大，2014 年则为累计增加 6 411 亿元。

11—12 月人民币对美元汇率连续走低。2016 年 12 月 16 日人民币中间价再次大幅下调，跌破 6.95，创八年来新低。12 月末，人民币汇率为 1 美元兑 6.937 元人民币。人民币对美元汇率连续走低。

2016 年，在岸市场人民币兑美元即期汇率累计贬值 6.56%，创历史最大

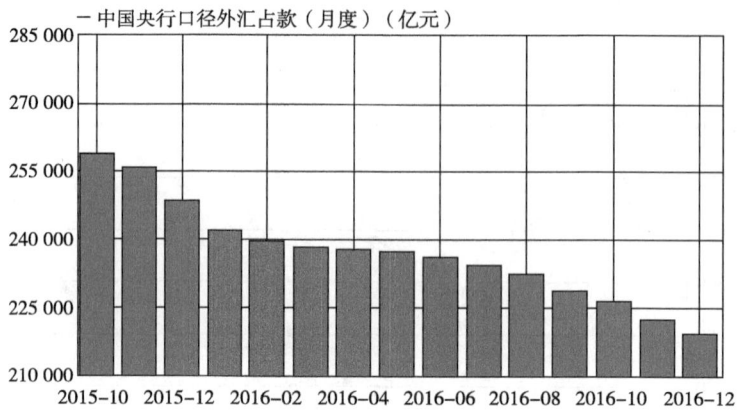

图 5 - 43 外汇占款

年度跌幅。人民币兑美元中间价全年贬值 6.39%。两者连续第三年出现年度贬值。从人民币对一篮子货币汇率来看，中国外汇交易中心公布的 2016 年中国外汇交易中心（CFETS）人民币汇率指数贬值 6.05%，参考国际清算银行（BIS）和特别提款权（SDR）货币篮子计算的人民币汇率指数分别贬值 5.38% 和贬值 3.38%。

外汇占款之所以超预期下降，原因可以归结为三个：一是主要受人民币贬值预期因素影响。人民币兑美元汇率震荡走贬，一度逼近 7.0 关口。在人民币兑美元汇率贬值预期持续较强背景下，市场主体购汇意愿持续较强，结汇意愿低迷。二是央行调控。央行调控也对外汇占款产生一定影响。中央经济工作会议有关 2017 年货币政策及汇率政策的表述一定程度上使得市场预期有所分化，央行稳定外汇市场的操作也带来一定数量的外汇占款减少。三是与跨境资本流动变化以及跨境套利有关。12 月美联储加息靴子落地，境内企业加快了购汇偿还外债的速度，这种操作影响了跨境资本流动。短期内外汇占款仍将继续在低位震荡。除此之外，跨境套利也增加了资本流出。在境内外汇差扩大的情况下，套利投机活动也带来资本流出。

二、 第七期 FEPI 指数综合量化分析

对 2016 年 12 月及 2016 年全年国内系统性风险进行了综合动态量化监测，其 FEPI 识别结果如图 5 - 44 所示。

从图 5 - 44 可以看出，12 月 FEPI 继续呈上升趋势，表明短期 12 月 FEPI 运行的企稳势头延续。2016 年 FEPI 已连续 11 个月呈上升趋势。

从专项因素动态监测分析看，12 月既有有利因素，也有不利因素，但各因素综合作用的结果是 FEPI 呈上升态势。

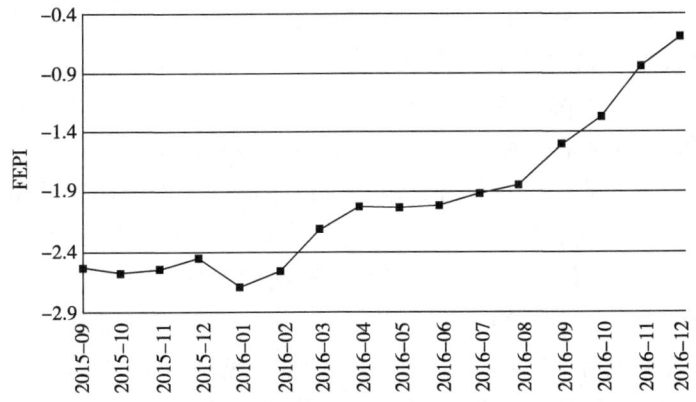

图 5-44　截至 2016 年 12 月 FEPI 指数短期脉动监测识别结果

第五节　短期月度动态监测分析 （第八至第九期）

2017 年 1 月第八期国内系统风险短期月度专项动态监测分析如下。

一、　第八期 FEPI 专项动态监测分析

（一）进出口的动态监测分析

2017 年 1 月进出口总额同比增速上升 11.4%。2017 年 1 月外贸回稳。2016 年全年进出口总额同比增速下降 2.2%。2016 年全年，外贸形势复杂严峻，外贸下行压力较大，主要是由外需低迷、贸易保护主义加剧所致。2017 年 1 月外贸回稳的态势是否持续有待进一步观察。

（二）物价状况的动态监测分析

1. 居民消费价格涨势继续回升。2017 年 1 月 CPI 同比上涨 2.5%，涨幅比上月扩大 0.4 个百分点。从分类看，交通和通信价格同比涨幅比上月扩大 1.4 个百分点，影响 CPI 同比涨幅扩大 0.17 个百分点；旅游价格同比涨幅比上月扩大 5.9 个百分点，影响 CPI 同比涨幅扩大 0.11 个百分点；食品价格同比涨幅比上月扩大 0.3 个百分点，影响 CPI 同比涨幅扩大 0.07 个百分点，上述三项合计影响 CPI 同比涨幅扩大约 0.35 个百分点。

从环比看，1 月 CPI 上涨 1.0%，涨幅比 2016 年 12 月扩大 0.8 个百分点。一是受节日因素影响，食品价格环比上涨 2.3%。其中，鲜菜、鲜果、水产品和猪肉价格环比涨幅分别为 6.2%、5.7%、4.4% 和 3.4%，合计影响 CPI 环比上涨约 0.42 个百分点。二是寒假和春运期间出行人员增多，交通和旅游价格上涨明显，飞机票、旅行社收费、长途汽车、宾馆住宿价格环比分别上涨

18.6%、11.1%、3.4% 和 3.2%，合计影响 CPI 环比上涨约 0.23 个百分点。三是受国内成品油调价影响，汽油、柴油价格环比分别上涨 4.7% 和 5.2%，合计影响 CPI 环比上涨约 0.09 个百分点。2017 年 1 月 1.0% 的 CPI 环比涨幅，比 2016 年和 2015 年春节所在月份环比涨幅分别低 0.6 个和 0.2 个百分点，主要原因是受暖冬影响鲜菜价格环比涨幅远低于前两年春节所在月份。

2. 工业生产者价格的动态监测分析：工业生产者价格继续回升。2017 年 1 月工业生产者出厂价格中，生产资料价格同比上涨 9.1%，影响全国工业生产者出厂价格总水平上涨约 6.7 个百分点。其中，采掘工业价格上涨 31.0%，原材料工业价格上涨 12.9%，加工工业价格上涨 5.9%。生活资料价格同比上涨 0.8%，影响全国工业生产者出厂价格总水平上涨约 0.2 个百分点。其中，食品价格上涨 1.3%，衣着价格上涨 1.1%，一般日用品价格上涨 1.5%，耐用消费品价格下降 0.6%。

2017 年 1 月工业生产者出厂价格中，生产资料价格环比上涨 1.1%，影响全国工业生产者出厂价格总水平上涨约 0.8 个百分点。其中，采掘工业价格上涨 3.5%，原材料工业价格上涨 1.7%，加工工业价格上涨 0.6%。生活资料价格环比上涨 0.2%。其中，食品价格上涨 0.3%，衣着价格持平（涨跌幅度为 0），一般日用品价格上涨 0.4%，耐用消费品价格上涨 0.1%。

（三）房价变动情况的动态监测分析

2017 年 1 月一线、二线城市房价变化。15 个一线和热点二线城市中 11 个城市新建商品住宅价格环比下降、3 个城市持平。15 个一线和热点二线城市因地制宜、因城施策，实施房地产调控政策，市场变化明显，房价持续趋稳回落。其中，11 个城市 1 月新建商品住宅价格环比下降，降幅在 0.1 至 0.5 个百分点之间；3 个城市环比持平；广州市环比上涨 0.6%，涨幅已连续 4 个月回落。

一线、二线城市新建商品住宅价格基本停止上涨，三线城市走势总体平稳。从环比看，一线、二线城市房价基本停止上涨。初步测算，1 月一线城市新建商品住宅价格环比继续持平；二线城市新建商品住宅价格微涨 0.1%，涨幅比上月回落 0.1 个百分点。三线城市房价走势总体平稳。1 月三线城市新建商品住宅价格环比上涨 0.4%，涨幅与上月相同。从同比看，一线、二线城市房价涨幅进一步回落。其中，一线城市新建商品住宅价格同比涨幅连续 4 个月持续回落，本月比上月回落 2.6 个百分点；二线城市新建商品住宅价格同比涨幅连续 2 个月回落，本月比上月回落 0.4 个百分点。

（四）债券市场的动态监测分析

1. 债券市场发行情况的动态监测分析。2017 年 1 月，债券市场共发行各类债券1.7万亿元。其中，国债发行1 360亿元，金融债券发行2 774.7亿元，公司信用类债券发行2 236.3亿元，信贷资产支持证券发行259.8亿元，同业存单发行1万亿元。银行间债券市场共发行各类债券1.6万亿元。

截至2017年1月末，债券市场托管余额为64万亿元。其中，国债托管余额为11.5万亿元，地方政府债券托管余额为10.6万亿元，金融债券托管余额为15.3万亿元，公司信用类债券托管余额为16.6万亿元，信贷资产支持证券托管余额为6 000.8亿元，同业存单托管余额为6.6万亿元。银行间债券市场托管余额为56.7万亿元。

与上年末相比，2017年1月末银行间债券市场公司信用类债券持有者中，存款类金融机构持有债券占比为29.27%，较上年末上升0.47个百分点，非存款类金融机构占比为7.6%，较上年末下降0.17个百分点；非法人机构投资者和其他类投资者的持有占比共为63.13%，较上年末下降0.3个百分点。从银行间债券市场全部债券持有者结构看，1月末，存款类金融机构、非存款类金融机构、非法人机构投资者和其他类投资者的持有占比分别为60.61%、5.44%和33.95%。

2. 债券市场运行情况的动态监测分析。2017年1月，银行间债券市场现券成交额5.4万亿元，日均成交额2 833.1亿元，同比下降39.1%，环比下降43.4%。交易所债券市场现券成交额3 615.9亿元，日均成交额200.9亿元，同比增长40.6%，环比下降34.4%。1月末，银行间债券总指数为173.77点，较上月末下跌0.67点，跌幅为0.38%。

（五）货币市场运行情况的动态监测分析

2017年1月，货币市场成交量共计42.4万亿元，同比下降20.1%，环比下降24.6%。其中，质押式回购成交35万亿元，同比下降21%，环比下降24.2%；买断式回购成交1.3万亿元，同比下降57.1%，环比下降48%；同业拆借成交6.1万亿元，同比增长6.8%，环比下降19%。

2017年1月，同业拆借月加权平均利率为2.36%，较上月下行8个基点；质押式回购月加权平均利率为2.48%，较上月下行8个基点。

（六）股票市场运行情况的动态监测分析

2017年1月末，上证综指收于3 159.17点，较上月末上涨55.53点，涨幅为1.79%；深证成指收于10 052.05点，较上月末下跌125.09点，跌幅为1.23%。2017年1月，沪市日均交易额为1 725.2亿元，环比下降15.5%；深市日均交易额为2 502.1亿元，环比下降16.2%。

（七）货币供给的动态监测分析

2017年1月末，广义货币（M2）余额157.59万亿元，同比增长11.3%，增速与上月末持平，比上年同期降低 2.7 个百分点；狭义货币（M1）余额 47.25 万亿元，同比增长 14.5%，增速分别比上月末和去年同期低 6.9 个和 4.1 个百分点；流通中货币（M0）余额 8.66 万亿元，同比增长 19.4%。当月净投放现金 1.83 万亿元。

（八）信贷的动态监测分析

2017 年 1 月末，本外币贷款余额 114.19 万亿元，同比增长 12.1%。月末人民币贷款余额 108.64 万亿元，同比增长 12.6%，增速分别比上月末和上年同期降低 0.9 个和 2.7 个百分点。当月人民币贷款增加 2.03 万亿元，同比少增 4 751 亿元。分部门看，住户部门贷款增加 7 521 亿元，其中，短期贷款增加 1 229 亿元，中长期贷款增加 6 293 亿元；非金融企业及机关团体贷款增加 1.56 万亿元，其中，短期贷款增加 4 331 亿元，中长期贷款增加 1.52 万亿元，票据融资减少 4 521 亿元；非银行业金融机构贷款减少 2 799 亿元。月末外币贷款余额 8 104 亿美元，同比下降 1.6%，当月外币贷款增加 246 亿美元。

（九）金融机构存款的动态监测分析

2017 年 1 月末，本外币存款余额 157.05 万亿元，同比增长 10.6%。月末人民币存款余额 152.07 万亿元，同比增长 10.4%，增速分别比上月末和上年同期降低 0.6 个和 2.1 个百分点。当月人民币存款增加 1.48 万亿元，同比少增 5 635 亿元。其中，住户存款增加 3.13 万亿元，非金融企业存款减少 1.73 万亿元，财政性存款增加 4 124 亿元，非银行业金融机构存款增加 1 024 亿元。月末外币存款余额 7 264 亿美元，同比增长 12.3%，当月外币存款增加 133 亿美元。

二、 第八期 FEPI 指数综合量化分析

对 2017 年 1 月国内系统风险进行综合动态量化监测，其 FEPI 识别结果如图 5 – 48 所示。

从图 5 – 45 可以看出，2017 年 1 月 FEPI 继续呈上升趋势，表明短期 FEPI 运行的企稳势头延续。FEPI 连续 12 个月呈上升趋势。

从专项因素动态监测分析看，尽管 2017 年 1 月既有有利因素，也有不利因素，但各因素综合作用的结果是 1 月 FEPI 呈上升态势。

三、 第九期专项动态监测分析

2017 年 2 月第八期国内系统风险短期月度专项动态监测分析如下。

（一）工业生产的动态监测分析

1. 工业生产平稳增长。2017 年 1—2 月，全国规模以上工业增加值按可

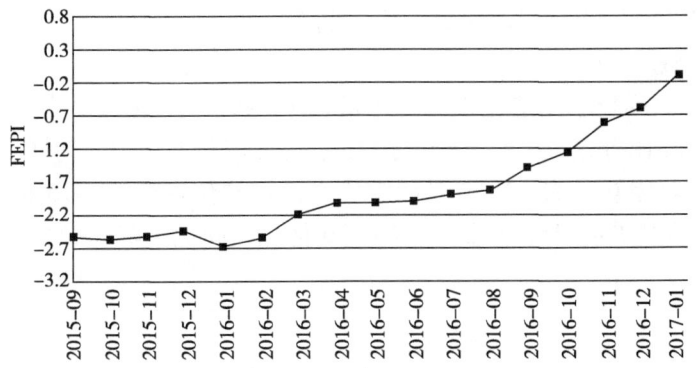

图 5 - 45　截至 2017 年 1 月 FEPI 指数短期脉动监测识别结果

比价格计算同比增长 6.3% （如图 5 - 46 所示），增速比上年 12 月加快 0.3 个百分点，比上年同期加快 0.9 个百分点。从经济类型看，国有控股企业增加值同比增长 5.4%，集体企业下降 0.1%，股份制企业增长 6.2%，外商及港澳台商投资企业增长 6.8%。从三大门类看，采矿业增加值同比下降 3.6%，制造业增长 6.9%，电力、热力、燃气及水生产和供应业增长 8.4%。

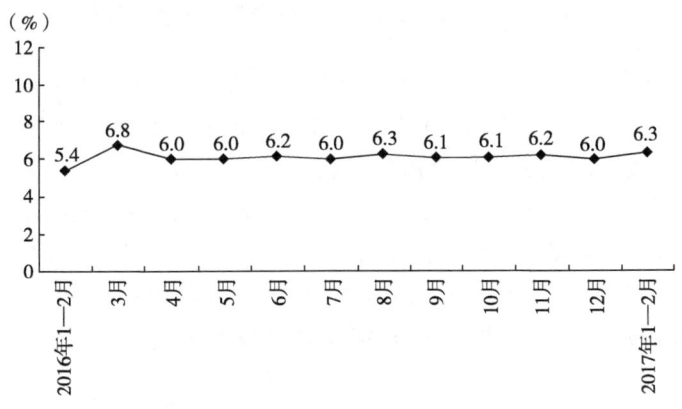

图 5 - 46　工业增加值增速（月度同比）

2. 工业结构继续优化。工业结构继续优化，高技术产业和装备制造业增加值同比分别增长 12.6% 和 11.9%，增速分别比规模以上工业快 6.3 个和 5.6 个百分点。规模以上工业企业产销率达到 97.6%。

（二）固定资产投资的动态监测分析

1. 固定资产投资增长稳中有升。2017 年 1—2 月，全国固定资产投资 41 378 亿元，同比增长 8.9% （如图 5 - 47 所示），增速比上年全年加快 0.8 个百分点。按产业分，第一产业投资 886 亿元，同比增长 19.1%；第二产业投资 14 496 亿元，增长 2.9%，其中，制造业投资 12 160 亿元，增长 4.3%；第三产业投资 25 996 亿元，增长 12.2%，其中，基础设施投资 8 315 亿元，增长 27.3%。高技术制造业投资同比增长 18.4%，增速快于全部投资 9.5 个百分点。从环比看，2 月固定资产投资比上月增长 0.77%。受资金匹配、前期工作准备等因素影响，1—2 月固定资产投资到位资金 54 575 亿元，同比下降 8.0%。新开工项目计划总投资 20 130 亿元，同比下降 8.3%。

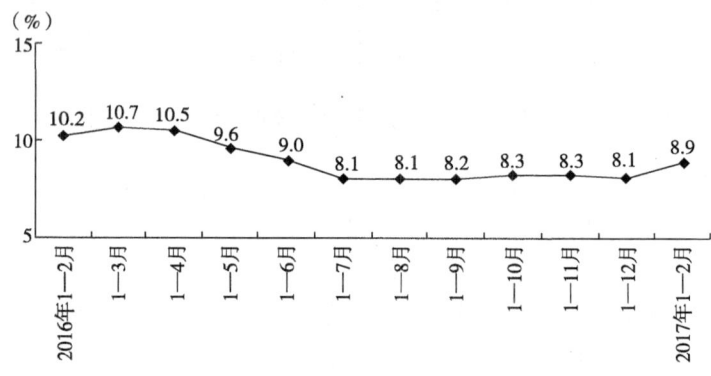

图 5 -47　全国固定资产投资增速（累计同比）

2. 民间投资增速加快。2017 年 1—2 月民间投资 24 977 亿元，增长 6.7%（如图 5 -48 所示），增速比 2016 年全年加快 3.5 个百分点，为 2016 年 3 月以来的最高增速，民间固定资产投资占全部投资的比重为 60.4%。分地区看，东部地区民间固定资产投资 13 579 亿元，同比增长 8.9%；中部地区 6 795 亿元，增长 9%；西部地区 4 385 亿元，增长 1%；东北地区 219 亿元，下降 41.3%。

补充说明的是，民间投资增速自 2016 年 9 月起已触底回升。2016 年 8—12 月民间投资延续企稳态势，2016 年 8 月是企稳拐点。

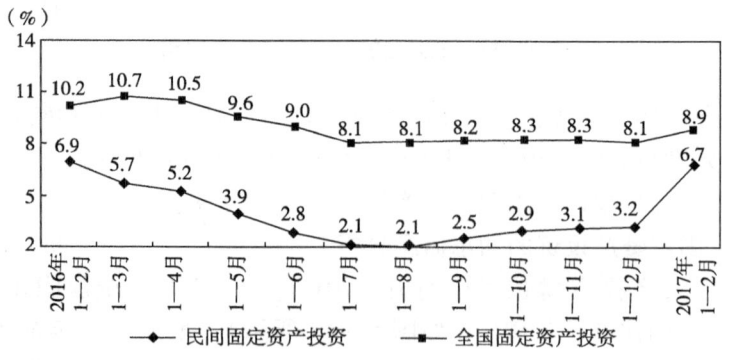

图 5 -48　民间固定资产投资增速（累计同比）与全国固定资产投资增速

（三）房地产投资、房地产销售市场情况的动态监测分析

1. 房地产投资增速提高。2017 年 1—2 月，全国房地产开发投资 9 854 亿元，同比增长 8.9%（如图 5 - 49 所示），增速比上年全年提高 2 个百分点，比上年同期加快 5.9 个百分点。其中，住宅投资 6 571 亿元，增长 9.0%，增速提高 2.6 个百分点。住宅投资占房地产开发投资的比重为 66.7%。房屋新开工面积 17 238 万平方米，同比增长 10.4%，其中住宅新开工面积增长 14.8%。

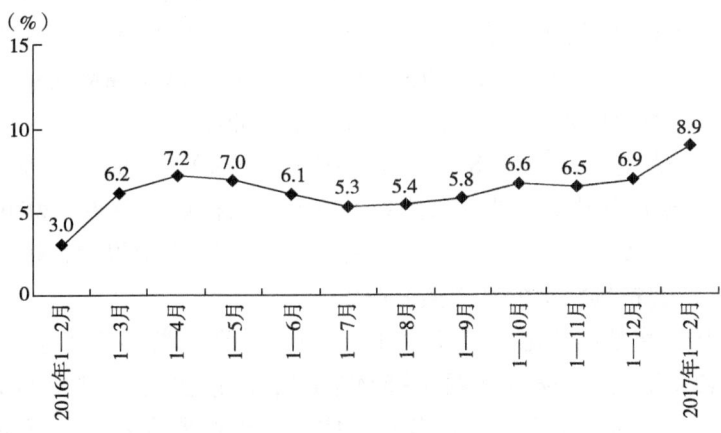

图 5 - 49　房地产开发投资增速（累计同比）

补充说明的是，FEPI 信号对房地产市场的意义。首先，如图 5 - 50 所示，房地产投资增速自 2016 年 2—3 月起已触底回升，2016 年 7 月起房地产投资稳中向好。2017 年 1—2 月房地产投资增速同比上升到 8.9%。其次，FEPI 早在 2015 年 11 月—2016 年 2 月发出了触底回升信号（参见第五章第一节）。最后，回溯验证对比，这 2 个指标出现了共振，房地产市场行情火爆。FEPI 信号对房地产市场判断具有财富密码的意义。

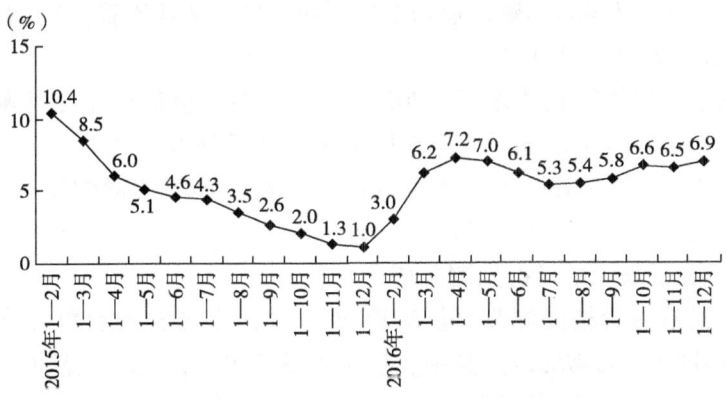

图 5 - 50　2015—2016 年房地产开发投资增速（累计同比）

2. 土地购置面积增长由负转正。2017 年 1—2 月，房地产开发企业土地购置面积 2 374 万平方米，同比增长 6.2%，上年全年下降 3.4%。

3. 商品房销售增速持续上升。2017 年 1—2 月，全国商品房销售面积 14 054 万平方米，同比增长 25.1%，其中，住宅销售面积增长 23.7%。全国商品房销售额 10 806 亿元，同比增长 26.0%，其中，住宅销售额增长 22.7%。2 月末，全国商品房待售面积 70 555 万平方米，比上年同期下降 4.6%。1—2 月，房地产开发企业到位资金 22 880 亿元，同比增长 7.0%。1 月，15 个一线和热点二线城市中，11 个城市新建商品住宅价格环比下降，3 个城市持平，1 个城市涨幅回落。三线、四线城市去库存力度加大，1—2 月非重点城市商品房销售面积同比增长 35.9%，增速比 2016 年全年加快 14.0 个百分点。

补充说明的是，2016 年 8—9 月房地产价格出现了较快上涨迹象。前 9 个月 15 个一线城市和热点二线城市房地产价格上涨得更快一些。2016 年 10—12 月新房价格增长势头放缓。2017 年 1—2 月全国商品房销售增长较快。

（四）消费市场状况的动态监测分析

1. 市场销售基本稳定。2017 年 1—2 月，社会消费品零售总额 57 960 亿元，同比名义增长 9.5%（如图 5-51 所示），增速比上年 12 月回落 1.4 个百分点，比上年同期回落 0.7 个百分点。按经营单位所在地分，城镇消费品零售额 49 458 亿元，同比增长 9.2%；乡村消费品零售额 8 502 亿元，增长 11.8%。按消费类型分，餐饮收入 6 251 亿元，同比增长 10.6%；商品零售 51 708 亿元，增长 9.4%，其中，限额以上单位商品零售 23 186 亿元，增长 6.8%。

2. 消费升级类商品持续较快增长。消费升级类相关商品增势较好，体育娱乐用品类同比增长 19.5%，文化办公用品类增长 13.4%，通信器材增长 10.7%。受 2016 年基数较高因素影响，汽车类零售额下降 1.0%，扣除汽车影响，社会消费品零售总额增速与上年同期持平。从环比看，2 月社会消费品零售总额比上月增长 0.95%。

3. 网上零售持续较快增长。2017 年 1—2 月，全国网上零售额 8 580 亿元，同比增长 31.9%，比上年全年加快 5.7 个百分点。其中，实物商品网上零售额 6 419 亿元，增长 25.5%，占社会消费品零售总额的比重为 11.1%，比上年同期提高 1.6 个百分点。

（五）物价状况的动态监测分析

1. 居民消费价格涨幅收窄。2017 年 2 月，全国居民消费价格同比上涨 0.8%（如图 5-52 所示）。其中，城市上涨 0.9%，农村上涨 0.6%；食品价格下降 4.3%，非食品价格上涨 2.2%；消费品价格下降 0.1%，服务价

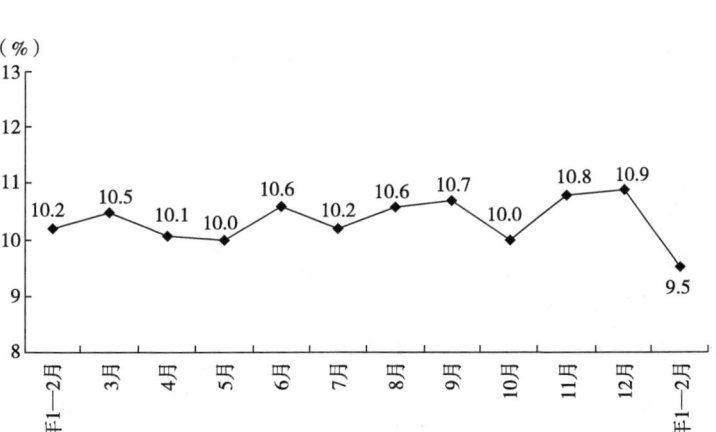

图 5 - 51 社会消费品零售总额名义增速（月度同比）

格上涨 2.4%。1—2 月 CPI 平均水平是 1.7%，比 2016 年全年只回落 0.3 个百分点。

2 月，全国居民消费价格总水平环比下降 0.2%。其中，城市居民消费价格下降 0.2%，农村居民消费价格下降 0.1%；食品价格下降 0.6%，非食品价格下降 0.1%；消费品价格下降 0.1%，服务价格下降 0.3%。

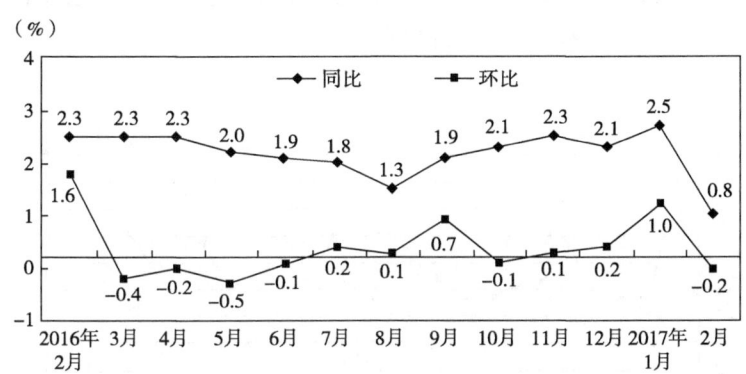

图 5 - 52 居民消费价格上涨情况

2. 工业生产者价格继续回升，涨幅扩大。2017 年 2 月，全国工业生产者出厂价格同比上涨 7.8%（如图 5 - 53 所示），上年全年和上年同期分别下降 1.4% 和 5.1%。分月看，1 月工业生产者出厂价格同比上涨 6.9%，环比上涨 0.8%；2 月工业生产者出厂价格同比上涨 7.8%，涨幅比上月扩大 0.9 个百分点，环比上涨 0.6%。

2017 年 1—2 月平均工业生产者出厂价格同比上涨 7.3% 。

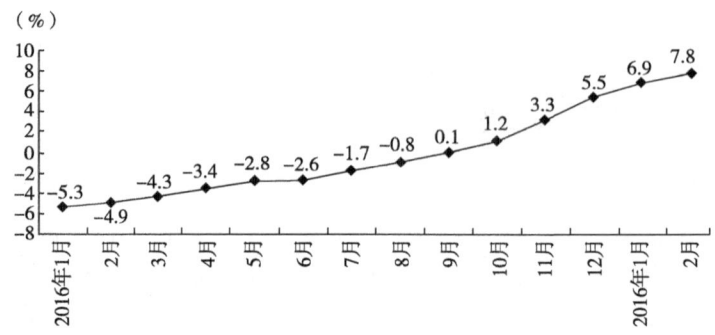

图 5 – 53　工业生产者出厂价格涨跌情况（月度同比）

（六）进出口的动态监测分析

1. 2017 年 1—2 月进出口快速增长，机电产品出口增长较快。2017 年 1—2 月，进出口总额 38 900 亿元，同比增长 20.6% ，增速比上年 12 月加快 15.7 个百分点（如图 5 – 54 所示）。其中，出口 20 918 亿元，增长 11.0% ；进口 17 982 亿元，增长 34.2% 。进出口相抵，贸易顺差 2 937 亿元。机电产品出口增长 13.8% ，增速比上年 12 月加快 12.9 个百分点，占出口总额的比重为 58.4% 。1—2 月，规模以上工业企业实现出口交货值 17 019 亿元，同比增长 8.8% ，比上年 12 月加快 4.9 个百分点。

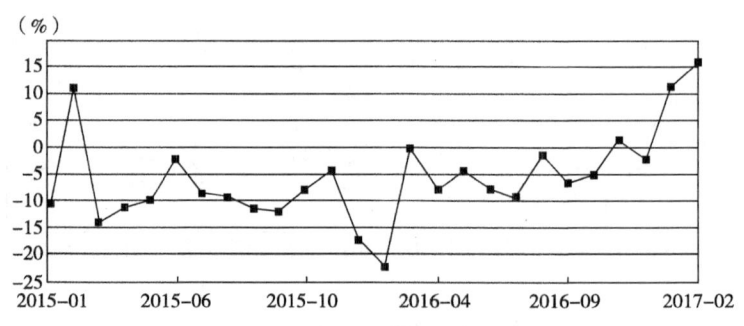

图 5 – 54　进出口总额增速（月度同比）

2. 2016 年全年外贸下行压力较大，2017 年 1 月外贸回稳。2016 年全年，外贸形势复杂严峻，进出口总额增速同比下降 2.2% 。外贸下行压力较大，主要原因是外需低迷、贸易保护主义加剧。

2017 年 1 月外贸回稳。1 月外贸同比增速由负转正，进出口总额同比增速上升 11.4% 。2017 年 2 月外贸回稳的态势持续。

3. 2017 年 2 月贸易惊现逆差，这是三年来首次出现的贸易逆差。海关总署 2017 年 3 月 8 日公布的数据显示，按人民币计，2017 年 2 月进口同比暴涨 44.7%。但是尤其值得注意的是，2 月出现 603.6 亿元贸易逆差（如表 5 - 1 所示）。

据海关统计，2017 年前 2 个月，我国进出口总值 3.89 万亿元人民币，比上年同期增长 20.6%。其中，出口 2.09 万亿元，增长 11%；进口 1.8 万亿元，增长 34.2%；贸易顺差 2 936.5 亿元，收窄 46.1%。

虽然 2017 年 2 月贸易惊现逆差一次，但究竟属于临时数据异常还是出现贸易问题，有待进一步观察，还需对 2017 年以后各月进出口连续定期监测检查，以便及时发现问题。

表 5 - 1　2017 年 2 月贸易逆差

项目	当月	1 月至当月累计
进出口总额	17 129.91	38 900.39
出口总额	8 263.16	20 918.46
进口总额	8 866.75	17 981.92
进出口差额	- 603.59	2 936.54

四、　第九期 FEPI 指数综合量化分析

（一）2 月 FEPI 指数监测结果与运行特点

对 2017 年 2 月国内系统性风险进行综合动态量化监测，其 FEPI 识别结果如图 5 - 55 所示。

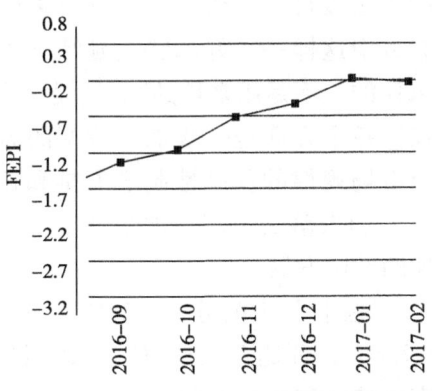

图 5 - 55　截至 2017 年 2 月 FEPI 指数短期脉动监测识别结果

从图 5-55 可以看出，2017 年 2 月 FEPI 虽然没有创新高，但仍然处于上升通道，表明 2 月的 FEPI 指数上升势头仍然延续。

从专项因素动态监测分析看，尽管存在不利因素，例如，2017 年 2 月当月国际贸易惊现逆差，但由于 2 月多种因素依然良好，各因素综合作用的结果是 2 月 FEPI 仍呈上升趋势。

如果全球经济和国际贸易走势面临压力有增无减，那么，我国外贸进出口保持增长会因外部不确定性因素而面临挑战。

归纳 FEPI 指数监测结果可以看出，2017 年 2 月系统性风险方面运行平稳。从短期的结构性特征看，呈现如下几个显著特点，可用"三个回升因素""三个短期压力"来进行概括。

（二）"三个回升因素"的特点

"三个回升因素"表现在：①商品房销售与房地产开发投资增速持续上升；②工业生产者价格涨幅扩大；③民间投资增速加快。

1. 2017 年 1—2 月全国房地产开发投资与商品房销售增速分析。2017 年前两个月的全国房地产投资与商品房销售指标表现好于预期。2017 年前两个月的全国房地产开发投资额为 9 854 亿元，同比增长 8.9%，而且增速也比 2016 年全年加快 2 个百分点，比上年同期加快 5.9 个百分点。商品房待售面积在下降，非重点城市的商品房销售面积增长了 35.9%。

从 1—2 月房价情况来看，一线、二线城市的房价总体相对稳定，回稳态势比较明显。1 月，15 个一线和热点二线城市的房价中，有 11 个城市新建商品住宅价格环比下降，3 个持平，1 个涨幅回落。即使 2 月的数据有所变化，这个趋稳的大势是没变的，达到了房地产调控的目标。房地产投资继续保持稳定增长，支持经济的稳定发展。三线、四线城市去库存的进程在加快。分城施策效果明显，我们希望这样一个好的势头延续下去。中央经济工作会议明确指出"房子是用来住的，不是用来炒的"，这是一个根本的定位。要从土地、财政、金融、税收等各个方面进一步加大改革的力度，加快建立既符合中国国情又符合房地产市场规律的基础性制度安排和长效机制，再配合因城施策这样一个大政方针，加大落实力度，加强各个城市的主体责任，最终才能保障房地产市场长期的健康发展。

2. 2017 年 1—2 月 PPI 涨幅扩大的分析。2017 年 2 月工业生产者出厂价格指数（PPI）同比上涨 7.8%，环比上涨 0.6%。PPI 反映工业企业产品第一次出售时的出厂价格的变化趋势和变动幅度。

PPI 为什么会继续上涨，涨幅比较大呢？这是翘尾因素的影响，2016 年 1—2 月工业生产者出厂价格下降 5.1%。因为基数比较低，所以 2 月 PPI 翘尾影响是 6.4 个百分点，这 6.4 个百分点占 7.8% 涨幅中的比重是 82%，也就是说 80% 以上是翘尾因素的影响，剩余的部分主要是钢铁、煤炭、化工、石油这些原材料上涨所贡献的。从工业领域来讲，工业品的价格之所以在上涨，除了以上原因外，还因为供求关系发生了变化，工业领域由原来的通缩转变为恢复性的上涨，这本身就说明了市场供需关系在发生一些积极的变化，反映出总供给和总需求也是在改善的，总需求是在回暖的。

3. 2017 年 1—2 月民间投资增速加快的分析。民间投资增速回升幅度较大，投资内生动力不断增强。民间投资在 2017 年 1—2 月出现了积极的变化，民间投资 24 977 亿元，增长 6.7%，增速比 2016 年全年提升了 3.5 个百分点，达到了 2016 年 3 月以来的最快增速，这是经济活力增强的一个表现。

民间投资之所以会好转，主要原因有三方面：首先，政策效应在继续显现。2016 年以来党中央、国务院在促进民间投资增长方面出台了一系列的政策措施，包括加大"放管服"的改革，加强对民间投资的督导检查，这些政策措施的效应在不断显现，很多原来民间投资进不去的领域，现在都在向民间投资资本开放。其次，市场环境在好转，这有利于企业家加大投资，包括制造业投资、房地产投资。2017 年 1—2 月这些领域的投资都有所回升，他们的大部分主体是民间投资、民间资本。最后，政府与社会资本合作（PPP）项目的落地在加快。2017 年是"十三五"规划实施的重要一年，包括政府投资的项目落地也在加快，PPP 经过近两年的准备，也推出了优惠条件，吸引了一些民间资本参与其中。这些因素共同促进了民间投资的好转、回升，这个趋势还会延续下去，因为改革的力度正在进一步加大，市场环境的改善仍在延续。

因此，民间投资增速回升幅度较大，投资内生动力不断增强。随着经济环境的改善，实体经济出现生产平稳、效益回升的良好局面，这在很大程度上提升了企业的投资意愿；同时，随着促进民间投资政策的逐步落实，民营企业的投资信心正在逐步增强。

（三）"三个短期压力"的特点

"三个短期压力"表现在：①2 月居民消费价格涨幅收窄；②2 月贸易出现逆差；③特朗普冲击。

1. 2017 年 2 月居民消费价格涨幅收窄的分析。2 月 CPI 同比上涨 0.8%，环比下降 0.2%，CPI 涨幅比 1 月回落 1.7 个百分点，主要是受春节因素的影响。2016 年春节正好是在 2 月，居民消费价格基数比较高，2017 年春节是在 1 月底，再加上 2017 年 2 月气温比较高，所以一些食品（如蔬菜）的价格在回落，造成 2 月居民消费价格的翘尾大幅减少，所以居民消费价格同比涨幅回落得比较多。但是，1—2 月 CPI 平均水平是 1.7%，比 2016 年全年只回落 0.3 个百分点。如果把食品价格和能源价格扣掉后，核心 CPI 上涨 2.0%，这样看 CPI 回落的幅度是相对比较平缓的。

各类商品及服务价格同比变动情况的进一步分析：2 月，食品烟酒价格同比下降 2.4%，影响 CPI 下降约 0.74 个百分点。其中，鲜菜价格下降 26.0%，影响 CPI 下降约 0.94 个百分点；蛋价格下降 14.9%，影响 CPI 下降约 0.09 个百分点；畜肉类价格下降 0.1%（猪肉价格下降 0.9%，影响 CPI 下降约 0.03 个百分点）；水产品价格上涨 2.2%，影响 CPI 上涨约 0.04 个百分点；鲜果价格上涨 2.1%，影响 CPI 上涨约 0.04 个百分点；粮食价格上涨 1.2%，影响 CPI 上涨约 0.02 个百分点。其他七大类价格同比均有所上涨。其中，医疗保健、其他用品和服务、居住、教育文化和娱乐、交通和通信、衣着、生活用品及服务价格分别上涨 5.1%、3.1%、2.5%、1.8%、1.7%、1.2% 和 0.5%（如图 5-56 所示）。在 2 月 0.8% 的居民消费价格总水平同比涨幅中，2016 年价格上涨的翘尾因素约为 0，新涨价因素约为 0.8 个百分点。

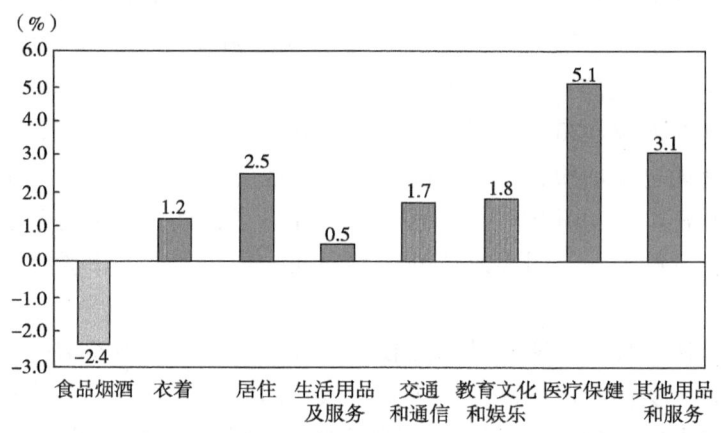

图 5-56 2017 年 2 月居民消费价格分类别同比涨幅

2. 2017 年 2 月贸易惊现逆差的分析。2017 年 2 月贸易惊现逆差，这是三年来首次出现的贸易逆差。海关总署 2017 年 3 月 8 日公布的数据显示，按人民币计，2 月进口同比暴涨 44.7%。尤其值得注意的是，2 月出现 603.6 亿元贸易逆差（如图 5-57 所示）。

进口为什么突然增加？可能有两个原因：①进口增加有两个因素，一个是量，一个是价。从量的方面来看就是国内经济的需求在增加；从价的方面看，大宗商品价格在上涨。2 月铁矿石进口同比大增 13.42%，钢材进口同比上扬 17%，煤炭进口同比飙涨 30%。2017 年前两个月，铁矿砂、原油、煤等

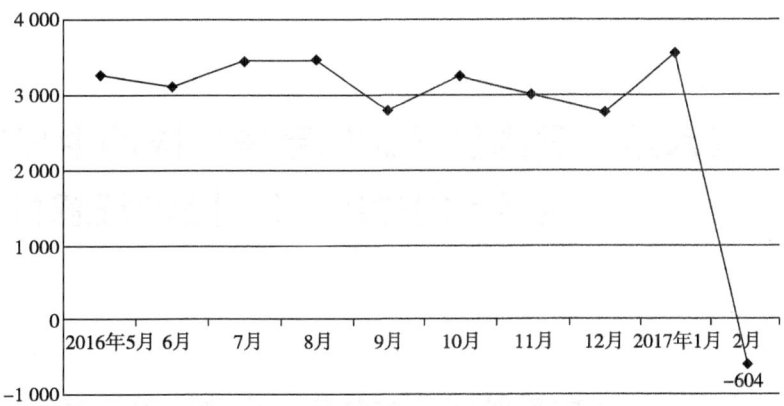

图 5 – 57 中国 2017 年 2 月进出口贸易逆差

主要大宗商品进口量价齐升。有报道称，3 月 3 日，由于进口过旺，中国港口的铁矿石库存已达 1. 301 亿吨，再破新高。也就是说，2 月逆差的主要来源是国内经济对大宗商品需求的增加，而国内庞大的基础设施建设计划对钢铁、有色金属和煤炭的需求占了很大的比重，推动了大宗商品的需求。由此看出，中国基础设施的投资对于大宗商品的需求的暴增是 2016 年以来大宗商品暴涨的重要原因。②春节这一季节性因素对进、出口的非对称影响是非常重要的，由于出口在年前赶进度，年后出现了回落；而随着价格的飙涨、国内经济的企稳以及由此而来的进口量的上升，2 月进口出现了 44. 7% 的大幅上涨。

贸易逆差及其影响是否持续有待进一步观察。2015 年，我国货物贸易顺差 3. 69 万亿元，扩大 56. 7% 。2016 年，中国货物贸易顺差 3. 35 万亿元，收窄 9. 1% 。人民币无贬值的一个基础是巨额的贸易顺差。2014 年以来人民币汇率贬值压力巨大，外汇储备下降近 1 万亿美元，而 2015 年我国外汇储备减少 5 127 亿美元，2016 年我国外汇储备减少 3 198 亿美元，两年下滑 8 000 多亿美元。

◆ 第六章　国内区域环境系统风险的中长期月度动态监测及风险特征解析

第一节　国内系统风险与各区域金融风险的关系

国内系统性金融风险监测对加强和提升区域全面风险管理水平有重要意义。

完整来看，区域金融风险，不仅应考虑区域之内的金融风险，也应考虑区域外环境之金融风险，即国内区域环境系统风险，简称"国内系统风险"。只有从多维度分析风险，才能得出正确的风险判断。

不谋全局者，不足以某一域。实践表明，系统性金融风险曾多次对北京等区域经济产生实质性影响、甚至产生严重冲击。实践表明，国际金融危机带来的风险冲击呈现跨市场风险冲击、跨行业风险冲击、跨区域风险冲击的特征。地方政府经济决策与管理工作应"跳出地区看地区"，区域金融风险监测无论是对全局还是区域经济都具有重要意义。

例如，考虑到中国的金融机构总部，尤其是商业银行总行多数都集中在北京，而其营业机构却遍布全国各地，所有营业机构均由其总部进行管理，地方分支机构所拥有的决策权很少；考虑到北京跨区域经营的商业银行的特点，北京商业银行风险不仅仅局限于区域内的商业银行，更重要的是跨区域经营的北京商业银行总行及其在各地地方分支机构的风险。所以本书将金融风险监测限定为区域性系统性金融风险，将跨区域经营的北京所在地的商业银行总行及其在各地分支机构的风险作为北京所在地的商业银行风险，分析其风险变化的原因；另一方面，考虑到跨区域经营的金融机构，同时也应分析国内各区域系统风险。特别是对重点地区、中心城市，应进一步分析国内各区域系统风险、国内大区域整体系统风险。

研究发现，经济主体既需要因素分析，又需要因素综合；既需要短期分析，又需要长期分析；既需要波动分析，又需要趋势分析。为更好地看清风险消长，本书将风险监测分析"一分为四"，即：其一，各单项因素分析，其目的是，进行"因素分解"，跟踪分析各因素变化具体特点，实现"近距离看树"。其二，连续各月度分析，其目的是，进行"时间分解"，跟踪分析风险随时间变化的短期波动特征，实现"连续盯视"。其三，综合量化分析，其目的是，进行"因素综合"，借助于 FEPI 模型得到客观综合监测值，给出该月情况的一个综合的、客观的判断，实现"在抽灵的位置看森林"。其四，综合量化月度分析，其目的是，进行"时间综合"，借助于 FEPI 客观的连续的监测值，给出一个中长期风险趋势。因此，风险监测分析"一分为四"，有助于满足经济主体多方面需要，包括开启"财富密码"的需要，对于提高及时捕捉机会、提高抵御风险能力有重要意义。

这个需要注意的是，风险监测最重要的是及时、如实、耐心跟踪监测"病情"。建议金融风险管理者应至少每 30 天查一次，连续监测，避免滞后性，及时发现异常。本书 30 天查一次，连续查数月，甚至 200 个月，不是一年或一个季度查一次。如果有条件，还应每 5～10 天查一次。"大同小异"，只有监测后才知道，过程记录很重要。况且下一阶段不知何情况，随时会变。也许不变，也许综合值不变，细节有变。

第二节　FEPI 指数中长期月度动态监测分析（中长期第一期）

下面选取 2001 年至 2016 年 7 月，对国内系统风险变化进行长期月度动态监测与风险解析。为叙述方便，命名为中长期第一期。

一、　FEPI 指数模型的中长期第一期月度动态监测识别结果

本金融风险量化技术科研创新团队进行了 2001 年 1 月至 2016 年 7 月连续近 200 个月度的 FEPI 指数动态跟踪监测与测算。FEPI 指数动态跟踪监测与识别结果如图 6-1、图 6-2 所示。

图 6-2 中，垂直的纵轴为时间轴。每个小圆点为一个月度的 FEPI 监测点。雷达图中 A 区域为 2011 年 10 至 2012 年 4 月监测结果，图中 B 区域为2016 年 1 月至 2016 年 7 月的 FEPI 雷达图监测识别结果。

对比图 6-1 与图 6-2 可以看出，图 6-1 中信号纷杂烦乱，不容易得出一个明确结论。但如果借助于图 6-2 的 FEPI 雷达图则会看得更清楚，国内系统风险脉动一目了然。

FEPI 雷达图实际上是可旋转的 3D 雷达图。一般地，当 FEPI 指数运行平稳或呈上升趋势时，系统风险偏小。反之，当 FEPI 指数运行呈下降趋势时，系统风险偏大。通过 FEPI 的 3D 雷达图，实现系统风险"连续盯市"，进一步

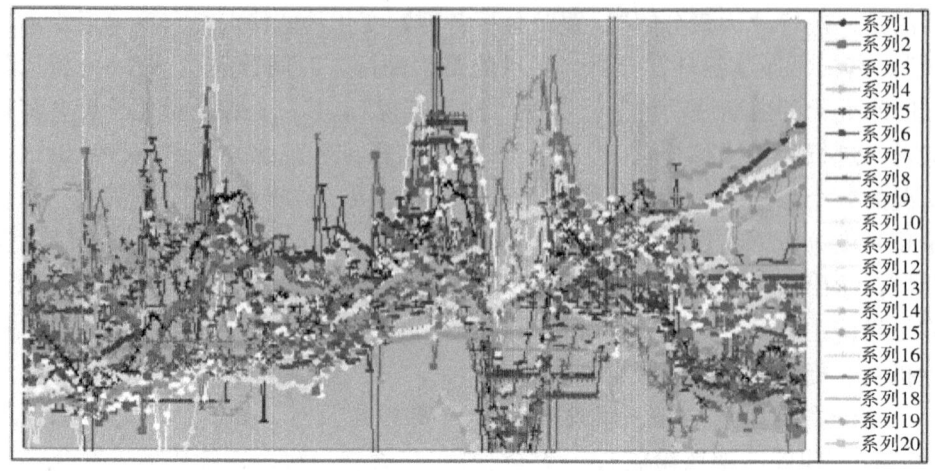

图 6 – 1   中国系统性金融风险的 FEPI 检测结果

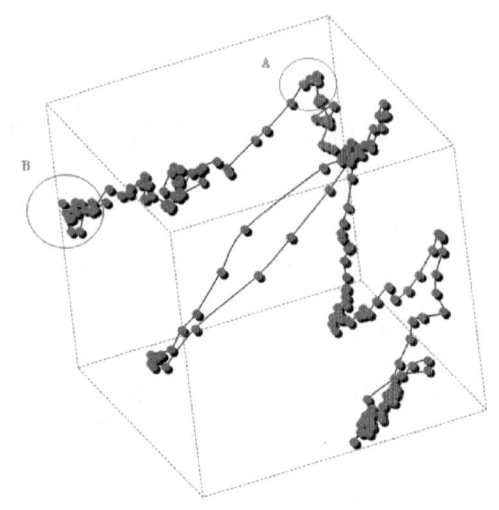

图 6 – 2   2001 年 1 月至 2016 年 7 月中国系统性金融风险的 FEPI 雷达图识别结果

分析 FEPI 的变化趋势，完成动态分析、趋势分析，发现拐点异动。

二、 FEPI 指数变化的趋势特征分析

从图 6 – 2 可以看出，FEPI 指数的中期态势和长期变化有如下特点：

第一，从 FEPI 中期态势看，2015 年 11 月至 2016 年 12 月 FEPI 开始企稳。2016 年 1 月至 2016 年 7 月，FEPI 仍处于回暖期。从中短期看，7 月仍在延续回暖态势。

第二，FEPI 长期变化特点如下：观察可旋转 3D 雷达 FEPI 图，可以看到，2012 年初以来（雷达图中 A 区域）FEPI 连续不断下行。2012 年初至 2015 年 10 月是 FEPI 自 2012 年开始的下行波浪的第一浪；2015 年 11 月至 2016 年 1 月是 FEPI 自 2012 年开始的下行波浪的第二浪；2016 年 1 月至 2016 年 5 月是 FEPI 自 2012 年开始的下行波浪的第三浪。

第三，关于 FEPI 短期变化特点与 B 区域。雷达图 5 - 2 中，B 区域为 2016 年 1 月至 2016 年 7 月的 FEPI 雷达图监测点及 3D 识别结果。采用 3D 雷达图有利于 FEPI 中长期趋势的监测分析。由于 3D 雷达图具有 3 维度及旋转功能，借助 FEPI 的 3D 雷达图，可轻松看到风险，发现趋势。

B 区域的 FEPI 指数二维展开如图 5 - 4 所示，该图有利于 FEPI 的短期动态性特征分析，正所谓"只见树木不见森林"，"既要近看又需要远看"。

从 FEPI 指数的短期动态性特征看，2016 年 6—7 月 FEPI 已经发出明确的复苏的客观综合信号。关于 FEPI 短期脉动特点具体分析，参见第五章图 5 - 4 的相关分析，这里不再赘述。其后续各月脉动是否持续有待进一步观察，实践中建议每 30 天查一次，短期至少连续 9～18 个月监测才有实际意义。

第四，从中短期看，目前系统风险方面短期运行平稳。FEPI 揭示财富密码，进取型的投资者，可短线适度参与金融市场。中短期内，金融市场的重心是非系统风险。从投资者资产配置方向选择看，短期金融市场可参与度增加。例如，2016 年初以来，楼市、证券市场、大宗商品市场吸引短期资金流入。自 2016 年初以来，煤炭和钢铁、铁矿石、其他化工产品的价格都出现了可观的修复性反弹。

9 月验证。从价的方面看，大宗商品价格在上涨。①从同比看，1—9 月，工业生产者出厂价格同比下降 2.9%，降幅比上半年收窄 1.0 个百分点；9 月工业生产者出厂价格同比上涨 0.1%，结束了同比连续 54 个月下降的态势，这是自 2012 年 3 月以来 PPI 首次由负转正。2016 年以来，在稳增长、去产能、去库存政策作用下，国内工业行业供需矛盾有所缓解，重点行业库存、销量均出现向好态势，加之国际市场原油、铁矿石、有色金属等大宗商品行情有所好转，国内工业品价格持续回升。从重要大类行业看，黑色金属冶炼和压延加工业、有色金属冶炼和压延加工业价格同比分别上涨 10.1% 和 1.2%，涨幅比上月分别扩大 3.6 个和 0.4 个百分点；煤炭开采和洗选业价格同比上涨 4.1%，为 2012 年 7 月以来的首次上涨。上述三大行业合计影响当月工业生产者出厂价格总水平同比上涨是影响 PPI 同比转正的重要因素。②从环比看，9 月，全国工业生产者出厂价格环比上涨 0.5%，涨幅比上月扩大 0.3 个百分点。环比变动具有三个特点：一是价格上涨的行业个数明显增多，在调查的工业大类行业中，25 个行业产品价格上涨，比上月增加 8 个；二是部分重要工业行业价格涨幅明显扩大，其中，煤炭开采和洗选业、化学原料和化学制品制造业价格环比分别上涨 5.4% 和 0.5%，涨幅比上月分别扩大 3.9 个和 0.4 个百分点；三是部分工业行业价格由降转升，其中，石油和天然气开采业、石油加工业价格环比由上月下降转为本月分别上涨 4.0% 和 3.2%。

12 月验证。需要注意的是 FEPI 开启财富密码。FEPI 提前 8 个月发出新周期信号。如果等到 12 月再参与，则错过行情的"牛头"了。这就是 30 天一查的意义，不预测什么时候行情好，而是等待 + 不断的定期监测。实际情况是，9 月工业生产者出厂价格同比由负转正，接着 10—12 月工业生产者价格继续回升。2016 年 2—12 月黑色金属材料类价格持续上涨，其中，12 月黑色金属材料类价格同比上涨 15.1%。12 月采掘工业价格上涨 21.1%。而 FEPI 预警信号比工业生产者出厂价格指标早 8 个月。理论与实证研究表明，FEPI 信号具有明确清晰、综合、客观的优点，并且 FEPI 是监测预警值，而非预测值。因此，FEPI 对资产价格投融资也有重要的参考意义。

FEPI 具有财富密码功能的原理是，宏观仍是中国证券市场、大宗商品市场的核心逻辑。2016 年 10—11 月中国股市在数日的强势振荡后再度上涨，上证综指创新高，中国经济触底回升和再通胀预期是主导市场的核心逻辑。周期股和受益通胀的食品类企业可继续关注。2016 年初至 2017 年底，大宗商品价格上涨也比较多。我国市场需求有所回暖，供求关系出现改善，带动了工业品价格一定程度的上涨，特别是一些工业产品，包括钢铁、煤炭、有色、建材上涨幅度比较多。

第三节　FEPI 指数中长期月度动态监测分析（中长期第二期）

下面选取 2001 年至 2016 年 12 月，对国内系统风险变化进行长期月度动态监测与风险解析。为叙述方便，命名为中长期第二期。

一、　FEPI 指数模型的中长期第二期月度动态监测结果

2001 年 1 月至 2016 年 12 月期间的 17 年间连续近 200 个月度的 FEPI 指数动态跟踪监测、测算与识别结果如图 6 – 3 所示。

二、　FEPI 指数变化的趋势特征分析

从图 6 – 3 和图 6 – 4 看出，FEPI 指数的短期脉动、中期态势和长期变化有如下特点：

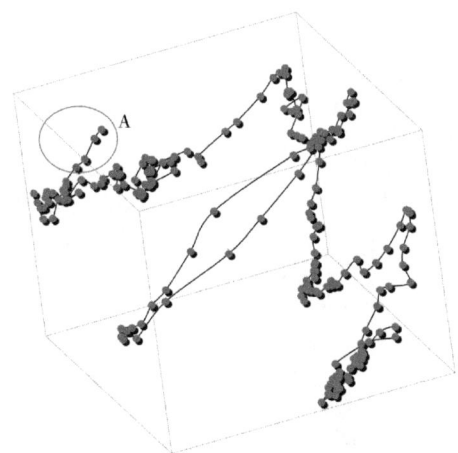

图 6 - 3　2001 年 1 月至 2016 年 12 月中国系统性金融风险的 FEPI 雷达图识别结果

注：图中的点为 FEPI 值，垂直的纵轴为时间轴。FEPI 雷达图顶部左侧 A 圈区域为当前状态。

1. 2016 年 8—12 月 FEPI 不断创 2015 年以来新高，各月 FEPI 处于强势回暖状态。

从 FEPI 专项动态监测分析结果可以看出，2016 年 1—12 月，尤其是 10—12 月，FEPI 在以下几个方面出现明显变化，呈现如下特点，可用"四个改善""八个平稳"来进行概括。第一，"四个改善"，表现在：一是固定资产投资缓中趋稳；二是房地产投资缓中趋稳；三是民间投资有所改善，2016 年 8—12 月民间投资延续企稳态势；四是沪深股票市场缓中趋稳。第二，"八个平稳"，即八个平稳增长，表现在：一是工业生产平稳增长；二是消费市场平稳较快增长；三是居民消费价格涨势温和；四是工业生产者价格回升，自 2016 年 9 月份工业生产者出厂价格同比由负转正，10—12 月工业生产者价格继续回升；五是商品房销售平稳增长；六是货币平稳增长；七是信贷平稳增长，新增贷款同比多增；八是存款平稳增长。

2. FEPI 中期态势特点如下：2016 年全年 FEPI 处于回暖期。2015 年 12 月至 2016 年 1 月为 FEPI 中期拐点。2015 年 11 月至 2016 年 1 月 FEPI 开始逐渐企稳。这是自 2014 年以来中长期下行趋势通道中首次企稳回暖，表明中期下行压力已经大幅度缓解。

3. 从长期看，FEPI 指数揭示中国金融经济 L 型拐点显现。2016 年全年我国金融经济整体企稳回升。FEPI 指数揭示中国经济 L 型拐点确立，出现于 2015 年 12 月至 2016 年 2 月。L 型企稳主要得益于两大因素：

一是得益于 2016 年初以来管理层政策刺激。2016 年上半年以来基础设施投资的大幅增长、以基建投资为主要着力点的财政扩张将中国经济整体稳住；

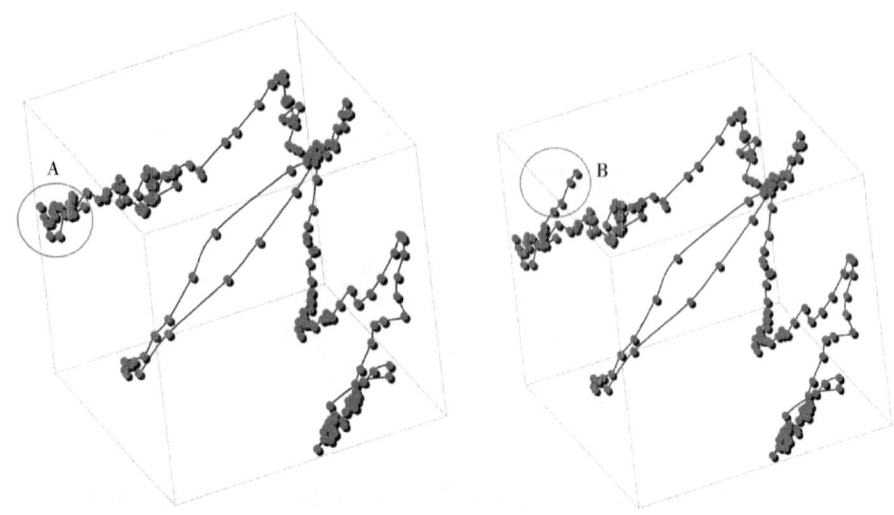

（a）2001 年 1 月至 2016 年 7 月 FEPI 变化　　（b）2001 年 1 月至 2016 年 12 月 FEPI 变化

图 6 - 4　中国系统性金融风险的 FEPI 指数变化对比

注：图中的点为 FEPI 值，垂直的纵轴为时间轴。FEPI 雷达图顶部左侧 A、B 圈区域为当前状态。

经济回暖还得益于下半年以来房地产信贷支持促进了楼市销售的火爆。

数据显示，2016 年固定资产投资中，制造业投资、房地产投资、基建投资三项占比分别为 31.48%、17.2%、19.93%，合计占比约 7 成。其中，国有及国有控股单位投资占比从 2015 年的 10.9% 上升至 18.7%，同时民营经济投资占比从 2015 年的 10.1% 下降为 3.2%。2016 年 8—9 月楼市销售火爆，房贷成为主要信贷增量。

二是市场的自身周期性规律。FEPI 指数的实证数据分析表明，自 2012 年到 2015 年，这 48 个月或为中国金融经济的一个基钦周期[①]。

总之，L 型企稳主要得益于政策刺激作用与市场主体的努力。在供给侧结构性改革、适度扩大总需求等政策作用及企业等市场主体的努力下，国民经济运行保持在合理区间，积极变化累积增多，呈现总体平稳、稳中有进、稳中向好的发展态势。

第四节　FEPI 指数中长期月度动态监测分析（中长期第三期）

为叙述方便，将 2001 年至 2017 年 2 月命名为中长期第三期。

---

① 1923 年，英国经济学家基钦在《经济因素中的周期与趋势》中研究了美国、英国长期的时间序列资料，认为 3～4 年有一次周期性波动，称为基钦周期。后来经济学家汉森根据统计资料计算出 1807—1937 年，美国存在一个长度为 3.51 年的周期。

一、 FEPI 指数模型的中长期第三期月度动态监测识别结果

2001 年 1 月至 2017 年 2 月期间的 17 年间连续近 200 个月度的 FEPI 指数动态跟踪监测、测算与识别结果如图 6 - 5 所示。

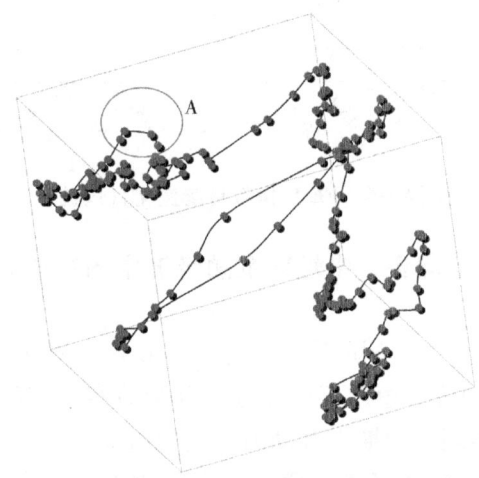

图 6 - 5 2001 年 1 月至 2017 年 2 月中国系统性金融风险的 FEPI 雷达图识别结果

注：图中的点为 FEPI 值，垂直的纵轴为时间轴。FEPI 雷达图顶部左侧 A 圈区域为当前状态。

二、 FEPI 指数变化的趋势特征分析

（一）FEPI 指数变化的趋势特征

FEPI 指数的短期脉动、中期态势和长期变化有如下特点：

从中短期看，图 6 - 5 中的 FEPI 雷达图顶部左侧 A 圈区域，对应于图 5 - 55 中的 4 个月（即 2016 年 11 月至 2017 年 2 月）。如第五章所述，FEPI 仍然处于上升阶段，表明 2016 年 11 月至 2017 年 2 月的 FEPI 指数运行势头仍然延续。

不仅如此，从中长期看，2016 年 2 月至 2017 年 2 月处于上升阶段。

（二）2016 年 2 月至 2017 年 2 月中期态势 FEPI 指数的同比变化分析与中期月度动态性特征进一步分析

2016 年 2 月至 2017 年 2 月 FEPI 指数的同比计算结果如图 6 - 6。

由图 6 - 6 可以看出 FEPI 同比增速变化：①2016 年全年 FEPI 指数同比增速明显上升，显示短期上升动力强劲。②2017 年 2 月 FEPI 指数同比增速明显走平，显示 2 月中期上升动力不足。③未来 3 月之后各月发展是否延续，有待进一步连续观察。

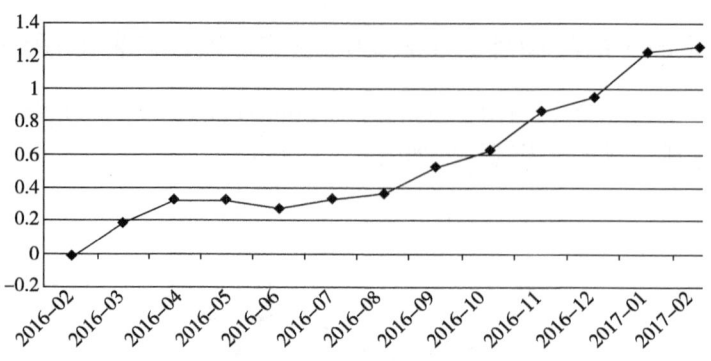

图 6 - 6　FEPI 指数月度变化（同比）

（三）不确定因素增多，中短期金融经济中的主要风险："四个压力" "两个黑天鹅"

如前所述，从图 6 - 5 与图 5 - 55、图 6 - 6 可以看出，2017 年 2—3 月的 FEPI 指数运行企稳的势头短期仍然延续，涨幅收窄，表明中国金融经济仍处于持续回暖期，但出现中短期上升动力不足的苗头。

虽然 2016 年全年金融经济主要指标有所改善，经济发展呈现积极变化，但也应当看到，系统风险仍然复杂严峻，不确定因素仍然较多，经济企稳向好的基础尚不牢固。

归纳 FEPI 专项跟踪分析结果可以看出，国际国内环境依然错综复杂，不稳定、不确定因素较多，经济运行还面临一些困难。在以下几个方面出现明显变化，呈现如下特点，可用"四个压力""两个黑天鹅"来进行概括。

1. "四个压力"。其表现在：

一是热点城市房价过快上涨所累积的系统风险增加的压力。2016 年热点城市房价过快上涨的势头得到了初步遏制。关于后期走势，中国 2017 年房地产市场，需要切实贯彻房地产"是用来住的，不是用来炒的"方针，使房地产市场健康发展。

二是过剩产能的压力。国内长期积累的一些结构性矛盾还比较突出，需求扩张的动力仍显不足。现在需要注意的是，随着工业品价格的上升，要防止那些在安全、环保、技术等方面比较落后的、被淘汰的过剩产能重新开张。民间投资环境和条件有待进一步改善。

三是外贸下行压力较大。2016 年 12 月中国出口跌幅较大。主要是外需低迷、贸易保护主义加剧所致，外贸回稳仍需不懈努力。2017 年 2 月贸易惊现逆差，这是三年来首次出现的贸易逆差。

四是资本外流压力较大，外汇占款连续下滑。截至 2017 年 2 月外汇占款减少 581. 19 亿元人民币，连降十六个月。

截至 2016 年 12 月外汇占款连降 14 个月；人民币兑美元汇率中间价全年贬值 6. 39%。在信贷和货币增长呈现了双回升的态势下，人民币对美元汇率持续贬值的压力增大。12 月末外汇占款环比下降 3 178 亿元，为连续第 14 个月下降，且连续两月降幅超 3 000 亿元。12 月外汇储备环比下降 410. 8 亿美元，2016 年全年外汇储备 30 105. 17 亿美元，下降 3 198. 44 亿美元，连续第 6 个月缩水，整体规模降至 2011 年 3 月以来最低水平。

资本外流给经济带来一些不利的影响。人民币贬值导致更多资金流出中国，加剧了本币贬值和资本外流之间的恶性循环。

中国资本控制收紧与美国进一步加息的前景，两者共同作用或将导致更多资本流出中国。这或许会给中国央行带来一个巨大的难题，因为该行一方面需为支撑经济保持充足的市场流动性，另一方面也需要动用外汇储备支撑人民币汇率，而这样做会导致境内金融市场流动性短缺。中国央行通过出售美元并买入人民币来实施此类干预，而这种做法实际上是从金融系统中回笼人民币资金。

2. "两个黑天鹅"。"两个黑天鹅"，即外部冲击，表现在如下方面：

一是美联储加息冲击。美联储加息对中国的股市、汇市、债市呈现三大冲击。

回看当时，美联储加息让人民币压力倍增。美联储决定加息后美元大涨，人民币兑美元 12 月 15 日周四大跌至逾八年来的最低水平，由此扩大了最近几周的快速跌势，并且自 10 月初以来的跌幅已达 4%。12 月 15 日北京时间周四下午 4:30，美元兑人民币 6. 935 4 元。人民币兑美元 2016 年以来已累计下跌 6. 7%。

人民币兑美元汇率贬值主要是受国际因素的影响，特别是美元的加息预期持续走强。美联储加息预期和避险情绪共同推动美元指数升至 10 个月来新高。

虽然受到美元飙升的影响，但人民币最近快于预期的贬值速度也反映出中国决策者对经济状况的担忧加剧。由于正在应对经济增长迟滞和资产泡沫膨胀的局面，中国相关部门对人民币贬值展现了更大的宽容性。其对中国未来冲击程度值得观察。

美联储"鹰派"紧缩倾向增强给中国央行出了一道迫在眉睫的难题：如何稳定人民币汇率预期？当务之急是要打破人民币的单边贬值预期。为遏制资本外流，2017 年 2 月末中国政府加强了资本管控，人民币已加入国际货币基金组织（International Monetary Fund，IMF）的特别提款权（SDR）货币篮子。中国政府发布了旨在放慢中国公司海外投资步伐的新规。此外，监管机构还要求银行对海外以及中资公司可以将多少资金转移出中国并投向全球其他业务严格设限。中国官员称，这些控制是临时性举措，旨在稳定资金外流及人民币汇率。他们强调，中国政府推动人民币国际化的长期目标没有改变。

美国进一步加息的前景与中国资本控制收紧或将导致更多资本流出中国。这或许会给中国央行带来一个巨大的难题，因为该行一方面需为支撑经济保持充足的市场流动性，另一方面也需要动用外汇储备支撑人民币汇率，而这样做会导致境内金融市场流动性短缺。中国央行通过出售美元并买入人民币来实施此类干预，而这种做法实际上是从金融系统中回笼人民币资金。

二是未来的美国新政府政策因素的不确定性，即特朗普冲击。特朗普新政对中国经济的发展产生什么样的影响具有较大不确定性。到目前为止，特朗普的中国牌，还没有真正出手。他所说的贸易战、台湾问题、南海问题乃至汇率问题，目前都还只是口头风暴。从特朗普的个性以及他的班底安排来看，中国牌迟早是要打出来的，而出牌的烈度，则取决于对手的备战水平。中国当珍惜此机遇窗口，解决好资产泡沫背后的制度成本过高问题，以迎接更大的地缘与资本双重风暴！

从以上分析可以看出，一些数据指标表现得比较平稳，一些金融经济指标有所改善，经济发展呈现积极变化。但同时也要看到一些金融经济指标不如预期，经济企稳向好的基础尚不牢固。

（四）长期金融经济中的主要压力（财富解码：春暖乍寒，暂不宜长线布局）
从长期看，金融经济中的主要压力可能来自以下方面：

1. 过度金融化的失衡。当前，中国存在过度金融化的倾向，主要表现在两个方面：首先，金融占 GDP 的比重过大。2016 年中国金融业增加值占 GDP 的比重达到 8.3%，已经超过发达国家的水平。2000—2005 年的比例是 4.4%。其次，金融业的利润过大。2016 年全年金融业的利润与全国国企的利润相当。2016 年中国的国有企业净利润为 23 158 亿元，而同期金融业的净利润为 20 286 亿元。

过度金融化存在隐忧。其带来的负面影响主要表现在三个方面：一是过度金融化会积累金融体系自身的脆弱性。过度金融化使得金融体系不断膨胀，金融与实体经济的失衡，加大了系统风险。金融业如果脱离了实体经济，过度循环，最后必然出现系统风险，这也是美国次贷危机的深层次原因，最后只能由财政买单。正因为如此，要把防控金融风险放到更加重要的位置，妥善处置银行不良资产、房地产泡沫等一批风险点，确保不发生系统性金融风险。二是部分金融机构存在体内循环，脱实向虚，特别是同业、理财、资管、票据存在杠杆过高、链条过长、关联过于复杂的问题，造成整个资产负债表畸形。有些中小银行，表外超过表内、同业超过存款，像这种资产负债表是非常脆弱的，不仅虚增了银行的利润，而且抬高了实体经济的成本。三是部分实体企业片面强调金融结合。很多企业做金融，这非常正常，有一定的合理性。但是，过分地倚重和扩大金融板块的比重，可能会导致金融行为的虚拟化、投机化，会带来企业文化的异化，阻碍工匠精神的培育，以及管理和技术的创新。

出现上述现象的原因有：①社会有需求；②现在存在着所谓的金融创新，处于监管的边缘和空白地带；③当前实体经济比较困难；④新技术的运用。

面对这种情况，一是应该进一步加强金融立法。国家应出台资产管理的相关办法，加强审慎监管和协同监管。二是创造良好的经济环境。只要国家重视，各界齐心协力，一定会妥善处理和解决好过度金融化的问题。

2. 过度依赖刺激政策。过度依赖刺激政策带来的负面影响主要表现在三个方面：一是导致货币政策效应递减。目前经济体系对房地产的依赖性增大，楼市泡沫的破坏性不可低估。每一轮房地产泡沫都有信贷投放过度的影子。虽然房贷推动了经济短期企稳，但是房价暴涨背后潜伏着巨大的风险。应防止深陷"房地产陷阱"无法自拔。国际货币基金组织（IMF）发出警告，如果一味依赖刺激政策，中国未来几年将面临更严重的经济放缓甚至直线下滑的危险。二是挤出效应，即民间投资不足。三是浪费改革时间。财政部前部长楼继伟2017年3月20日在中国发展高层论坛也发出警告，通过货币政策和财政政策加杠杆，给出了经济稳定的幻象，导致人们不愿意忍受改革阵痛，货币政策和财政政策买来的时间如果浪费掉，政策空间会越来越小，最终需要在紧货币紧财政的条件下进行改革，阵痛会更加剧烈。

3. 过度依赖投资驱动的增长模式，经济结构调整任务艰巨。从长期看，虽然一些行业去杠杆、产能过剩的程度有所缓解，但还没有根本逆转，经济下行压力并没有得到完全释放，国内处在结构调整的关键时期。数据表明，基建投资成稳投资主力，投资驱动的增长模式没有根本性改变。市场活力尚待恢复，经济结构调整任务艰巨，需求不足压力依然存在。

目前仍然没有看到新的增长动能的出现。众所周知，产能周期的更替，本质是主导产业与支柱产业的更替。过去，比如1992—2000年、2001—2017年，能够实现产能周期的更替，原因在于新的增长动能的出现，无论是家电消费，还是汽车消费、房地产消费，或者出口增长。但目前，我们还没有发现经济增长出现新的动能。虽然很多新兴产业进入产品的导入期，但还没到成长期，而且它们在经济中占比较小，短期还不能指望它们能够替换传统产业，引领经济实现周期更替。如果没有新的增长动能出现，就不能指望产能周期见底后会立马回升。

面对这种情况，一是决不允许过剩产能死灰复燃。二是寻找新的增长点，创造良好的创新环境，加快培育新动能。因为过去的一些增长点基本饱和了，所以得找新的增长点。鼓励寻找新增长点的政策可以更放开灵活一些，对推动这方面的投资有很大的意义。

（五）财富解码：长期新的增长点

新的增长点在哪里？中国未来 10 年内的新增长点主要有三个。

第一个重要的新增长点是战略性新兴产业。数据显示，战略性新兴产业每年会给我们带来 36 万亿元以上的 GDP。36 万亿元是什么概念？我们 2016 年的 GDP 总量可能是 71 万亿元，一个产业就带来 36 万亿元，新增长点会有很大的前景。

战略性新兴产业包括八大领域。一是新能源，水能、生物能、地能、风能、太阳能、核能都属于新能源范畴。二是新材料。这是一个重要的新增长点。剑桥大学已经用石墨烯生产电池，充一次电可以跑 440 千米，可以连续充电 2 000 次。深圳华为的石墨烯电池也取得重大进步。三是生命生物工程。生命生物工程未来的市场是巨大的。现在肝脏可以打印出来，但现在只是用来做物理实验，也就是药物试验。未来人类器官打印并不是遥遥无期。四是信息技术。腾讯公司的微信就是移动互联网的突破。这种创新带来了巨大的市场价值，所以移动互联网成为重点。五是节能环保。中国每年的废水处理差不多有近万亿元的市场价值，但是我们搞不出来。化工废水和医疗废水都处理不了，就排到地下，土地都重度污染了。六是新能源汽车。七是智能化和机器人。八是高端装备。

第二个重要的新增长点是服务业，服务业将成为新增长点并且有很大的空间。消费服务、商务服务、生产服务、精神服务都很有空间。消费服务有六个组成部分：餐饮与商贸、医疗与健康、养老消费服务、儿童消费服务、家政消费服务、交通信息消费服务。最近国务院明确放开了养老消费服务。养老消费保障和养老消费服务不是一个概念。养老消费保障是讨论政府养老的地位和作用。养老消费服务是一种服务业，可以全面由社会资本投资。商务服务有两个发展趋势：一是家族财富管理。现在家庭财务管理有很大的空间，许多人有点钱专门找人打理，因此出现家族财富管理的业务。二是园区管理服务。未来政府不再建园区，都是企业化，由企业专门建园区，可以"拎包入住"。大量中小企业需要园区服务，园区管理服务成为很重要的内容。生产服务业中的外包服务发展也非常快。

　　第三个重要的新增长点是投资教育。一个是鼓励企业办大学，另一个就是要建立一大批民办的大学。不是简单的民办大学，而是要冲击世界一流的大学。例如，西湖大学是民办大学，浙江省政府划拨了 2 000 多亩地。西湖大学先创办研究所招博士，最后再面向社会招本科生。西湖大学有四位院士、两位企业家、一位经济学家给习总书记写信，建议创办这种大学。这种大学现在已经开始运作。此外，海外的名牌大学也已开始在中国办分校。比如以色列工学院在广州已经奠基，斯坦福准备在深圳办分院，纽约大学在上海已经办了分校。教育投资具有广阔的投资前景。各种基金都可以投资教育，因为这种服务业的需求非常大。

（六）政策追踪、思考与展望

　　1. 关于官方房地产政策取向变化。房地产既是一种有居住功能的消费品，也是一种有保值增值功能的投资品，既和百姓的福祉息息相关，又对经济的增长有重要贡献，所以保持房地产市场的平稳健康发展十分重要。2016 年 12 月中央政治局会议提出，要加快研究建立符合国情、适应市场规律的房地产平稳健康发展的长效机制。

　　颇受海内外关注的中共中央经济工作会议于 12 月 16 日结束。鉴于 2015 年夏天的股灾教训，本次会议把防控系统性金融风险放到了更重要位置，同时对当下日益膨胀的房地产泡沫发出警告。中国国家主席习近平在会上就房地产炒风提出批评，指出"房子是用来住的，不是用来炒的"。这句话被官媒发表后，成为舆论关注的焦点之一。会后新华社发布了长达 5 000 字的稿件，提出"去库存"和"促进房地产市场平稳发展"。

　　2016 年 12 月 16 日，人民日报微信号发文指出要综合运用金融、土地、财税、投资、立法等手段，加快研究建立符合国情、适应市场规律的基础性制度和长效机制，既抑制房地产泡沫，又防止房地产价格大起大落。同时，还要在宏观上管住货币，微观信贷政策要支持合理自住购房，严格限制信贷流向投资投机性购房等。

　　这意味着从 2017 年起，中国的房地产市场将发生根本性改变，住房会回归到基本居住功能，政府会通过信贷、税收等政策对房地产市场进行清晰的界定。

　　2. 关于官方的货币政策、财政政策取向变化。第一，官方提出 2017 年货币政策稳健中性，着力防控资产泡沫。2016 年的中央经济工作会议确定了 2017 年的经济政策和经济重点。2017 年货币政策要保持稳健中性，同时着力防控资产泡沫，适应货币供应方式新变化，调节好货币闸门，努力畅通货币政策传导渠道和机制，维护流动性基本稳定。

这和当前官方的正式表述"稳健的货币政策"有所不同，表明在全球不确定性大增以及中国经济正企稳复苏的背景下，中国政府将更注重防控金融风险和资产泡沫；货币政策实施上，也将从目前的偏宽松转至中性甚至偏紧。

第二，官方政策主线变化。2015 年以来是以供给侧结构性改革为主线，2016 年上半年转变为以供给侧结构性改革，并结合适度扩大总需求为主线。今后一个时期，将继续坚持以新发展理念引领新常态，坚持稳中求进工作总基调，适度扩大总需求，加快推进基础性关键性改革，加快培育新动能，大力振兴实体经济，巩固和扩大积极变化因素，促进国民经济持续健康发展。

3. 管理层方向选择的思考。从经济政策的取向看，预计维持稳定仍是首要任务，政策环境宽松预期增加。经济政策有继续靠传统动力驱动的倾向，即投资与房地产拉动增长模式的倾向、宽松货币政策刺激增长模式的倾向。因此，估计未来经济政策仍然是以稳增长任务为主。

维稳型的政策管理者，优选策略应是"稳"。该策略的核心是防止短期经济下行，推迟风险爆发，进而实现短期稳定。如何既稳增长又防风险，摆脱或防止房地产"绑架"中国经济，避免"抱薪救火"，是摆在维稳型的政策管理者面前的艰巨任务。

进取型的政策管理者，优选策略应是"稳中求质"。该策略的核心是以短期下行的代价，有序释放系统风险，进而换取中国经济的长期持续健康发展。如何既有效释放系统风险，又避免中国经济"硬着陆"，勇于承担责任，是摆在进取型的政策管理者面前的艰巨任务。进取型的政策管理者，应利用大好时机，采取"分批置换"方式，可选择一部分行业或企业逐步进行去产能去泡沫。注意要循序渐进去产能去泡沫，不宜全面铺开。进取型的政策管理者，应利用大好时机，围绕"三去一降一补"，根本解决过剩产能和高杠杆，以及僵尸企业问题。进取型的政策管理者，应利用大好时机，用改革深化增活力，通过改革逐步恢复微观主体的内在经济活力，用市场驱动、创新驱动强动能，促进经济持续健康发展。

4. 管理层的工作重点展望。未来应重点做好以下几个方面工作：

一是要坚持防系统风险，引领稳中提质。如何防止房地产的大起大落、防止资本外流对经济带来一些不利的影响，是摆在政府面前的艰巨任务。要着力稳增长、控风险，坚决守住不发生系统性区域性风险的底线，并将其作为压倒一切的首要目标任务。实现金融风险监管全覆盖，维护国家经济金融安全。房价暴涨背后潜伏着巨大的风险。人民币贬值预期与资本外流压力、楼市加杠杆与楼市泡沫、外贸增速下滑与外需持续低迷等不稳定、不确定因素对我国发展的影响不可低估。

　　二是要着力调结构、促改革，增强持续增长动力。如何继续进一步加大改革力度，尤其是加大对关于民间投资相关政策落实的力度，为民间投资的回升继续创造良好的环境和条件，是摆在政府面前的艰巨任务。要采取结构性改革尤其是供给侧结构性改革举措，为经济发展营造良好环境。要围绕激发市场活力，加大改革开放力度。要围绕创新驱动，推动产业创新升级，增强经济发展新动力。

　　总的来看，目前市场运行总体态势平稳。短期为经济主体适度有为创造有利条件。从短期看，经济应无担忧必要。从长期看，系统性不确定因素依然存在。在全球不确定性大增以及中国经济正企稳复苏的背景下，一方面，国际环境依然错综复杂，预计美联储加息，金融机构风声鹤唳，其对中国未来冲击程度值得观察。另一方面，中国经济正站在历史的十字路口，虽然 L 形触底，但更多是周期性触底，而不是结构性触底。国内长期积累的一些结构性矛盾还比较突出，需求扩张的动力仍显不足。基建投资成稳投资主力，投资驱动的增长模式没有根本性改变，中国应警惕过度稳增长。

　　改善与增强持续增长动力，有两个是关键节点：防系统风险问题，经济结构性问题。坚持"守住不发生系统性区域性风险的底线这一"压倒一切的首要目标任务"。坚持通过降杠杆、去产能、创新驱动、促改革来增强经济持续增长新动力。经济工作需要远近结合，趋利避害。既要立足当前、有针对性地出招，顶住经济下行压力，又要着眼长远、留有后手、谋势蓄势。下阶段，要进一步加大工作落实力度，努力巩固积极变化因素，促进经济平稳健康发展。

◆ 第七章　系统风险的区域分布及京津冀区域风险的比较

第一节　国内各地区的系统风险分布

我们把一个区域的系统性金融风险称为区域性系统风险，简称"区域风险"。各省份的区域风险的 FEPI 指数模型的监测结果如图 7-1 所示。

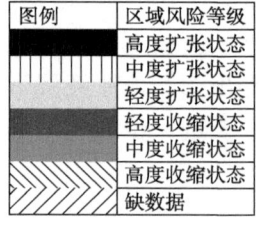

图 7-1　系统性金融风险的区域监测结果

第二节　京津冀与全国各地区的系统风险比较

我们将区域风险等级划分为 6 级，即高度扩张状态、中度扩张状态、轻度扩张状态、轻度收缩状态、中度收缩状态、高度收缩状态（如图 7-1 所示）。

从图 7-1 可以看出，目前上海处于高度扩张状态；青海处于高度收缩状态；甘肃处于中度收缩状态；北京、天津、浙江、广东、海南处于中度或低度扩张状态。从京津冀三省市与全国其他地区的系统风险比较看，北京、天津处于低度扩张状态，是金融经济强复苏的省份，好于全国平均水平；河北处于低度收缩状态，是金融经济弱复苏的省份，接近金融经济发展全国平均水平。

第三节　京津冀三地的区域风险月度动态趋势比较

2016 年 10 月到 2017 年 4 月京津冀区域性系统风险的 FEPI 指数模型的月度动态监测结果如图 7 - 2 所示。

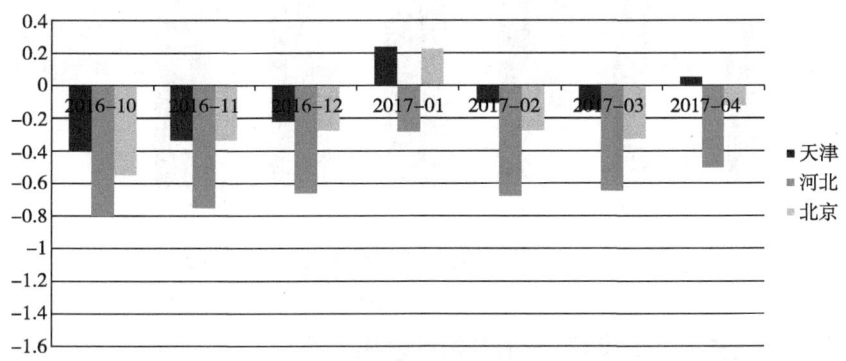

图 7 - 2　京津冀区域风险的月度动态变化

从图 7 - 2 可以看出，京津冀三地的区域风险变化有如下特征。

一、 京津冀 FEPI 指数的趋势协同性特征

京津冀三地都处于企稳回暖态势。从京津冀 FEPI 指数趋势性特征看，京津冀三地的短期趋势趋同，三地都呈现企稳回暖趋势。

二、 京津冀 FEPI 指数的偏离度特征

从京津冀 FEPI 指数偏离度特征看，三地 FEPI 指数偏离度比较大。北京、天津 FEPI 指数相对来说形势较好一些，河北相对来说形势较差一些。

第四节　京津冀三地的区域风险变化的原因比较

一、 北京区域风险变化的原因分析

从图 7 - 3 可以看出 2016 年 10 月至 2017 年 4 月 6 个月北京区域风险变化的进一步原因；一是北京实体企业盈利能力处于中等偏上水平，但波动较大；

二是发展能力处于中等水平，市场需求有待进一步拓展；三是北京地区的杠杆水平偏高。

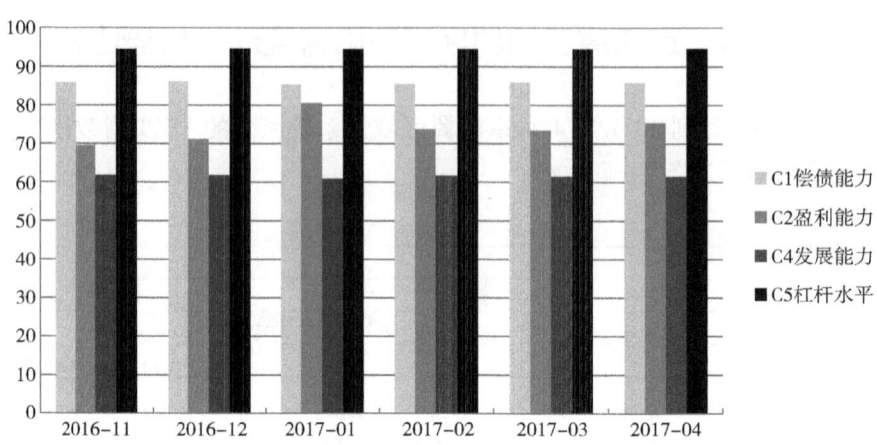

图 7 - 3　北京区域性系统风险变化的因素分析

二、 天津区域风险变化的原因分析

从图 7 - 4 可以看出 2016 年 10 月至 2017 年 4 月 6 个月天津区域风险变化的进一步原因：天津实体企业盈利能力、发展能力均处于中等偏下水平；天津地区的杠杆水平偏高。

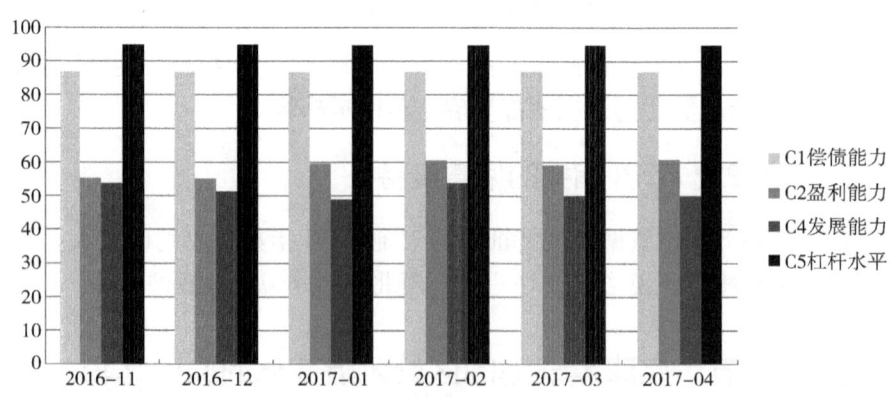

图 7 - 4　天津区域性系统风险变化的因素分析

三、 河北区域风险变化的原因分析

从图 7 - 5 可以看出 2016 年 10 月至 2017 年 4 月 6 个月河北区域风险变化

的进一步原因：河北实体企业盈利能力、发展能力均处于中等偏下水平，市场需求有待进一步拓展；河北的杠杆水平偏高。

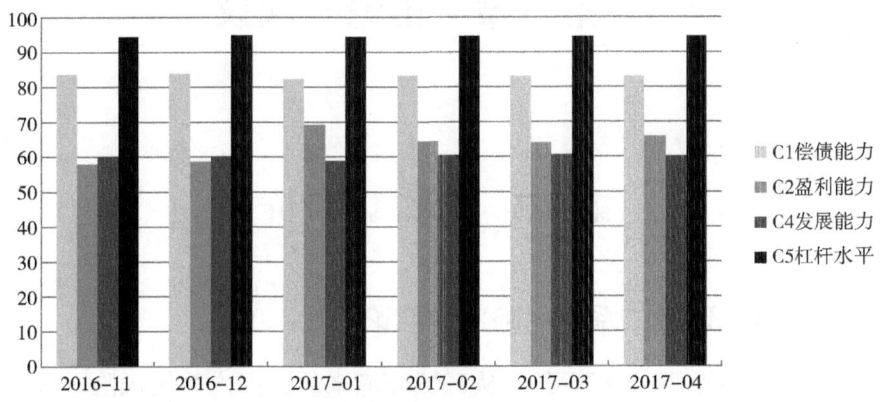

图 7 – 5 河北区域性系统风险变化的因素分析

总的来看，京津冀三地的区域风特点是：一是北京实体企业盈利能力高于天津、河北，处于中等偏上水平。二是京津冀的实体企业发展能力均处于中等水平，三地的市场需求有待进一步"复苏"，市场有待进一步拓展。三是这三个区域的企业杠杆水平均偏高。

◆◆ 第八章 结论与建议

第一节 区域风险评价

一、 区域环境的系统风险监测结论

2016 年 6 月至 2017 年 6 月，从区域环境来看，国内系统风险总体平稳。新常态下的区域金融风险呈现交叉性、综合性、动态性的特征。区域金融风险波动带来的风险冲击呈现跨市场、跨行业、跨区域的特征。

由于世界经济缓慢复苏，不确定、不稳定因素明显增多，国内经济虽然缓中趋稳、稳中向好，但是仍然面临一些突出的矛盾和问题。防控金融风险应是近年来中央及各个地区的主方向，未来应重点做好以下两个方面工作：

一是要坚持防系统风险，引领稳中提质。要把切实防范化解金融风险，牢牢守住不发生系统性区域性金融风险的底线，将这一"压倒一切的首要目标任务"落到实处，实现金融风险监管全覆盖，维护国家经济金融安全。

二是要着力调结构、促改革，增强持续增长动力。采取结构性改革尤其是供给侧结构性改革举措，为经济发展营造良好环境；围绕激发市场活力，加大改革开放力度；围绕创新驱动，推动产业创新升级，增强经济发展新动力。

改善与增强持续增长动力，既要防范系统性风险问题，又要解决经济结构性问题。因此经济工作需要远近结合，趋利避害。既要立足当前、有针对性地出招，顶住经济下行压力，又要着眼长远、留有后手、谋势蓄势。下一阶段，要进一步加大工作落实力度，努力巩固积极变化因素，促进经济平稳健康发展。坚持通过降杠杆、去产能、创新驱动、促改革来增强经济持续增长新动力。

二、 重点区域的金融风险总体评价

本书建立了区域金融风险模型，在区域金融风险成因分析、区域风险预警指标筛选的基础上，构建了一套区域金融风险预警指标体系，采用层次分析法确立了区域金融风险预警指标体系各个指标的权重，并针对 2007 年至 2017 年 10 年 120 多个月度的北京区域金融风险变化特征进行了实证分析。实

证研究表明，目前北京区域金融风险处于盘整态势，2017 年处于安全与风险的警戒线边缘。建议北京金融经济工作以稳中防变为主，谨慎乐观。

综合全书，具体得到 2007—2017 年金融风险总体评价如下：

第一，整体状态。从北京金融风险的整体状态来看，过去 10 年期间多数时期北京金融风险基本安全，少数时期在黄灯区运行，过去 10 年期间没有出现过高度风险、严重风险。近期北京金融风险处于较低状态与较高风险状态的交界边缘，由主要在蓝灯区运行转到黄灯区运行，需要警惕。

第二，风险点。根据实证分析结果，从联合因素看，各风险因素共同的联合作用的影响大。如果出现各风险因素共振，则会雪上加霜，加剧北京区域金融风险。从单因素看，北京区域金融经济风险总指数对北京金融市场风险变化、北京 GDP 变化、北京房地产泡沫、全国 GDP 变化最敏感。

三、 京津冀区域的金融风险评价

综合全书，京津冀区域风险分析结论如下：

第一，从京津冀区域风险月度动态变化趋势看，京津冀 2017 年 1—4 月金融经济运行总体平稳。从京津冀 FEPI 指数趋势性特征看，京津冀三地的短期趋势趋同，三地都呈现企稳回暖趋势。从京津冀 FEPI 指数差异特征看，北京、天津 FEPI 指数相对来说形势较好一些，河北相对来说形势较差一些。从京津冀协同性特征看，京津冀产业结构不断优化，第三产业比重继续提高。京津冀协同发展提速推进，双向开放不断扩大。

第二，从京津冀三地与全国其他地区的系统风险比较来看，北京、天津处于低度扩张状态，好于全国平均水平，属于金融经济稳定发展的省份；河北处于低度收缩状态，金融经济发展接近全国平均水平。

第三，京津冀区域的风险点主要表现在三个方面：①天津、河北实体企业盈利能力低于北京，处于中等偏下水平。②京津冀的实体企业发展能力均处于中等水平，还需要进一步增强，市场有待进一步拓展，未见"春暖花开"信号。③北京、天津、河北的企业杠杆水平均偏高。

第二节　政策建议

展望未来，建议进一步加强和改进以下几个方面的工作。

一、 进一步加强区域金融信息资源共享， 为金融稳定评估提供有效的数据支持

要在现有经济金融数据指标监测系统的基础上，拓展信息渠道，尽可能

与各监管机构的业务系统实现连接，互联共享，相互补充，建立涵盖北京辖区银行、证券、保险、投资、消费、物价、财政等重要变量的数据库，基本实现统计数据的自动采集，减轻金融稳定评估数据收集的工作量，全面掌握辖区内银行、证券、保险等各部门数据，共同建立完整、科学的区域金融稳定评估指标原始数据库，为金融稳定评估提供有效的数据支持。

二、 进一步提高区域金融风险防控工作的效率， 强化风险监测预警系统的自动运算功能

要强化风险评估系统的自动运算功能，使数据的处理和运算基本做到自动化，从而使金融稳定评估人员能够从繁重琐碎的公式计算中解脱出来，将更多的精力投入到对指标变动趋势的把握、内在联系的分析及对金融稳定的影响分析上来，提高金融稳定评估工作的效率和质量。

北京区域风险评估信息处理自动化系统由操作系统、应用程序和数据库组成（见图8-1、图8-2），该系统将风险评估信息系统与金融风险识别结合起来，提高快速响应能力。通过对发生剧烈变化、超出评估系统允许范围的指标自动发出预警信号，实现对潜在的金融风险的自动识别和预警，使监管部门能够及早做出反应和处置，将不稳定因素消灭在萌芽状态。

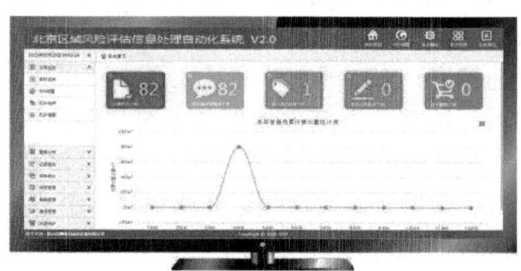

图8-1　北京区域风险评估信息处理自动化系统

图8-2　程序语言编程实现区域指标自动快速计算

三、 进一步强化区域金融经济政策与区域金融风险监测结果的协调

稳中防变是 2018 年北京金融经济工作的主基调。如前所述，从北京金融风险的整体状态来看，2007—2017 年这 10 年期间少数时期在黄灯区运行；2016—2017 年北京区域金融风险积聚有所增加，出现黄灯预警。近期北京金融风险处于较低状态与较高风险状态的交界边缘，由主要在蓝灯区运行转到黄灯区运行，需要警惕。

四、 进一步加强重点区域宏观重点风险点防控

如前所述，从单因素看，北京区域金融经济风险总指数对北京金融市场风险状况变化、北京 GDP 变化、北京房地产泡沫、全国 GDP 变化最敏感。因此，北京政府管理部门应把以上四方面作为风险防范重点。要积极采取措施，谨防风险点引爆区域金融风险，谨防跨区域金融风险传染到北京，谨防北京区域金融风险演变为全国系统性金融风险。

五、 进一步强化风险应急预案，建立北京区域系统风险动态准备金

所谓"系统风险准备金"，是指用于应对系统风险而陷入流动性困境的企业的应急资金。而所谓"动态"，是指将风险准备金的数量与系统风险动态变化程度挂钩。

（1）意义与可行性。建立北京区域系统风险动态准备金的意义与可行性表现在以下几个方面：

第一，建立北京区域系统风险动态准备金是 2018 年稳中防变的举措之一。

第二，风险准备金是化解金融危机的强有力的补救措施。回顾国内外经验，建立北京区域系统风险动态准备金是可行措施。国外金融危机应对的实践证明，风险准备金是化解金融危机的强有力举措。

第三，风险准备金是防止区域风险演变为全国性金融风险的有效举措。

第四，建立系统风险准备金，贯彻中央精神、防范重点金融风险。为了贯彻中央金融安全底线思维，北京市政府要做好应对未来可能发生流动性危机的准备。

（2）理论基础与科学性。建立系统风险动态准备金的理论基础和科学性如下。

一是各国化解金融危机的通行做法。

二是金融风险管理实践中采取的"风险自留策略"。

三是资金储备数量如何计算：以金融经济压力指数 FEPI 为基础，测算"系统风险准备金"。可以根据 FEPI 指数变化，建立"系统风险准备金"。

四是资金储备数量如何实现动态测算：关于"系统风险动态准备金"的前期研究已经顺利完成。动态风险准备金的确定应与系统性风险程度挂钩。技术细节另文专题研究。

五是资金来源：财政资金。由系统重要性机构强行投保。

六是资金使用对象：系统重要性公司。

七是资金偿还：签订救助协议。

八是资金用途：系统性风险准备金主要用于对系统重要性机构的救助。

总之，必须看到，在未来的分析研究工作中，只有进一步拓宽视野、创新方法，努力提高风险监测预警能力，才能守住不发生区域性系统性金融风险的底线，促进首都金融稳定与健康发展，实现低风险的北京经济的高质量增长。

参考文献

［1］ ARAMONTE S. Macroeconomic uncertainty and the cross – section of option returns ［J］. Journal of Financial Markets, 2014（21）: 25 –49.

［2］ ATHANASOPOULOU M. Banks probability of default: Which methodology, when, and why ［R］. Washington: IMF, 2009.

［3］ ARCHARYA V, BISIN A. Counterparty risk externality: Centralized versus over – the – counter markets ［J］. Journal of Economic Theory, 2014（149）: 153 –182.

［4］ ACHARYA V. A theory of systemic risk and design of prudential bank regulation ［J］. Journal of financial stability, 2009, 5（3）: 224 –255.

［5］ ACEMOGLU D, OZDAGLAR A, TAHBAZ – SALEHI A. Systemic risk and stability in financial networks ［J］. American Economic Review, 2015, 105（2）: 564 –608.

［6］ ADRIAN T, BRUNNERMEIER M K. CoVaR ［J］. American Economic Review, 2016, 106（7）: 1705 –1741.

［7］ ACHARYA V, THAKOR A. The dark side of liquidity creation: Leverage and systemic risk ［J］. Journal of Financial Intermediation, 2016, 28: 4 –21.

［8］ AUTOR D H, DORN D, HANSON G H. The China Shock: Learning from labor market adjustment to large changes in trade ［R］. Cambridge: NBER, 2016, 8（1）.

［9］ ALI HS, MUKHTAR U, GANTHI, et al. Dynamic links between exchange rates and stock prices in malaysia: an asymmetric cointegration anafysis ［J］. Journal of Economics & Political Economy, 2015（2）: 411 – 417.

［10］ AKAR C, CICEK S. "New" monetary policy instruments and exchange rate volatility ［J］. Empirica, 2017, 43（1）: 1 –25.

［11］ ACHARYA V, Pedersen L H, Philippon, et al. Measuring systemic risk ［J］. Review of Financial Studies, 2017, 30（1）: 2 –47.

［12］ Abderrazak Dhaoui, Stéphane Goutte, Khaled Guesmi. The asymmetric responses of stock markets ［J］. Economic Integration, 2018（33）: 1096 –1140.

［13］ BENOIT S, Colliard J E, Hurlin C, et al. Where the risks lie: a survey on systemic risk [J] . Review of Finance, 2017, 21 (1): 109 – 152.

[14] Brownlees C, Engle. SRISK: A conditional capital short fall measure of systemic risk [J], Review of Financial Studies, 2017, 30: 48 – 79.

[15] BO CHEN, SHENG – LIN ZHAO, PENG – YUN LI. Application of hilbert – huang transform in structural health monitoring: A state – of – the – art review [J] . Review Article, 2014 (6): 5 – 10.

[16] BALAKRISHNAN R, DANNINGER S, ELEKDAG S, et al. The transmission of financial stress from advanced to emerging economies [R] . Washington: IMF, 2009.

[17] BILLIO M. Econometric measures of systemic risk in the finance and insurance sectors [R], Cambridge: NBER, 2010.

[18] BERG A, PATTILLO C. Predicting currency crises: the indicators approach and an alternative [J] . Journal of International Money and Finance, 1999 (18): 561 – 586.

[19] BRUNNERMEIER M K, SANNIKOV Y A. Macroeconomic model with a financial sector [J] . American Economic Review, 2014, 104 (2): 379 – 421.

[20] BAKER S R, BLOOM N, DAVIS S J. Measuring economic policy uncertainty [J] . The Quarterly Journal of Economics, 2016, 131 (4): 1593 – 1636.

[21] BYUN S J. The usefulness of cross – sectional dispersion for forecasting aggregate stock price volatility [J] . Journal of Empirical Finance, 2016, 36: 162 – 180.

[22] BALI T G, BROWN S J, TANG Y. Is economic uncertainty priced in the cross – section of stock returns? [J] . Journal of Financial Economics, 2017, 126 (3) : 471 – 489.

[23] CONTRERASA I, HIDALGO J, NUÑEZ – LETAMENDÍA L. A hybrid automated trading system based on multi – objective grammatical evolution [J] . Journal Of Intelligent & Fuzzy Systems, 2017, 32 (3): 2461 – 2475.

[24] CAR DARELLI, ROBERTO, SELIM ELEKDAG, et al. Financial stress, downturns, and recoveries, forthcoming [R] . Washington: IMF, 2009.

[25] CHAN – LAU J. Network analysis as a tool to assess cross border financial linkages [R] . Washington: IMF, 2009.

[26] CAGGIANO G, CASTELNUOVO E, GROSHENNY N. Uncertainty shocks and unemployment dynamics in us recessions [J] . Journal of Monetary Economics, 2014 (67): 78 – 92.

[27] Chih – Hsiang Chang, Shih – Jia Lin . The effects of national culture and behavioral pitfalls on investors decision – making: Herding behavior in international

stockmarkets ［J］. International Review of Economics and Finance, 2015 (37): 380 – 392.

［28］ CALDARA D, FUENTES – ALBERO C, GILCHRIST S, et al. The macroeconomic impact of financial and uncertainty shocks ［J］. European Economic Review, 2016, 88: 185 – 207.

［29］ DEMIRGUC – KUNT, DETRAGIACH E. The determinants of banking crises in developing and developed countries ［J］. Staff Papers, 1998 (45): 81 – 109.

［30］ DANIEL K. Large banks and small banks in an era of systemic risk regulation ［J］. BIS Review, 2009: 74.

［31］ DIEBOLD F X, YILMAZ K. On the network topology of variance decompositions: measuring the connectedness of financial firms ［J］. Journal of Econometrics, 2014, 182 (1): 119 – 134.

［32］ ELLIS L, HALDANE A, MOSHIRIAN F. Systemic risk, governance and global financial stability ［J］. Journal of Banking and Finance, 2014 (45): 175 – 181.

［33］ ENGLE R F, MANGANELLI S. CAViaR: Conditional autoregressive value at risk by regression quantiles ［J］. Journal of Business & Economic Statistics, 2014, 22 (4): 367 – 381.

［34］ FERNALD J G, SPIEGEL M M, SWANSON E T. Monetary policy effectiveness in China: evidence from a FAVAR model ［J］. Journal of International Money and Finance, 2014, 49: 83 – 103.

［35］ FRANKEL J A, ROSE A K. Currency crashes in emerging markets: An empirical treatment ［J］. Journal of international Economics, 1996, 41 (3 – 4): 351 – 366.

［36］ FAVERO C A, GUZLUKLU A, YANG H. Demographics and the behavior of interest rates ［J］. IMF Economic Review, 2016 (64): 732 – 776.

［37］ FAUSTO F, CUEVAS E, VALDIVIA A, et al. A global optimization algorithm inspired in the behavior of selfish herds ［J］. Biosystems, 2017, 03: 2603 – 2647.

［38］ GOODHART C, SEGOVIANO M A. Banking stability measures ［R］. Washington: IMF, 2009.

［39］ GELUK J, HAAN L D, VRIES C D. Weak and strong systemic fragility ［R］. New York: Mimeo, 2009.

［40］ GRAY D F, JOBST A A. New directions in financial sector and sovereign risk management [J] . Journal of Investment Management, 2010, 8 (1): 23 –28.

[41] GRAY DALE, JOBST ANDREAS A. Tail dependence measures of systemic risk using equity options data – Implications for financial stability [R] . Washington: International Monetary Fund (IMF), 2009.

[42] GORDY M B, LÜTKEBOHMERT E. Granularity adjustment for Basel Ⅱ [R], Frankfurt: Deutsche Bundesbank, 2007: 01.

[43] GARG, ASHISH, JINDAL, et al. Herding behavior in an emerging stock market: empirical evidence from India [J] . IUP Journal of Applied Finance, 2014, 20 (2): 18 –36.

[44] GLASSERMAN P, YOUNG H P. How likely is contagion in financial networks? [J] . Journal of Banking & Finance, 2015, 50 (1): 383 –399.

[45] GREENWOOD R, LANDIER A, THESMAR D. Vulnerable banks [J] . Journal of Financial Economics, 2015, 115 (3): 471 –485.

[46] GHULAM ABBAS, RONI BHOWMIK, LAXMI KOJU, et al. Cointegration and causality relationship between stock market, money market and foreign exchange market in pakistan [J] . Journal of Systems Science and Information, 2017, 5 (1): 1 –20.

[47] GLASSERMAN P, YOUNG H P, How likely is contagion in financial networks? [J] . Journal of Banking & Finance, 2015 (50): 383 –399.

[48] GAGNON E, JOHANNSEN B K, LOPEZ – SALIDO D . Understanding the new normal: the role of demographics [J] . Social Science Electronic Publishing, 2016.

[49] HARDLE W K, WANG W, YU L. TENET: tail – event driven NET work risk [J] . Journal of Econometrics, 2016, 192 (2) : 499 –513.

[50] HESSE H, HEIKO, SEGOVIANO M A. Distress dependence, tail risk and regime changes [R], Washington: IMF, 2009.

[51] HUANG X, ZHOU H, ZHU H B, A framework for assessing the systemic risk of major financial institutions [J] . Journal of Banking and Finance, 2009 (33): 2036 –2049.

[52] HAKKIO C S, KEETON W R. Financial stress: What is it, how can it be measured, and why does it matter? [J] . Economic Review, 2009, 94 (2): 5 –50.

[53] HAUTSCH N, SCHAUMBURG J, SCHIENLE M. Financial network systemic risk contributions [J] . Review of Finance, 2015, 19 (2) : 685 –738.

[54] HOUY, LI S. Information transmission between U. S. and China index

futures markets: an asymmetric DCC GARCH approach [J]. Economic Modelling, 2016 (52): 884 – 897.

[55] HUANG Z, TONG C, QIU H, et al. The spillover of macroeconomic uncertainty between the US and China [J]. Economics Letters, 2018 (171): 123 – 127.

[56] KAMINSKY G, REINHART C. The twin crises: the causes of banking and balance – of – payments problems [J]. American Economic Review, 1999 (89): 473 – 500.

[57] KUMAR M S, OKIMOTO T. Dynamics of persistence in international inflation rates [J]. Journal of Money, Credit and Banking, 2007 (39): 1458 – 1479.

[58] KRITZMAN M, LI Y, PAGE S, et al. Principal components as a measure of systemic risk [J]. The Journal of Portfolio Management, 2011, 37 (4): 112 – 126.

[59] LI X, ZHANG W. Research on the efficiency of Chinese stock index future market based on the test of GARCH Model [J]. Management & Engineering, 2017 (28): 37 – 42.

[60] LAURENTS, LECOURT C, PALM F C. Testing for jumps in conditionally Gaussian ARMA – GARCH models, a robust approach [J]. Computational Statistics & Data Analysis, 2016 (100): 383 – 400.

[61] JUDGE A, REANCHAROEN T. A empirical examination of the lead – lag relationship between spot and futures market: evidence from Thailand [J]. Peacific – Basin Finance Jounal, 2014, 11 (3): 66 – 89.

[62] JURADO K, LUDVIGSON S C, NG S, Measuring uncertainty [J]. American Economic Review, 2015, 105 (3): 1177 – 1216.

[63] JINGJING J. Elements of effective macropnidential policiesand lessons from international experience [J]. Financial Development Review, 2017.

[64] JIANG – CHENG LI, YUN – XIAN LI, et al, The roles of mean residence time on herd behavior in a financial market [J]. Physica A, 2016 (462): 350 – 357.

[65] JO S, Sekkel R. Macroeconomic uncertainty through the lens of professional forecasters [J]. Journal of Business & Economic Statistics, 2017, 37 (3): 1 – 11.

[66] MONICA BILLIO, MILA SHERMAN, LORIANA PELIZZON. Crises and Hedge Fund Risk [J]. Ssrn Electronic Journal, 2010, 3939 (041).

[67] MÁRQUEZ – DIEZ – CANEDO J, MARTÍNEZ – JARAMILLO S. A network model of systemic risk: stress testing the banking system [J]. Finance and Management, 2009 (16): 87 – 110.

[68] NARAYAN P K, LIU R, WESTERLUND J. A GARCH model for

testing market efficiency [J] . Journal of International Financial Markets Institutions & Money, 2016 (41): 121 – 138.

[69] PAGANO M S, SEDUNOV J. A comprehensive approach to measuring the relation between systemic risk exposure and sovereign debt [J] . Journal of Financial Stability, 2016 (23): 62 – 78.

[70] Pu Gong Jun Dai. Monetary policy, exchange rate fluctuation, and herdingbehavior in the stock market [J] . Journal of Business Research, 2017 (76): 34 – 43.

[71] Reza Hadizadeh, Paria Soleimani. Monitoring simple linear profiles in the presence of generalized autoregressive conditional heteroscedasticity [J] . Research Article, 2017 (5): 242 – 257.

[72] ROSSI B, SEKHPOSYAN T. Macroeconomic uncertainty indices based on nowcast and forecast error distributions [J] . American Economic Review, 2015, 105 (5): 650 – 655.

[73] RIGHI M B, CERETTA P S. Forecasting value at risk and expected shortfall based on serial pair – copula constructions [J] . Expert Systems with Applications, 2015, 42 (17): 6380 – 6390.

[74] SUBIR LALL, ROBERTO CARDARELLI, SELIM ELEKDAG. Financial stress, downturns, and recoveries [R] . Washington: IMF, 2009, 9 (100): 25 – 29.

[75] SACHS J, TORNELL A, VELASCO A. Financial crises in emerging markets: the lessons from 1995 [R] . Cambridge: NBER, 1996.

[76] SEGOVIANO, MIGUEL A, CHARLES G. Banking stability measures [R] . Washington: IMF, 2009, 23 (2): 202 – 209.

[77] SCOTTI C. Surprise and uncertainty indexes: real – time aggregation of real – activity macro – surprises [J] . Journal of Monetary Economics, 2016 (82): 1 – 19.

[78] SRINIVASAN K. Modeling the symmetric and asymmetric volatility for select stock futures in India: Evidence from GARCH Family Models [J] . Ushus – Journal of Business Management, 2017, 12 (1): 61 – 82.

[79] Teng – Ching Huang, Kuei – Yuan Wang. Investors fear and herding behavior: evidence from the Taiwan stock market [J] . Emerging Markets Finanace and Trade, 2017, 53 (10): 2259 – 2278.

[80] TIAN S, HAMORI S. Modeling interest rate volatility: a realized GARCH approach [J] . Journal of Banking & Finance, 2015 (61): 158 – 171.

[81] TARASHEV N, TSATSARONIS K, BORIO C. Risk attribution using

the shapley value: methodology and policy applications [J]. Review of Finance, 2016 (20): 1189 – 1213.

[82] TENG – CHING HUANG, BING – HUEI LIN, TUNG – HSIAO YANG. Herd behavior and idiosyncratic volatility [J]. Journal of Business Research, 2015, 68 (4): 763 – 770.

[83] TARASHEV N A, BORIO C E V, TSATSARONIS K. A attributing systemic risk to individual institutions [R]. Switzerland: BIS, 2010.

[84] TARASHEV N, BORIO C, TSATSARONIS K. The systemic importance of financial institutions [R]. Switzerland: BIS Paper, 2009.

[85] TARASHEV N, BORIO C. Allocating systemic risk to individual institutions: methodology and policy applications [R]. Switzerland: BIS, 2009.

[86] Wong H T. Real exchange rate returns and real stock price returns [J]. International Review of Economics & Finance, 2017 (49): 340 – 352.

[87] Xu X, Chen X, Jia F, et al. Supply chain finance: a systematic literature review and bibliometric analysis [J]. International Journal of Production Economics, 2018 (204): 160 – 173.

[88] Xuan Vinh Vo, Bao Anh Phan. Further evidence on the herd behavior in vietnam stock market [J]. Journal of Behavioral and Experimental Finance, 2017, (13): 33 – 41.

[89] ZHOU W, LI L. Price discovery and information transmission in stock index futures and spot markets: evidence from China based on a VAR – GARCH Model with SSAEPD Margins [J]. Social Science Electronic Publishing, 2016.

[90] YENSEN NI, YI – CHING LIAO, PAOYU HUANG. MA trading rules, herding behaviors, and stock marketoverreaction [J]. International Review of Economics and Finance, 2015 (39): 253 – 265.

[91] WANG CAI. Development of western logistics finance based on village banks: a case study of baise city in guangxi [J]. Asian Agricultural Research, 2015, 7 (08): 40 – 43.

[92] YURUN YANG, AHMENT GONCU, ATHANASIOS PANTELOUS. Pairs trading with commodity futures: evidence from the Chinese market [J]. China Finance Review International, 2017 (7): 274 – 294.

[93] Zhu F. A negative binomial integer-valued GARCH model [J]. Journal of Time, 2015, 32 (1): 54 – 67.

[94] ZAWADOWSKI A. Entangled financial systems [J]. Review of Financial

Studies, 2013, 26 (5): 1291 - 1323.

［95］艾德加·胡佛, 弗兰克·杰莱塔尼. 区域经济学导论（中译本）［M］. 上海: 上海远东出版社, 1992: 220 - 223.

［96］艾洪德, 张羽. 辽宁省区域金融风险实证研究［J］. 财经问题研究, 2005 (3): 61 - 68.

［97］巴曙松, 王凤娇, 孔颜. 系统性金融风险的测度方法比较［J］. 湖北经济学院学报, 2011 (1).

［98］巴曙松, 居姗, 朱元倩. 我国银行业系统性违约风险研究: 基于 Systemic CCA 方法的分析［J］. 金融研究, 2013 (9): 71 - 83.

［99］巴曙松, 居姗, 朱元倩. SCCA 方法与系统风险度量［J］. 金融监管研究, 2013 (3): 1 - 12.

［100］白川方明, 何乐. 宏观审慎监管与金融稳定［J］. 中国金融, 2010 (4).

［101］白雪梅, 石大龙. 中国金融体系的系统风险度量［J］. 国际金融研究, 2014 (6): 75 - 85.

［102］白雪梅. 中国金融体系的系统风险度量［J］. 国际金融研究, 2014 (6): 75 - 78.

［103］白雪, 陈守东. 沪深 300 股指期货对我国股市波动溢出效应的分析［J］. 内蒙古民族大学学报, 2015, 41 (3): 81 - 85.

［104］陈守东, 杨莹. 中国金融风险预警研究［J］. 数量经济技术经济研究, 2006 (7).

［105］成祺炯, 曹前进, 陈玉萍. 单个银行对系统风险的贡献度: 基于 Shapley 非对称权力指数的研究［J］. 金融论坛, 2014 (9): 40 - 48.

［106］陈守东, 王妍. 金融压力指数与工业一致合成指数的动态关联研究［J］. 财经问题研究, 2011 (10).

［107］陈雨露, 马勇, 阮卓阳. 金融周期和金融波动如何影响经济增长与金融稳定?［J］. 金融研究, 2016 (2): 1 - 22.

［108］陈建青, 王擎, 许韶辉. 金融行业间的系统性金融风险溢出效应研究［J］. 数量经济技术经济研究, 2015 (9): 89 - 100.

［109］陈禹萌. 大宗商品质押融资风险影响及防控措施浅析［J］. 现代国企研究, 2015 (04): 86.

［110］陈晓暾, 李春松. 海龟法则交易策略改进及其应用分析［J］. 北方金融, 2016 (11): 6 - 9.

［111］陈晓东. 中国金融期货市场高频波动率预测模型比较研究［J］.

管理工程学报，2016（3）：114－120.

　　［112］程恩富，方兴起．让·梯若尔：资本账户放开与金融危机［J］．东岳论丛，2016，37（01）：40－45.

　　［113］陈克鑫．关于金融风险传染的研究综述［J］．经济研究，2018（3）：100－139.

　　［114］崔傅成．金融风险传递与宏观审慎监管［J］．西南民族大学学报，2018（1）：138－145.

　　［115］曹源芳，蔡则祥．基于 VAR 模型的区域金融风险传染效应与实证分析：以金融危机前后数据为例［J］．经济问题，2013（10）：59－64.

　　［116］陈蓉，赵永杰．隐含波动率曲面的预测研究：来自中国台湾市场的证据［J］．系统工程理论与实践，2017，37（08）：1949－1962.

　　［117］陈迅，胡成春，花拥军．我国银行业与房地产业极端风险溢出效应研究［J］．系统工程，2017（8）：127－133.

　　［118］陈斌．基于统计套利的 A 股量化交易策略研究［D］．青岛：青岛大学，2017.

　　［119］蔡雪月，周湘蕾．大宗商品定价机制及价格波动规律研究的文献综述［J］．现代商贸工业，2017（25）：89－91.

　　［120］曹栋，张佳．基于 GARCH－M 模型的股指期货对股市波动影响的研究［J］．中国管理科学，2017，25（1）：27－34.

　　［121］曹小秋，吴园园，吴鹏昆．基于网络的系统风险测度方法及其在中国银行业的应用［J］．数学的实践与认识，2017，47（4）：83－93.

　　［122］陈洋洋．基于"沪胶主连"的程序化交易系统开发与应用［D］．荆州：长江大学，2017.

　　［123］陈晓莹，李志斌．汇率与股价关系的行业差异分析［J］．统计与决策，2016（19）：147－150.

　　［124］陈军，王敏．基于资产负债表的区域金融风险与脆弱性的实证分析［J］．上海金融，2010（9）：45－49.

　　［125］陈丽杰，侯云哲．区域金融风险研究［J］．企业导报，2013（5）：160.

　　［126］陈丽杰．区域金融风险防范研究［D］．保定：河北大学，2013.

　　［127］陈守尔，杨莹，马辉．中国金融风险预警研究［J］．数量经济技术经济研究，2006（7）：36－48.

　　［128］陈献东．国家审计在管理区域金融风险中的功能定位及实现机制研究［J］．审计研究，2015（4）：33－38.

［129］陈颖，干建红．区域金融风险管理的目标与策略研究［J］．海南金融，2011（7）：25-28.

［130］陈忠阳，刘志洋，宋玉颖．中国系统件风险监测与分析研究［J］．吉林大学社会科学学报，2012（4）：128-135.

［131］仇华飞．对引发墨西哥金融危机原因的再认识［J］．世界经济研究，2005（12）：74-78.

［132］庞中英．东南亚金融危机的成因、教训与影响［J］．国际问题研究，1998（1）：41-46.

［133］陈保君．区域金融风险预警系统研究：基于 Z 市的实证分析［J］．金融监管研究，2015（7）：61-77.

［134］陈瑞．地方政府举债影响工业经济增长的空间效应研究［J］．财经理论与实践，2017，38（2）：87-91.

［135］董小君．中国银行业风险综合评估与宏观审慎监管［J］．国家行政学院学报，2012（2）．

［136］第十二届全国人民代表大会国务院总理政府工作报告［EB/OL］．［2013-03-05］．http：//www. xinhuanet. com/2013lh/zhibo/20130305/wz. htm.

［137］丁鹏．量化投资：策略与技术［M］．北京：电子工业出版社，2012.

［138］杜江，李恒，贾文．计量经济学及其应用［M］．北京：机械工业出版社，2015.

［139］戴淑庚，陆彬．股票市场不完全信息交易与羊群效应变化趋势的实证分析［J］．广义虚拟经济研究，2016，7（4）：33-41.

［140］戴淑庚，陆彬．基于 CSAD 模型的股票市场羊群效应的实证分析［J］．广义虚拟经济研究，2016（1）．

［141］邓向荣，曹红．系统性金融风险、网络传染与金融机构系统重要性评估［J］．中央财经大学学报，2016（3）：52-60.

［142］邓可斌，关子桓，陈彬．宏观经济政策与股市系统风险：宏微观混合 β 估测方法的提出与检验［J］．经济研究，2018（8）：68-81.

［143］刁伟涛．债务率、偿债压力与地方债务的经济增长效应［J］．数量经济技术经济研究，2017（3）：59-77.

［144］董永杰．蕴含区域风险因素的中小企业信用风险评价问题研究［D］．济南：山东财经大学，2014.

［145］邓超，袁倩．基于 VAR 模型的铁矿石国际定价权研究［J］．统计与决策，2016（9）：162-164.

［146］佟伟民．程序化交易及其监管［J］．中国金融，2017（4）：62-63.

［147］邸浩，赵学军，张自力．基于 LSTM – Adaboost 模型的商品期货投资策略研究［J］．南方金融，2018（5）：7 – 12.

［148］邓力．上证 50ETF 期权隐含波动率曲面：建模及实证研究［J］．投资研究，2017，36（2）.

［149］杜玉竹．考虑流动性风险的存货质押融资质押率决策［J］．物流技术，2017，36（05）：97 – 102.

［150］范小云．繁荣的背后：系统性金融风险的本质、测度与管理［M］．北京：中国金融出版社，2006.

［151］樊芳利．基于高频交易数据的中国股票市场羊群效应研究［D］．南宁：广西大学，2016.

［152］郑飞．企业物流外包风险与控制研究［J］．物流技术，2016，35（08）：59 – 63.

［153］范言慧，席丹，郑建明，等．股票市场发展、实际汇率与中国制造业出口［J］．金融市场，2015（12）：65 – 74.

［154］方意．中国银行业系统风险研究：宏观审慎视角下的三个压力测试［J］．经济理论与经济管理，2017（2）：48 – 66.

［155］方意．系统风险的传染渠道与度量研究：兼论宏观审慎政策实施［J］．管理世界，2016（8）：32 – 56.

［156］樊晓志．商业银行非利息收入结构与银行绩效的关系研究［D］．济南：山东大学，2016.

［157］范宏，郑阳，杨明明．中国银行系统的系统风险动态演化研究［J］．系统工程，2019（1）：102 – 109.

［158］冯全民，胡松．新常态下县域金融风险累积与防控［J］．经济研究导刊，2016（6）：65 – 66.

［159］范香梅，邹宁静．金融危机的本源及其救助措施探究：基于三次重大金融危机的比较分析［J］．长沙理工大学学报（社会科学版），2011（1）：38 – 41.

［160］冯林，董红霞，郝建娇．基于 ESDA 的区域金融风险传染评价研究：山东县城数据的实证［J］．经济与管理评论，2016（1）：135 – 139.

［161］符瑞武，卢米，颜蕾．对完善我国区域金融风险管理体系的思考［J］．合作经济与科技，2013（21）：72 – 73.

［162］符瑞武．关于完善区域金融风险管理体系的思考：基于中央银行金融稳定视角［J］．华北金融，2013（9）：17 – 18，74.

［163］符瑞武．央行区域金融风险监测体系构建中存在的问题及改革建

议 [J]. 海南金融，2009（6）：49－51，60.

[164] 费佳峰. 中国商品期货市场多品种多策略量化投资组合研究 [D].杭州：浙江大学，2018.

[165] 范小云，段月姣，杨昊晰. 人口结构与系统风险测度及监管：以利率为纽带的视角 [J]. 经济研究，2018（8）：52－56.

[166] 冯超. 我国商业银行并购业务发展研究 [J]. 农村金融研究，2018（2）：51－55.

[167] 龚明华，宋彤. 关于系统风险识别方法的研究 [J]. 国际金融研究，2010（5）. 23－34

[168] 冀强. 论中国金融风险的现状及防范对策 [J]. 现代经济信息，2012（16）：165－166.

[169] 刘向丽，顾舒婷. 房地产对金融体系风险溢出效应研究：基于 AR－GARCH－CoVaR 方法 [J]. 系统工程理论与实践，2014（S1）：106－111.

[170] 郭田勇. 构建逆周期宏观审慎管理制度框架 [EB/OL]. [2012－03－31].http：//www. financialnews. com. cn/yh/ft＿88/201203/t20120331＿5038. html.

[171] 郭喜才. 量化投资的发展及其监管 [J]. 江西社会科学，2014，34（3）：58－62.

[172] 高杨，李健. 基于 EMD－PSO－SVM 误差校正模型的国际碳金融市场价格预测 [J]. 中国人口·资源与环境，2014，24（6）：163－170.

[173] 顾晓安，王鹏程. 非利息收入占比与银行风险分散效应的关系研究：来自美国银行业的经验证据与启示 [J]. 世界经济研究，2015（7）：32－43.

[174] 谷政，卢亚娟. 股指期货推出前后沪深 300 指数风险统计特征研究 [J]. 技术经济与管理研究，2015（7）：91－94.

[175] 郭强. 浅析"羊群效应"对证券市场的危害及应对策略 [J]. 现代经济信息，2015（20）：317－318.

[176] 高英. 我国股指期货对股票现货市场波动性影响研究：基于宏观稳定性视角 [D]. 重庆：重庆工商大学，2015.

[177] 郭晓岩. 基于海龟法则的期货交易系统研究 [D]. 合肥：中国科学技术大学，2015.

[178] 郭桂霞，彭艳. 我国资本账户开放的门槛效应研究 [J]. 金融研究，2016（3）：42－58.

[179] 高巨. 以供需模型分析房地产价格形成机理 [J]. 沿海企业与科技，2016（2）：14－16.

[180] 郭笑宇. 量化投资交易策略研究 [J]. 财经界（学术版），2019（2）：16 – 17.

[181] 盖悦萍. 互联网金融背景下中小微企业融资探究 [J]. 全国商情（经济理论研究），2014（11）：69 – 70.

[182] 耿宝民，韩忠奎，安国涛. 地方政府对区域金融风险防范及监管的有效职能分析 [J]. 科技与管理，2008（03）：74 – 76.

[183] 龚唯平. 东南亚金融危机的深层次原因 [J]. 金融研究，1998（1）：72 – 73.

[184] 郭战琴. 基于供应链金融的小微企业融资模式：以第三方龙头物流企业为平台 [J]. 金融理论与实践，2012（1）：77 – 79.

[185] 郭亚飞. 探讨企业物流外包金融风险预警系统的设计与评价 [EB/OL]. [2018 – 12 – 15]. https：//doi. org/10. 19474/j. cnki. 10 – 1156/f. 000465.

[186] 郭超. 改进的海龟交易策略及其实证分析 [J]. 时代金融，2017（21）：204.

[187] 龚群子，熊风. 基于 Heston 模型的期权隐含波动率研究 [J]. 五邑大学学报（自然科学版），2018，32（3）：72 – 78.

[188] 郭翮. 区域物流行业发展现状及发展路径研究 [J]. 企业改革与管理，2017.

[189] 国务院. 促进大数据发展行动纲要 [EB/OL]. (2015 – 09 – 15). http：//www. gov. cn/zhengce/content/2015 – 09/05/content_ 10137. htm.

[190] 盖静. 我国汇率通过股票价格渠道对实体经济的影响：基于 VAR 模型的实证研究 [J]. 上海金融，2016（11）：25 – 31.

[191] 胡海峰，代松. 后金融危机时代系统风险及其测度评述 [J]. 经济学动态，2012（4）.

[192] 何德旭，吴伯磊，谢晨. 系统风险与宏观审慎监管：理论框架及相关建议 [J]. 中国社会科学院研究生院学报，2010（6）.

[193] 霍再强. 中国金融经济压力指数 FEPI 的月度跟踪监测 [J]. 现代金融，2012（12）：65 – 72.

[194] 胡冰凌. 程序化交易策略的优化研究 [D]. 南宁：广西大学，2016.

[195] 韩豫峰，汪雄剑，周国富. 中国股票市场是否存在趋势？ [J]. 金融研究，2014（3）：152 – 163.

[196] 胡援成，毛建辉. ST 股票的羊群效应研究 [J]. 江西社会科学，2015（10）：53 – 60

［197］胡阳，丁争争，侯冠廷，等. ETF 研究的文献评价［J］. 经济问题，2016（12）：21 - 25，111.

［198］胡志祥，任伟新. 基于递归希尔伯特变换的振动信号解调和顺势频率计算方法［J］. 振动与冲击，2016，35（7）：39 - 43.

［199］胡延广. 沪深 300 指数波动的特征及影响因素研究［D］. 济南：山东财经大学，2016.

［200］胡晔，刘智超. 基于已实现和极差波动率标准的沪深 300 指数波动率模型研究［J］. 统计与决策，2015（6）：166 - 169.

［201］胡逸闻，戴淑庚. 人民币资本账户管制政策的强度与有效性［J］. 财经科学，2015（6）：21 - 31.

［202］黄卓，邱晗. 测量中国的金融不确定性：基于大数据的方法［J］. 金融研究，2018（11）：31 - 45.

［203］黄苒，范群，郭峰. 中小企业违约风险系统性和异质性测度：基于违约风险成分分析法的研究［J］. 中国管理科学，2018（3）：13 - 21.

［204］黄金波，李仲飞，丁杰. 基于非参数核估计方法的均值 - VaR 模型［J］. 中国管理科学，2017，25（5）：1 - 10.

［205］黄玮强，郭慧敏，庄新田. 基于 CoVaR 动态模型的我国金融机构系统风险分析［J］. 统计与决策，2018，34（19）：162 - 165.

［206］洪水峰，孙园园，杨雅心. 铁矿石期货与现货价格波动特征研究：基于铁矿石指数定价机制下的分析［J］. 价格理论与实践，2017（6）：118 - 121.

［207］黄燕辉. 中国创业板市场的羊群行为：基于 CCK 模型的分析［J］. 金融与经，2017（8）：57 - 60.

［208］胡文伟，李湛，张裔. 中韩股指期权波动率风险溢酬的比较分析［J］. 上海经济研究，2017（4）：118 - 126.

［209］韩超，严太华. 基于高维动态藤 Copula 的汇率组合风险分析［J］. 中国管理科学，2017，25（2）：10 - 20.

［210］韩秀云，王辉，吴栋. 东南亚金融危机与香港［J］清华大学学报（哲学社会科学版），1997（4）：48 - 53，66.

［211］胡志强. 基于金融结构变迁视角的区域金融风险测度：以安徽省为例［J］. 金融理论与实践，2016（12）：80 - 85.

［212］郝梦，杜子平. 基于 GARCH - GH 模型的上证 50ETF 期权定价研究［J］. 数学的实践与认识，2017，47（5）：289 - 296.

［213］江春，司登奎，李小林. 汇率预期、中美息差及央行外汇干预对股票价格的影响［J］. 国际金融研究，2016（6）：36 - 51.

［214］靳玉英，罗明津．政策选择对金融危机后股市恢复的影响研究：基于生存分析方法［J］．财贸研究，2016（2）：18－28．

［215］靳岳．程序化交易策略的研究与开发［D］．济南：山东大学，2017．

［216］金珊珊．中国金融体系的系统风险度量［J］．农村经济与科技，2017，28（2）：100．

［217］贾仁安，徐波．系统动力学学科建设薪火相承：评《系统动力学前沿与应用》［J］．东方论坛，2018（4）：1－3．

［218］姜伯奎，谭明智．金融与实体经济的关系研究［J］．知识经济，2014（17）：79－80．

［219］金德尔伯格．疯狂、惊恐和崩溃：金融危机史［M］．北京：中国金融出版社，2007．

［220］和文佳，方意，荆中博．中美贸易摩擦对中国系统性金融风险的影响研究［J］．国际金融研究，2019（3）：34－44．

［221］江红莉，刘丽娟，程思婧．系统性金融风险成因、测度及传导机制：基于文献综述视角［J］．金融理论与实践，2018（11）：49－55．

［222］克里斯托弗·科克尔．大国冲突的逻辑［M］．卿松竹，译．北京：新华出版社，2016．

［223］孔欢欢，梁治安．关于50ETF期权市场知情交易对现货市场波动影响的实证研究［J］．内蒙古大学学报，2017，48（1）：1－7．

［224］赖娟，吕江林．基于金融压力指数的系统性金融风险的测度［J］．统计与决策，2010（19）：42－53．

［225］李志辉．中国商业银行系统风险溢价实证研究［J］．当代经济科学，2011（6），69－76．

［226］梁琪，李政．系统重要性、审慎工具与我国银行业监管［J］．金融研究，2014（8）：32－46．

［227］梁琪，余峰燕．金融危机、国有股权与资本投资［J］．经济研究，2014（4）：47－61．

［228］李志辉，李源，李政．中国银行业系统风险监测研究：基于SCCA技术的实现与优化［J］．金融研究，2016（3）：92－106．

［229］梁琪，李政，郝项超．我国系统重要性金融机构的识别与监管：基于系统风险指数SRISK方法的分析［J］．金融研究，2013（9）：56－70．

［230］刘林，孟烨，杨坤．结构变化、人民币汇率与我国股票价格：理论解释与实证研究［J］．国际金融研究，2015（5）：5－14．

［231］廉永辉. 同业网络中的风险传染: 基于中国银行业的实证研究［J］. 财经研究, 2016（9）: 63 – 74.

［232］李政, 梁琪, 涂晓枫. 我国上市金融机构关联性研究: 基于网络分析法［J］. 金融研究, 2016（8）: 95 – 110.

［233］李元喜, 冼振鹏, 刘炜杰. 螺纹钢期货程序化交易的收益和风险分析［J］. 韶关学院学报, 2016, 37（10）: 16 – 19.

［234］刘逖. 50ETF 期权试点一年回顾［J］. 中国金融, 2016（4）: 58 – 60.

［235］梁岳, 顾汉明, 姚知铭. 改进的希尔伯特 – 黄变换在储层预测中的应用［J］. 石油物探, 2016, 55（4）: 605 – 615.

［236］李彦顿. 中国商业银行非利息收入对银行风险的影响研究［D］. 北京: 首都经济贸易大学, 2016.

［237］林毅夫. 我为什么不支持资本账户开放［EB/OL］.［2018 – 05 – 15］（2013 – 08 – 12）. http: //news. hexun. com/2013 – 08 – 12/157002683. html.

［238］刘刚, 何永. 资本账户开放、金融杠杆率与系统性金融危机［J］. 上海金融, 2015（7）: 12 – 19.

［239］李宏瑾. 利率市场化对商业银行的挑战及应对［J］. 国际金融研究, 2015（2）: 65 – 76.

［240］龙海明, 吴浩明, 吴留锁. 我国股指期货收益率函数及其非线性特征分析［J］. 金融与经济, 2015（4）: 68 – 73.

［241］刘倩琦, 刘金. P2P 互联网金融风险监管刍议［J］. 智富时代, 2015（2）: 75 – 77.

［242］李舜酤, 郭海东, 李殿荣. 振动信号处理方法综述［J］. 仪器仪表学报, 2013, 34（8）: 1907 – 1915.

［243］刘海云, 吴韧强, 罗琳. 国际贸易摩擦的政治经济学分析与对策研究［M］. 武汉: 华中科技大学出版社, 2015.

［244］李丹. 我国创新股票羊群效应实证研究: 基于深圳创新指数分析研究［J］商, 2015（18）: 204 – 205.

［245］梁琪, 李政, 郝项超. 中国股票市场国际化研究: 基于信息溢出的视角［J］. 经济研究, 2015（4）: 150 – 164.

［246］刘兵. 基于国际视角的资本账户开放与金融稳定门槛效应实证研究［J］. 金融理论与实践, 2015（4）: 29 – 34.

［247］吕江林, 赖娟. 我国系统性金融风险预警指标体系的构建与应用［J］. 江西财经大学学报, 2011（2）: 67.

［248］刘春航，朱元倩．银行业系统风险度量框架的研究［J］．金融研究，2011（12）：68 – 78.

［249］李麟，索彦峰．经济波动、不良贷款与银行业系统风险［J］．国际金融研究，2009（6）：35 – 48.

［250］吕健．地方债务对经济增长的影响分析：基于流动性的视角［J］．中国工业经济，2015（11）：16 – 31.

［251］吕勇斌，陈自雅．区域金融风险部门间传递的空间效应：2005—2012 年［J］．财政研究，2014（8）：46 – 48.

［252］李正辉，彭湮，谢梦园．区域性系统性金融风险影响因素研究：基于空间面板数据的实证分析［J］．财经理论与实践，2017（1）：36 – 41.

［253］刘贯春，张军，丰超．金融体制改革与经济效率提升：来自省级面板数据的经验分析［J］．管理世界，2017（6）：9 – 22，187.

［254］刘存航，银行业系统风险度量框架的研究［J］．金融研究，2011（12）：85 – 99.

［255］赖娴．区域金融风险顶警指标体系的构建与实证分析［D］．苏州：江苏大学，2009.

［256］李成．区域金融风险控制：中央银行监管系统的轴心［J］．西安财经学院学报，2003（1）：21 – 27.

［257］李嘉晓，秦宏，罗剑朝．论区域金融风险的防范与化解［J］．商业研究，2006（19）：17 – 21.

［258］李森．科技金融服务机构运作模式探析［J］．时代金融，2014（2）：221 – 222.

［259］李义丰，尹久．浅析区域金融风险的产生机理［J］．银行家，2013（12）：56 – 59.

［260］李心丹，张业波．对构筑区域金融风险预警系统的思考［J］．南京金融高等专科学校学报，1999（4）：17 – 23.

［261］李赞鹏．资源型区域经济发展方式转变的金融功能研究［D］．太原：山西财经大学，2015.

［262］李子强．次贷危机的形成机理及其影响研究［D］．济南：山东财经大学，2009.

［263］刘峰涛．小企业融资困境与孵化器制度［J］．研究与发展管理，2006（2）：39 – 45.

［264］刘晶．甘肃省金融风险预警系统研究［D］．兰州：兰州大学，2008.

［265］刘骏民．虚拟经济的理论框架及其命题［J］．南开学报，2003（2）：34 - 40.

［266］陆岷峰，陶瑞．实体经济发展的金融支持路径思考［J］．盐城师范学院学报（人文社会科学版），2014（1）：23 - 28.

［267］罗文波．金融结构深化、适度市场规模与最优经济增长：基于资本形成动态博弈路径的理论分析与经验证据［J］．南开经济研究，2010（2）：98 - 116

［268］李政，涂晓枫，卜林．金融机构系统风险：重要性与脆弱性［J］．财经研究，2019（2）：100 - 112.

［269］刘超．中国证券公司系统风险测度及演化特征研究：来自 20 家上市证券公司的数据［J］．中国管理科学，2019（5）：12 - 22.

［270］李政，刘淇．基于经济金融关联网络的中国系统性金融风险防范研究［J］．统计研究，2019（2）：24 - 36.

［271］刘艺．基于 TB 平台的期货程序化交易策略设计［D］．沈阳：沈阳工业大学，2018.

［272］林杰，龚正．期货程序化交易策略模型比较研究：以棕榈油期货交易为例［J］．中南财经政法大学学报，2018（4）．

［273］李明辉，刘莉亚，黄叶苨．巴塞尔协议Ⅲ净稳定融资比率对商业银行的影响：来自中国银行业的证据［J］．国际金融研究，2016（3）：51 - 62.

［274］李正辉，马守荣．金融风险指数构建与应用：区域金融风险监测分析报告（2016）［M］．北京：中国金融出版社，2016.

［275］李易桐．基于 MACD 指标的沪金期货量化交易模型的参数优化研究［D］．南宁：广西大学，2018.

［276］柳国华．天然气上下游产业价格传导阻滞研究［J］．价格理论与实践，2018（4）：60 - 63.

［277］刘赛可，何晓群．基于长记忆模型的期货与现货波动率关系分析［J］．数学的实践与认识，2018，48（20）：58 - 64.

［278］李昊骅，张晓强，陈莹．沪深 300 股指期货对我国股票市场波动性及交易行为的影响［J］．统计与决策，2018，6（37）：154 - 158.

［279］李建峰，卢新生．人民币汇率波动的农业股票价格效应研究［J］．河南农业大学学报，2016（6）：837 - 843.

［280］李媛，吴菲菲．A + H 双重上市公司股票价格差异与汇率变动研究［J］．国际金融，2016（2）：134 - 144.

［281］刘成立．股市危机中股指期货应该限制交易吗：基于 2015 年股市

危机的实证分析 [J]. 统计与信息论坛，2017，32（1）：84-93.

[282] 雷文妮，金莹. 资本账户开放与经济增长：基于跨国面板数据的研究 [J]. 国际金融研究，2017（1）：59-67.

[283] 李正辉，梁永臻. 基于 EMD 分解的上证综合指数波动机制研究 [J]. 广州大学学报，2017，16（4）：8-17.

[284] 刘磊，刘永萍. 新疆人口数量变化能否促进经济增长：基于 VEC 模型的动态实证研究 [J]. 西北人口，2017（1）：105-112.

[285] 兰丽云. 基于分形理论的外汇预测程序化交易的设计与实现 [D]. 太原：山西大学，2017.

[286] 刘晓倩，王健，吴广. 基于高频数据 HAR-CVX 模型的沪深 300 指数的预测研究 [J]. 中国管理科学，2017，25（6）：1-10.

[287] 林波. 基于全球治理的贸易摩擦内涵与特性分析 [J]. 当代经济管理，2017，39（01）：52-57.

[288] 龙美芳. 国际钢材期货市场传染风险分析及其分层应对策略研究 [D]. 昆明：云南财经大学，2017.

[289] 冷松，田刚. 人民币汇率、利率对股市的冲击：基于时变参数向量自回归模型的实证 [J]. 金融与经济，2017（3）：69-72.

[290] 刘慧娟. 长周期下存货质押融资质押率决策研究 [J]. 中国注册会计师，2018（4）：60-63.

[291] 李鹏. 影子银行引致我国系统性金融风险的触发因素分析 [J]. 新金融，2017（9）：20-25.

[292] 雷立坤，余江，魏宇，等. 经济政策不确定性与我国股市波动率预测研究 [J]. 管理科学学报，2018，21（6）：88-93.

[293] 李旭瑞，邱雪涛，赵金涛，等. 基于流式聚类及增量隐马尔可夫模型的实时反欺诈系统 [J]. 计算机工程，2018，44（6）：122-129.

[294] 李振，陈忠阳，朱建林. 金融结构、金融波动与经济增长 [J]. 金融论坛，2018（5）：54-65.

[295] 马运全. 我国银行业系统风险：预警模型与实证分析 [J]. 华北电力大学学报（社会科学版），2011（5）：48-53.

[296] 苗永旺，王亮亮. 系统性金融风险与宏观审慎监管研究 [J]. 国际金融研究，2010（8）.

[297] 马晶. 我国存款利率市场化对银行风险的差异化影响 [J]. 财经科学，2015（7）：1-9.

[298] 莫媛，方龙. 股指期权市场对股票市场、股指期货市场波动性影

响［J］. 当代经济，2016（27）：90-93.

［299］马克·克鲁格，古尔能·考尔·帕斯理查，谢晨月. 中国资本账户自由化的影响［J］. 国际经济评论，2016（4）：163-165.

［300］毛潇依. 基于 Alpha 策略的量化对冲基金风险管理研究［D］. 成都：西南财经大学，2016.

［301］满媛媛. 收入多元化、金融自由化对商业银行绩效和风险的影响［J］. 宏观经济研究，2016（1）：130-143.

［302］马黎. 金融创新服务实体经济［J］. 中国金融家，2012（2）：32-34.

［303］马秋君. 我国科技型中小企业融资困境及解决对策探析［J］. 科学管理研究，2013（2）：113-116.

［304］马守荣，许涤龙. 区域金融风险对宏观金融的危害与对策研究［J］. 调研世界，2014（3）：53-56.

［305］马威. 金融危机预警指数构建及其应用研究［D］. 长沙：湖南大学，2013.

［306］毛瑞丰. 区域性金融风险早期预警体系研究：以安徽省为例［J］. 金融经济，2014（20）：123-125.

［307］马天平，吴卫星. 基于机器学习算法的金融期权波动率预测［J］. 学海，2018（5）：201-209.

［308］南旭光，孟卫东. 基于 BP 神经网络的金融危机预警［J］. 现代管理科学，2008（2）：57-58，91.

［309］欧阳兵，张文君. 破解江西农村民生工程"资金难"［J］. 2008（7）：47-50.

［310］欧阳资生，莫廷程. 基于广义 CoVaR 模型的系统重要性银行的风险溢出效应研究［J］. 统计研究，2017（9）：36-43.

［311］潘宁宁，朱宏泉. 基金持股与交易行为对股价联动的影响分析［J］. 管理科学学报，2015，18（3）：90-103.

［312］卜林，李政，张馨月. 短期国际资本流动、人民币汇率和资产价格：基于有向无环图的分析［J］. 经济评论，2015（1）：140-151.

［313］彭红枫，谭小玉，占海伟. 资本账户开放：影响因素与国际经验［J］. 武汉大学学报（哲学社会科学版），2018，71（2）：119-129.

［314］裴志杰. 对我国区域金融的风险及防范的研究［D］. 沈阳：东北师范大学，2004.

［315］彭军娥. 区域金融风险预警指标体系研究［D］. 长沙：湖南大学，2008.

［316］潘清斌．基于改进 BOLL 指标和资金管理结合的程序化交易策略研究［D］．泉州：华侨大学，2018.

［317］钱晓霞，王维安．金融开放进程下中国汇率波动、短期资本和股价的联动效应研究［J］．国际经贸探索，2016（12）：95－108.

［318］青木昌彦，周黎安．为什么多样性制度继续在演进？［J］．经济社会体制比较，2001（6）：30－39.

［319］区域金融风险监测评估模型研究［J］．武汉金融，2006（4）：40－42.

［320］乔肖．玉米产业链价格风险传导及规避策略研究［D］．天津：天津商业大学，2018.

［321］饶勋乾．基于金融脆弱性指数构建金融风险预警系统的实证研究［J］．山东财经大学学报，2015，27（1）：18－27.

［322］任丽婷．金融危机历史比较研究：以30年代大萧条、东南亚金融危机、国际金融危机为例［J］．现代商贸工业，2009（22）：99－100.

［323］冉杨帆，蒋洪迅．基于 BPNN 和 SVR 的股票价格预测研究［J］．山西大学学报（自然科学版），2018（1）.

［324］沈悦，亓莉．中国商业银行系统风险预警指标体系设计及监测分析［J］．西南大学学报（社会科学版），2008（4）：56－67.

［325］孙芙蓉．综合风险管理的新命题：访北京大学经济学院院长孙祁祥［J］．中国金融，2011（12）：56－68.

［326］寿晖，张永安．基于分位数回归商业银行系统风险研究［J］．技术经济与管理研究，2014（9）：78－83。

［327］史美景，宋婷．股票市场长期波动趋势度量及影响因素分析：基于 Spline－GARCH 模型［J］．数理统计与管理，2015，34（1）：175－182.

［328］孙晓，孙国良．中国、Washington：IMF 与资本账户开放的双向社会化［J］．外交评论（外交学院学报），2016，33（5）：31－54.

［329］苏建．程序化交易策略在中国期货市场的应用［D］．武汉：华中科技大学，2016.

［330］沈悦，戴士伟，罗希．中国金融业系统风险溢出效应测度：基于 GARCll—Coluta—CoVaR 模型的研究［J］．当代经济科学，2014（6）：30－38，123.

［331］孙胜伟．区域金融风险预警机制研究［J］．决策探索（下半月），2014（11）：56－58.

［332］沈传河．区域金融生态风险及其评价［J］．金融发展研究，2010

(3)：18 - 22.

［333］石润，潘焕学．我国区域金融风险的防范与化解策略研究［J］．金融经济，2014（20）：8 - 10.

［334］宋凌峰，叶永刚．中国区域金融风险部门间传递研究［J］．管理世界，2011（9）：172 - 173.

［335］苏建兴．国际金融危机的原因和对中国经济的启示［D］．长春：吉林大学，2010.

［336］孙俞．基于风险传导的区域金融政策风险柔性管理研究［D］．武汉：武汉大学，2010.

［337］孙颖．区域性金融风险剖析［J］．统计教育，2007（3）：58 - 60.

［338］孙悦．区域金融创新及其对区域经济发展的作用机制研究［D］．合肥：合肥工业大学，2005.

［339］史玥明．高频交易下的沪深 300 股指期货跨期套利研究［D］．北京：首都经济贸易大学，2018.

［340］孙坚强，徐瑶锃，杨科．我国食品价格的传导机制：成本传递与需求反馈［J］．华南理工大学学报（社会科学版），2018，20（3）：1 - 11.

［341］尚玉皇，郑挺国．中国金融形势指数混频测度及其预警行为研究［J］．金融研究，2018（3）：21 - 35.

［342］石振武，袁甜甜．基于系统动力学的商品住宅价格宏观调控政策研究：以哈尔滨市为例［J］．价格月刊，2016（10）：5 - 10.

［343］苏志伟，姚宗良．中国股价与汇率的联动关系：基于 Morlet 小波时频相关性分析［J］．中国海洋大学学报，2016（4）：72 - 79.

［344］史芳芳，任小勋．人民币汇率与中国股市溢出效应研究：基于 VAR - GARCH - BEKK 扩展模型［J］．金融理论与实践，2016（9）：36 - 40.

［345］施建淮．中国资本账户开放问题研究［M］．北京：北京大学出版社，2017：1 - 26.

［346］沈任光．基于风险控制修正海龟交易系统的研究与实证［J］．中小企业管理与科技（下旬刊），2017（11）：63 - 64.

［347］孙显超，刘学航，李杰．汇率波动、QFII 投资与中国股票价格关系研究：基于 VAR 模型的实证分析［J］．价格理论与实践，2017（3）：124 - 127.

［348］孙若莹，范厚明，赵刚．基于强化学习的非线性时间序列智能预测模型［J］．大连海事大学学报，2017，43（4）：97 - 103.

［349］谭洪涛，蔡利，蔡春．金融稳定监管视角下的系统风险研究述评［J］．经济学动态，2011（10）：139－144.

［350］谭中明．区域金融风险预警系统的设计和综合度量［J］．软科学，2010（3）：69－74.

［351］陶士贵，范佳奕．QFII、人民币汇率与股票价格的动态关系：基于TVP－SV－VAR模型的实证分析［J］．上海经济研究，2018（2）：61－73.

［352］屠年松，王浩．汇率波动对股价区制转换的影响：基于LSTR模型的分析［J］．金融论坛，2017（5）：62－71.

［353］田红英，黄远新，吴桐，等．考虑中小企业收益的存货质押融资风险控制［J］．中国流通经济，2018，32（5）：43－53.

［354］唐琳，胡海鸥．人民币汇率、国际资本流动与货币政策有效性研究：基于修正BGT模型的实证分析［J］．经济理论与经济管理，2016（9）：40－53.

［355］田娇，王擎．银行资本约束、银行风险外溢与宏观金融风险［J］．财贸经济，2015（8）：74－90.

［356］谭婕，邓浏睿．基于CAR模型国内A股市场反应不足的实证分析［J］．经济数学，2015，32（3）：93－98.

［357］谭政勋，张欠．中国股票市场的长期记忆性与趋势预测研究［J］．统计研究，2016，33（10）：57－66.

［358］陶玲，朱迎．系统性金融风险的监测和度量：基于中国金融体系的研究［J］．金融研究，2016（6）：18－36.

［359］唐龙．基于凯特纳通道的程序化交易模型的应用研究［J］．时代金融，2016（5）：177.

［360］谭洪涛．金融稳定监管视角下的系统风险研究述评［J］．经济学动态，2011（10）：75－84.

［361］汤柳，王旭祥．论宏观审慎原则下系统风险研究的新发展［J］．浙江金融，2010（10）：46－57.

［362］王辉．次贷危机后系统性金融风险测度研究述评［J］．经济学动态，2011（11）：98－103.

［363］王靖国．系统性金融风险监测与防范的国际经验［J］．中国金融，2011（8）：24－32.

［364］吴恒煜，胡锡亮，吕江林．我国银行业系统风险研究：基于拓展的未定权益分析法［J］．国际金融研究，2013（7）：85－96.

［365］王周伟，崔百胜，朱敏，等．经济计量研究指导：实证分析与软

件实现 [M]. 北京：北京大学出版社，2015.

[366] 王天一，黄卓，余宇，等. 中国商品期货市场波动率的预测[J].统计与决策，2015（16）：149 – 152.

[367] 吴小燕，王美清，庄颖. 带指数参数的隐含波动率模型 [J]. 安徽工业大学学报（自然科学版），2016，33（4）：396 – 403.

[368] 王建，何娟. 考虑外部系统风险因素的供应链金融长期价格风险测度研究 [J]. 金融经济学研究，2016，31（4）：47 – 59.

[369] 王晓晓. 螺纹钢期货与钢铁产业转型升级研究 [D]. 广州：暨南大学，2015.

[370] 王鹏. 卖空限制对我国股市羊群效应的影响 [D]. 济南：山东大学，2016.

[371] 吴立雪. 离岸人民币汇率价差、升贬值预期与资金存量 [J]. 金融论坛，2015（2）：61 – 69.

[372] 王海军. 对墨西哥金融危机再思考 [J]. 国际经济评论，1996（1）：276.

[373] 王华来，石庆诚. 小额贷款公司服务小微企业模式探讨 [J]. 经济研究导刊，2012（18）：69 – 70.

[374] 王俊，洪正. 地方政府金融竞争与区域金融风险：基于博弈视角的理论分析 [J]. 贵州社会科学，2015（8）：115 – 120.

[375] 王俊. 基于 ARIMA 与 FSEM 视角的区域系统性金融风险预警研究[J].海南金融，2014（9）：14 – 19，37.

[376] 王香兰，王敬花，姚维刚. 高新技术产业的发展与金融支持：以河北省为例 [J]. 西南金融，2006（6）：50 – 51.

[377] 王雪. 金融信息披露视角下风险防范对区域经济发展的影响研究[D].上海：上海师范大学，2015.

[378] 王哲. 内蒙古区域金融风险研究 [D]. 武汉：武汉大学，2011.

[379] 吴诗伟，朱业. 互联网金融创新与区域金融风险的实证研究[J].金融与经济，2015（10）：53 – 58.

[380] 伍超明. 虚拟经济与实体关系研究：基于货币循环流模型的分析[J].财经研究，2004，30（8）：95 – 105.

[381] 王信，彭振江. 金融周期视角下的我国地区贷款差异和政策选择[J].清华金融评论，2015（6）：61 – 64.

[382] 王维然，林明金. 2018 北京市经济形势分析与预测 [M]. 北京：中国财政经济出版社，2018.

［383］王苏生，王俊博，许桐桐，等．基于 ARMA – GARCH – SN 模型的沪深 300 股指期货日内波动率研究与预测［J］．运筹与管理，2018，27（4）：153 –161.

［384］王献东，何建敏．金融市场间的风险传染研究文献综述［J］．上海金融，2016（7）：50 –58.

［385］吴菲菲，李媛．中国股票市场的汇率风险研究［J］．技术经济与管理研究，2016（9）：83 –87.

［386］王伟，郭哲宇，李成．利率、汇率与股票市场溢出效应研究［J］．经济经纬，2016（5）：155 –160.

［387］王沁．基于杠杆效应 CARR 模型的波动率预测［J］．数理统计与管理，2017，36（1）：51 –58.

［388］王良，刘潇，贾宇洁．基于跳扩散过程的 ETF 基金动态市场风险测度研究［J］．管理评论，2017，29（3）：12 –26.

［389］温在杭．基于趋势理论的程序化交易在期货市场的应用研究［D］．杭州：浙江大学，2018.

［390］吴成颂，张文睿．利率市场化、表外业务与城市商业银行风险：基于非平衡面板数据的实证分析［J］．北京化工大学学报，2017（4）：1 –6.

［391］吴奔，张波．交易信息、跳跃发现与波动率估计［J］．统计研究，2017，34（8）：109 –119.

［392］王梦丽．我国钢材期货价格波动及影响因素的研究［D］．济南：山东大学，2018.

［393］谢百三，童鑫来．中国 2015 年"股灾"的反思及建议［J］．价格理论与实践，2015（12）：29 –32.

［394］肖强，司颖华．我国 FCI 的构建及对宏观经济变量影响的非对称性［J］．金融研究，2015（8）：95 –108

［395］许涤龙，陈双莲．基于金融压力指数的系统性金融风险测度研究［J］．经济学动态，2015（4）：69 –78.

［396］谢世清，周庆余．发展中国家资本账户开放的国际经验与借鉴［J］．亚太经济，2015（1）：77 –81.

［397］熊衍飞，陆军，陈郑．资本账户开放与宏观经济波动［J］．经济学（季刊），2015，14（4）：1255 –1276.

［398］徐海涛．索罗斯投资理论的哲学研究［D］．南昌：江西财经大学，2016.

［399］陶鹏．基于中国股指期货市场的程序化交易策略分析［D］．天

津：天津大学，2016.

[400] 谢堞江．量化交易策略综述与新策略设计［D］．杭州：浙江大学，2016.

[401] 熊正德，文慧，万军．汇率与股指联动关系：基于战略性新兴产业板块的实证［J］．系统工程，2015（7）：73-79.

[402] 薛启亮．我国商业银行非利息收入占比变化与经营风险研究：基于 76 家商业银行的样本数据［D］．天津：天津财经大学，2016.

[403] 徐闹．期货跨品种套利程序化交易策略设计［D］．武汉：华中科技大学，2015.

[404] 郑昊先．铁矿石价格波动对我国钢材价格的影响［D］．广州：广东外语外贸大学，2015.

[405] 谢喻江，蒋智．反身性理论对股市波动的解释：以 2015 年中国股市波动为例［J］．商，2016（2）：165.

[406] 谢明霞．浙江省区域金融风险分析［D］．杭州：浙江大学，2015.

[407] 谢有实．墨西哥金融危机留给我们的思考［J］．世界经济，1995（5）：18-21，41.

[408] 许友传．金融体系的结构脆弱性及其系统风险［J］．复旦学报（社会科学版），2018，60（4）：129-141.

[409] 徐鑫洲，马开平．基于系统动力学的我国大豆价格预测分析［J］．大豆科学，2018，37（5）：787-793.

[410] 肖芝露，尹玉良．我国汇市、股市和债市的波动溢出效应研究：基于"8.11 汇改"的经验分析［J］．金融理论与实践，2018（9）：82-87.

[411] 肖炼．特朗普新政不确定性及其对中美经贸关系的影响［J］．国际贸易，2017（3）：27-32.

[412] 肖炼．特朗普新政不确定性及其对中美经贸关系的影响［J］．国际贸易，2017（3）：27-32.

[413] 许湘津，夏元春．风险矩阵模型在物流业务外包中的应用研究［J］．物流科技，2017，40（8）：1-4.

[414] 习近平．决胜全面建成小康社会，夺取新时代中国特色社会主义伟大胜利：在中国共产党第十九次全国代表大会上的报告［EB/OL］．［2017-10-29］．http：//www.xinhuanet.com/politics/19cpcnc/2017-10/18/c_1121822489.htm.

[415] 于扬，王维国．混频数据回归模型的分析技术及其应用［J］．统计与信息论坛，2015，30（12）：22-30.

[416] 杨高宇. 基于货币供应周期的股市周期拐点判别与资产配置研究[J].
上海金融, 2012 (2): 64 – 68, 117.

[417] 叶伟. 我国资本市场程序化交易的风险控制策略 [J]. 证券市场
导报, 2014, 265 (8): 48 – 54.

[418] 杨子晖, 陈创练. 金融深化条件下的跨境资本流动效应研究[J].
金融研究, 2015 (5): 34 – 49.

[419] 颜亦然. 沪深300 指数与沪深300 股指期货的价格关系研究[D].
北京: 对外经济贸易大学, 2016

[420] 尹晓民, 黄欢, 刘佳, 等. 我国短期资本流动、汇率与股价动态
研究 [J]. 金融与经济, 2015 (7): 4 – 9.

[421] 姚小义, 刘勇强. 资本账户开放对汇率波动和股市收益的影响研
究: 基于日本 1998—2011 年的数据 [J]. 财经理论与实践, 2015
(193): 17 – 22.

[422] 袁灏. 商业银行资产证券化: 行为风险与金融监管 [J]. 金融理
论与实践, 2016 (8): 30 – 35.

[423] 杨海瑶. 中国金融混业经营的安全底线: 商业银行介入投资银行
业务的必要法律界限研究 [J]. 北京社会科学, 2016 (1): 21 – 28.

[424] 俞树毅, 袁治伟. 区域系统金融风险监测研究 [J]. 武汉金融,
2012 (10): 45 – 68.

[425] 杨军. 系统性金融风险的产生和化解 [J]. 中国金融, 2011
(6): 56 – 67.

[426] 阮湛洋. 我国系统性金融风险指数的构建与测算: 基于 CISS 综合
指数方法 [J]. 浙江金融, 2017 (5): 16 – 22.

[427] 杨扬. 中国系统性金融风险测度及预警研究: 基于 FSI 的视角 [D].
重庆: 重庆大学, 2014.

[428] 杨茁. 新常态下区域金融风险防范研究: 通辽市个案实证 [J].
北方金融, 2015 (9): 73 – 75.

[429] 姚星恒, 郭福存. 构建浙江省区域金融风险预警体系研究 [J].
浙江金融, 2008 (5): 17 – 19.

[430] 叶谢康. 征信系统建设与区域金融风险防范 [J]. 福建金融,
2012 (11): 10 – 13.

[431] 殷兴山. 完善普惠金融体系, 服务民生工程建设 [J]. 清华金融
评论, 2014 (10): 32 – 34.

[432] 尹优平. 中国区域金融协调发展研究 [D]. 成都: 西南财经大

学，2007.

［433］游达明，朱桂菊．区域性科技金融服务平台构建及运行模式研究［J］．中国科技论坛，2011（1）：40－46.

［434］于尚艳．区域金融风险的成因分析［J］．吉林省经济管理干部学院学报，2008（4）：54－56.

［435］尤畅．区域金融风险预警指标体系的设计及实证［J］．经济研究导论，2010（28）：77－78.

［436］易纲．货币政策要避免过度宽松［J］．财经界，2016（3）：51－52.

［437］杨坤，于文华，魏宇．基于 R－vine copula 的原油市场极端风险动态测度研究［J］．中国管理科学，2017，25（8）：19－29.

［438］殷克东，任文菡，肖游．我国金融业内系统风险溢出效应研究［J］．统计与决策，2017（1）：156－161.

［439］杨林，杨雅如．股指期货是股灾的"幕后推手"吗：基于2015年股灾期间沪深300股指期货高频数据实证分析［J］．财经理论与实践，2017（38）：58－63.

［440］尹力博，柳依依．中国商品期货金融化了吗?：来自国际股票市场的证据［J］．金融研究，2016（3）：189－206.

［441］姚远，翟佳，曹弋．基于量化特征的价格操纵行为监测模型研究［J］．系统工程理论与实践，2016，36（11）：2721－2736.

［442］叶亚飞．稳步推进我国资本账户空间开放的新路径［J］．当代经济管理，2017，39（9）：78－83.

［443］严伟祥，张维，牛华伟．金融风险动态相关与风险溢出异质性研究［J］．财贸经济，2017（10）：67－81.

［444］叶五一，谭轲祺，缪柏其．基于动态因子 Copula 模型的行业间系统风险分析［J］．中国管理科学，2018，26（3）：1－12.

［445］杨子晖，李东承．我国银行系统性金融风险研究：基于"去一法"的应用分析［J］．经济研究，2018（8）：36－51.

［446］余淼杰，金洋，刘亚琳．中美贸易摩擦的缘起与对策：一个文献综述［J］．长安大学学报（社会科学版），2018，20（5）：42－47.

［447］张瑾．基于金融风险压力指数的系统性金融风险评估研究［J］．上海金融，2012（9）：89－97.

［448］张晓朴．系统性金融风险研究：演进、成因与监管［J］．国际金融研究，2010（7）：34－42.

［449］张元萍，孙刚．金融危机预警系统的理论透析与实证分析［J］．

国际金融研究，2003（10）：43－54．

［450］张强，冯超．金融危机后我国上市商业银行系统风险测算［J］．上海金融，2010（12）：65－68．

［451］周小川．宏观审慎是针对系统性金融风险的良药［EB/OL］．［2015－05－20］．http：//news．163．com/10/1021/16/6JHID2LT00014JB6．html．

［452］朱元倩，苗雨峰．关于系统风险度量和预警的模型综述［J］．国际金融研究，2012（1）：43－52．

［453］朱小璐．浅谈中国金融风险的现状及防范对策［J］．时代金融（旬刊），2012（30）：106－107．

［454］张瑾．基于金融风险压力指数的系统性金融风险评估研究［J］．上海金融，2012（9）：53－57．

［455］赵进文，张胜保，韦文彬．系统性金融风险度量方法的比较与应用［J］．统计研究，2013（10）：46－53．

［456］周天芸，杨子晖，余洁宜．机构关联、风险溢出与中国系统性金融风险［J］．统计研究，2014（11）：43－49．

［457］王伟．中国上市银行的系统风险贡献度研究［J］．金融与经济，2014（3）：26－29．

［458］王国静，田国强．金融冲击和中国经济波动［J］．经济研究，2014（3）：20－34．

［459］郑振龙，王为宁，刘杨树．平均相关系数与系统风险：来自中国市场的证据［J］．经济学（季刊），2014（3）：1047－1064．

［460］郑挺国，尚玉皇．基于宏观基本面的股市波动度量与预测［J］．世界经济，2014（12）：118－139．

［461］赵军，李林峰，郭天太，等．优化HHT端点效应的新方法［J］．计量学报，2016，37（5）：509－514．

［462］朱冰倩，潘英丽．资本账户开放度影响因素的实证分析［J］．世界经济研究，2015（7）：14－23，127．

［463］赵蒲．商业银行并购金融业务大有可为［EB/OL］．（2015－10－18）［2018－05－20］．http：//xiang．com/24469．html．

［464］王曦，陈中飞，王茜．我国资本账户加速开放的条件基本成熟了吗？［J］．国际金融研究，2015（1）：70－82．

［465］王桂梅，刘春波，刘增彬．资本账户开放与我国实体经济发展的定量化研究［J］．武汉金融，2015（5）：34－37．

［466］汪振翔．基于KingKeltner模型的程序化交易研究［D］．北京：

对外经济贸易大学，2015.

［467］周玉敏．基于交易开拓者及海龟交易法则的期货程序化交易系统开发与改良［J］．中国市场，2015（29）：225－226.

［468］朱慧明，黄旻茜，欧阳文静．亚太地区股票市场羊群效应的实证检验［J］．统计与决策，2016（13）：145－148.

［469］张国辉，叶赛，李龙．双币种期权对冲的 VaR 风险管理［J］．西南师范大学学报，2015（5）：39－43.

［470］章曦．中国系统性金融风险测度、识别和预测［J］．中央财经报，2016（2）：45－52.

［471］张耀柳．中国煤、焦、钢产业链期货市场效率研究［D］．大连：东北财经大学，2016.

［472］赵胜民，申创．发展非利息业务对银行收益和风险的影响：我国49 家商业银行的实证研究［J］．经济理论与经济管理，2016（2）：83－97.

［473］张冉．趋势跟踪程序化交易系统优化研究［D］．天津：天津大学，2016.

［474］张金环．浅析我国证券市场的羊群效应［J］．企业文化，2016（33）：214－215.

［475］周小川．合适的货币政策可为供给侧改革提供更大空间［N］．上海证券报，2016－03－07.

［476］庄佳强，陈志勇，解洪涛．我国地方政府性债务的非线性增长效应研究［J］．当代财经，2017（10）：34－45.

［477］张本照，孙悦．论区域金融创新与区域金融风险控制［J］．现代管理科学，2005（2）：42－44.

［478］张凤超．东北区域金融风险分析［J］．长白学刊，2009（3）：100－102.

［479］张岗．东南亚、墨西哥金融危机的比较分析及启示［J］．经济纵横，1998（2）：4－6.

［480］张红军．次贷危机是否与众不同：本轮危机与既往金融危机的比较分析［J］．金融评论，2009（1）：64－72，124.

［481］赵放．中国宏观金融体系系统风险的测量［J］，社会科学辑刊，2019（2）：117－126.

［482］张亮．河南省区域金融风险预警机制构建研究［D］．郑州：郑州大学，2014.

［483］张亮．区域金融风险预警体系设计及应用分析：基于区域银行业

视角［J］．重庆科技学院学报（社会科学版），2013（6）：93 – 95，132．

［484］张野．长三角区域金融风险及防范［J］．金融与经济，2005（12）：73 – 74．

［485］赵述．基于资产负债表分析法的区域金融风险研究：以辽宁省为例［J］．金融理论与实践，2015（8）：56 – 61．

［486］中国人民银行南京分行课题组，李义森，何敏，等．区域金融风险分布图编制研究：基于江苏的探索［J］．金融纵横，2015（7）：17 – 28．

［487］淄博银监分局区域金融风险研究课题组，陈保君．区域金融风险预警系统研究：基于 Z 市的实证分析［J］．金融监管研究，2015（7）：61 – 77．

［488］周慧勤，陈婷，何建军．铁矿石价格影响因素及价格预测研究［J］．中国物价，2018（6）：55 – 57．

［489］周琼，周华．历次金融危机比较研究及其启示［J］．山东社会科学，2012（12）：146 – 149．

［490］周莹莹．虚拟经济对实体经济影响及与实体经济协调发展研究［D］．徐州：中国矿业大学，2011．

［491］朱晓谦，李靖宇，李建平，等．基于危机条件概率的系统风险度量研究［J］．中国管理科学，2018，26（6）：1 – 7．

［492］张学勇，张琳．大类资产配置理论研究评述［J］．经济学动态，2017（2）：137 – 147．

［493］郑振龙，汪饶思行．隐含波动率曲面的建模与预测［J］．当代财经，2017（3）：48 – 60．

［494］张曼，赵学靖，田人合．基于中位数 GARCH 模型的汇率波动率研究［J］．统计与决策，2017（11）：73 – 75．

［495］赵亮，刘海，徐世昌，等．HHT 和 CWT 用于光纤振动信号分析的对比研究［J］．激光技术，2017，41（2）：260 – 264．

［496］张军，潘泽鑫，郑玉新，等．振动信号趋势项提取方法研究［J］．电子学报，2017（1）：22 – 28．

［497］张剑，王波．基于 SVM 的沪深 300 股指期货量化交易策略［J］．数学理论与应用，2017，37（2）：112 – 121．

［498］钟美瑞，谌杰宇，黄健柏，等．基于 MSVAR 模型的有色金属价格波动影响因素的非线性效应研究［J］．中国管理科学，2016，24（4）：45 – 53．

［499］张庆豪．商品金融化背景下对原油价格波动的影响因素研究［D］．广州：广东财经大学，2016．

［500］周咏，胡艳梅，杨华龙，等．价格和需求不确定下存货融资质押

率优化研究 [J]. 系统工程学报，2018，33（1）：34 – 43.

[501] 张钟祺，张燕. 信息不对称情况下物流外包风险及法律防范措施[J]. 物流科技，2017，40（7）：18 – 20，25.

[502] 张建国，徐科军，董帅，等. 基于希尔伯特变换的科氏质量流量计信号处理方法研究 [J]. 计量学报，2017，38（3）：309 – 314.

[503] 智琨，傅虹桥. 不同类型资本账户开放与经济增长：来自中低收入国家的证据 [J]. 经济评论，2017（4）：73 – 89.

[504] 张波，刘晓倩. 基于 EGARCH – M 模型的沪深 300 股指期货跨期套利研究：一种修正的协整关系 [J]. 统计与信息论坛，2017，32（4）：34 – 40.

[505] 中国金融四十人论坛. 金融委的风险化解思路 [EB/OL]. [2018 – 08 – 27]. https：//mp. weixin. qq. com/s？ __ biz = MjM5NjgyNDk4NA = =&mid = 2685964636&idx = 1&sn = 3e41dcf166cab0402cef9de61d9cea80&chksm = 830f63a-bb478eabdce1bd84e2d4c0bae8f70db427dd7bce6f51cf7ff401d13fb138478ba1b2d&-mpshare = 1&scene = 1&srcid = 0829Lolu0cdjJIuvCjgj5LQv&pass _ ticket = a70zJBwlZgdXhcpELXCvUS3mqYcRNIzNiGEcmH9xdsXCLT9qv688reW2q5NwiUsb #rd.